住房城乡建设部土建类学科专业"十三五"规划教材
高等学校城乡规划专业系列推荐教材

城市社会调查方法与实践

吕小勇　赵天宇　编著

中国建筑工业出版社

图书在版编目（CIP）数据

城市社会调查方法与实践/吕小勇，赵天宇编著
.—北京：中国建筑工业出版社，2018.8
住房城乡建设部土建类学科专业"十三五"规划教材
高等学校城乡规划专业系列推荐教材
ISBN 978-7-112-22608-5

Ⅰ.①城… Ⅱ.①吕…②赵… Ⅲ.①社会调查—调查方法—高等学校—教材 Ⅳ.①C915

中国版本图书馆CIP数据核字（2018）第199788号

本教材为住房城乡建设部土建类学科专业"十三五"规划教材，分导论、城市社会问题与城市社会调查选题、城市社会调查方案编制、城市社会调查数据收集、城市社会调查数据整理、城市社会调查数据分析——基于SPSS分析软件的应用、城市社会调查报告撰写七章讲述了城市社会调查的方法与实践应用。本书可作为高等学校城乡规划及相关专业的教材，也可供相关行业从业人员学习参考。

为更好地支持本课程的教学，我们向使用本书的教师免费提供教学课件，有需要者请与出版社联系，邮箱：jgcabpbeijing@163.com。

责任编辑：杨　虹　尤凯曦
责任校对：焦　乐

住房城乡建设部土建类学科专业"十三五"规划教材
高等学校城乡规划专业系列推荐教材
城市社会调查方法与实践
吕小勇　赵天宇　编著
*
中国建筑工业出版社出版、发行（北京海淀三里河路9号）
各地新华书店、建筑书店经销
北京雅盈中佳图文设计公司制版
北京盛通印刷股份有限公司印刷
*
开本：787毫米×1092毫米　1/16　印张：$13\frac{3}{4}$　字数：270千字
2020年12月第一版　2020年12月第一次印刷
定价：48.00元（赠教师课件）
ISBN 978-7-112-22608-5
（32693）

版权所有　翻印必究
如有印装质量问题，可寄本社图书出版中心退换
（邮政编码100037）

前言

城市是处于动态变化、发展中的复杂巨系统，城市社会现象与问题伴随城市的演进也呈现出高度的偶然性、复杂性和不确定性。科学调查、正确认知城市社会真实状况是深入阐释城市社会现象、准确把握城市社会发展规律、合理解决城市社会问题的基础前提，而"城市社会调查方法"为此提供了重要技术手段和工具。伴随着城市社会调查学的形成和城市社会调查活动的专业化发展，城市社会调查方法已得到不断丰富，并逐渐被城市规划、城市管理等领域的理论研究和实践工作所普遍重视和广泛应用。

当前我国社会经济发展进入转型期，社会主要矛盾已经转化为人民日益增长的美好生活需要和不平衡不充分的发展之间的矛盾。如何推进城市高质量发展，创造高品质生活，使人民享有幸福感和获得感成为重要时代命题。伴随着城镇化发展和城市存量更新时代的到来，新的城市社会现象与问题正在逐渐显现，城市中不仅存在资源紧张、功能失调、空间萎缩、交通拥堵等瓶颈难题，城市贫困、城市失业、城市公共安全应急能力不足等城市社会现实问题同样日益突出，严重影响和制约着城市人居环境品质提升和城市高质量发展目标的实现。

在此背景下，本教材聚焦我国当前面临的城市社会问题，积极学习借鉴哲学、统计学、心理学和计算机科学等多学科理论知识和方法经验，针对城市社会调查方法进行全面介绍和系统阐释，力求为城乡规划、建筑学、风景园林、城市管理等相关专业高校师生、学者以及行业从业人员提供社会学视角下专业的技术方法支撑和实践经验借鉴。在内容组织上，本教材按照城市社会调查研究的操作程序与步骤，并紧密结合典型具体实例展开，突出理论性、方法性、系统性、应用性特点，共包括 7 章，分别为第 1 章导论、第 2 章城市社会问题与城市社会调查选题、第 3 章城市社会调查方案编制、第 4 章城市社会调查数据收集、第 5 章城市社会调查数据整理、第 6 章城市社会调查数据分析——基于 SPSS 分析软件的应用、第 7 章城市社会调查报告撰写。

  本教材由吕小勇、赵天宇主编，负责把握书稿的整体逻辑框架，并对书稿进行统稿和定稿。具体编写分工为第 1 章赵天宇、吕小勇，第 2 章刘玮、马超华，第 3 章马晨光、胡浩青，第 4 章吕小勇、张学玲，第 5 章李红芳、王鹭，第 6 章汤豪，第 7 章叶隽怡。

  本教材面向城市发展实际需求，立足前人的理论研究、技术探索与实践积累，在系统整理的基础上编写而成，编写过程中虽力求精准，但缺点和错误之处在所难免，恳请广大读者和学术同仁批评指正。

目录

001 第 1 章 导论
002　1.1　城市社会调查概述
005　1.2　社会调查的发展历程
010　1.3　城市社会调查方法体系
010　1.4　城市社会调查类型
012　1.5　城市社会调查流程
014　参考文献

015 第 2 章 城市社会问题与城市社会调查选题
016　2.1　城市社会问题
016　2.2　城市社会问题的主要面向
034　2.3　城市社会调查选题的确定
036　参考文献

039 第 3 章 城市社会调查方案编制
040　3.1　调查方案编制的意义和原则
042　3.2　调查方案编制主要解决的问题
051　3.3　调查方案的内容及编制要求
055　3.4　调查方案的可行性研究
056　参考文献

057 **第4章　城市社会调查数据收集**
058　4.1　问卷法
069　4.2　访谈法
074　4.3　观察法
080　4.4　文献法
082　4.5　网络调查法
082　4.6　手机工具调查法
084　参考文献

085 **第5章　城市社会调查数据整理**
086　5.1　数据审核
088　5.2　数据编码
093　5.3　数据录入
096　5.4　数据清理
103　5.5　结果输出
121　参考文献

123 **第6章　城市社会调查数据分析**
　　　　　——基于SPSS分析软件的应用
124　6.1　SPSS统计分析软件应用
129　6.2　基于SPSS的单变量数据分析
131　6.3　基于SPSS的双变量数据分析

140	6.4 基于SPSS的假设检验
150	6.5 基于SPSS的其他数据分析方法
157	参考文献

159 第 7 章 城市社会调查报告撰写

160	7.1 城市社会调查报告的类型
164	7.2 城市社会调查报告的撰写步骤及原则
168	7.3 城市社会调查报告的结构及各组成部分的撰写方法
177	7.4 调查报告撰写时的其他常见问题及撰写要求
181	7.5 城市社会调查报告示例
203	参考文献

205 图表来源

第 1 章

导论

【本章要点】

城市社会调查的作用包括：描述城市社会现象；解释城市社会现象发生原因；预测城市社会发展趋势。

城市社会调查的特点包括：属于自觉认识活动；聚焦于城市社会现象和问题；需以科学方法为支撑；具有目的性。

城市社会调查的原则包括：客观性、实践性、系统性、定性分析与定量分析相结合。

社会调查起源于奴隶社会初期，在资本主义社会兴起并发展，随着数理统计方法的发展，逐步形成具有学科化特点的社会调查方法体系。

城市社会调查方法包括：调查资料的收集方法、分析方法以及各种特定的调查程序和技术。

城市社会调查可根据调查对象范围、调查成果呈现状况、调查方式、调查性质等分为多种类型。

城市社会调查流程主要由选题、准备、实施、分析、总结五个阶段构成。

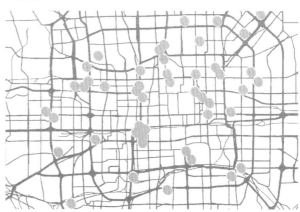

1.1 城市社会调查概述

1.1.1 城市社会调查的概念

"社会"即为人类生活共同体,是以人和人群共同体为活动主体、以生产方式为基础的,各种要素、各种结构按照一定的方式构成的有机整体[1]。"调查"则通常是指为了了解情况而进行的考察。针对"社会调查"的概念,因对于调查活动所涉及的范围和内容的看法不同,学术界存在不同理解。有些学者认为社会调查只是一种收集资料的方法;而有的学者则认为社会调查是全面系统了解社会现象的活动和方法,既包括收集资料,也包括分析研究资料。

本教材所述社会调查是指人们为达到一定目的,在系统、直接收集有关社会现象的经验资料基础上,有意识地对社会现象进行考察、分析、研究,来认识社会的真实情况、社会本质及其发展规律,探索改造和建设社会方法的一种自觉认识活动[1]。而城市社会调查则是指以城市社会现象和城市社会问题为主要调查研究对象而开展的社会调查。

城市社会调查发挥着三个方面的重要作用:一是描述城市社会现象,对城市社会现象和状况进行客观、精准和综合的描述,以解释和回答"是什么"和"怎么样"的问题,形成人们对城市社会深入认识的基础;二是解释城市社会现象发生的原因,对城市社会现象的相互关系和主要原因进行解析,解释和回答"为什么"的问题;三是预测城市社会发展趋势,在对城市社会现象进行准确描述和正确解释的基础上,根据当前社会环境情况和变化对未来社会现象作出预测,回答"将会怎样"以及由此而明确"应该怎样"的问题。

1.1.2 城市社会调查的特点

城市社会调查作为一种科学的探索活动，既是一种收集与处理城市社会信息的工具，也是一种认识与了解城市社会的手段，还是形成和产生有关城市社会知识的过程。总体来说，城市社会调查具有四个方面的主要特点。

（1）城市社会调查是一种自觉认识活动

城市社会调查与日常生活中人们对一般城市社会现象的观察和思考相比，具有更强的系统性、目标性，是一种有目的、有意识地观察和认识城市社会的活动。

（2）城市社会调查的对象是城市社会现象和城市社会问题

城市社会调查对象聚焦于城市社会现实，既包括城市人口变动、城市贫困问题、城市医疗卫生状况、城市失业问题等客观社会现实，也包括城市工作者及城市居民的态度、意愿、看法等主观社会现实。城市社会调查并非凭空产生，而是基于城市社会现象和问题而存在，并通过从活生生的城市现实生活中收集社会事实材料用于分析，产出用于阐释城市社会发展规律并切实解决城市社会问题的相关结论。

（3）城市社会调查需凭借一定方法

城市社会调查是方法科学，而非理论科学，与传统理论研究具有较大差别。不同于具有完备范畴体系和理论体系的传统社会科学学科，城市社会调查并不具备自身系统的理论体系，但是具有较为完备的方法体系。城市社会调查资料的获取需要深入城市社会生活，对调查对象进行直接考察，并进行特定方式（如问卷法、观察法、访谈法等）的资料收集，掌握与调查对象有关的第一手材料。进而，利用统计分析等方法对一手资料进行分析，获取相关结论。

（4）城市社会调查具有目的性

与自然现象不同的是，城市社会现象是指在城市中发生的、人的有目的的活动。城市社会调查本身作为一种社会活动，是以城市中人的需要为出发点和归宿点[2]，寻求改造城市社会的方法和途径。同时，城市社会调查需要以人的主动性、积极性，以及具备相应的知识、能力和素质等条件作为支撑。

1.1.3 城市社会调查的原则

（1）客观性原则

客观性是城市社会调查的基本原则。著名的社会学家迪尔凯姆指出："社会现象具有自身特殊的性质，只有坚持客观性才不会偏离它"[3]。城市社会调查要求调查者须秉持实事求是、严谨审慎的态度，坚决排除一切主观因素干扰，并避免虚构调查事实。城市社会调查者作为社会一份子，对所研究的城市社会现象和城市社会问题存在既有主观理解，但在调查中应坚持不"唯上"、不"唯书"、不"唯众"、不"唯己"。不"唯上"，即不为迎合上级领导或权威人士的意图，而扭曲客观事实；不"唯书"，即不为书本上已有的结论或过时的调查研究框架所禁锢，而不尊重活生生的城市社会现实；不"唯众"，即不可"随大流"，不被多数人不符合客观规律的看法而左右；不"唯己"，即不主观臆断，须敢于否定自身不符合实际的观点[4]。

（2）实践性原则

实践性原则是指从实践需求出发，确定城市社会调查课题，并最终将调查研究的成果用于指导社会实践[5]。这要求调查者需做到：第一，调研工作要密切联系影响城市社会发展的各种社会现象或问题。只有在科学预测城市社会事物发展倾向时，才能准确判断城市社会发展的趋势，从而合理确定调查课题。第二，调查工作需要着眼于解决城市社会问题，选择其重点、难点、要点作为城市社会调查研究工作的方向，建议选取以能解决当下亟需解决的问题为核心目标作为调查课题。第三，调研工作要求调查者一同考虑调查与决策，即将经调查所得成果提供给相关主管部门，从而为决策机关正确制定方针、政策、措施并科学开展未来工作提供强有力的依据[5]。

（3）系统性原则

系统是指由相互作用的若干要素，按照一定方式组合，形成具有特定功能的有机整体。城市社会调查中，不能仅仅简单就调查对象作孤立调研，而是要将其置于整个系统当中，并把调查所收集的数据资料作为有机整体来进行研究，以此确保本次调查能够为促进实现整个城市社会大系统优化提供科学依据和合理建议[4]。调查者应对所调查的城市社会现象进行分解，并对所涉及各种复杂的城市社会要素进行分析，这是正确认识城市社会现象的基础和起点；同时，应研究各种复杂城市社会要素之间的相互关系，这是认识城市社会现象的中心环节；此外，还需进行有效综合，把调查对象的不同方面和不同部分按照内在联系构建为统一整体，从总体上把握调查对象的整体功能、结构、运行机制等，从而完整、全面、科学地认识所调查的城市社会现象。

（4）定性分析与定量分析相结合原则

定性分析是对事物"质"方面的分析和研究，事物的质是区别于其他事物的固有的规定性；定量分析是对事物"量"方面的分析和研究，事物的量是事物存在和发展的规模、程度及构成等数量所表示的规定性。在收集资料阶段，调查者要全面获取质与量两方面的资料。在之后的分析研究阶段，调查者要结合定性分析和定量分析，科学产出分析结论。在最后调查总结阶段，撰写调查报告时，要达到有观点、有数据、有分析、有对策的目的，这是对城市社会调查工作最好的总结，而任何侧重于某一类分析的城市社会调查都是有缺陷的，对调研对象的分析要做到定性准确、定量精确，两者相辅相成才是城市社会调查工作的最佳境界[4]。

1.2 社会调查的发展历程

社会调查作为认识社会的活动,具有较为悠久的历史,但是直至近代才逐步成为一种科学方法。社会调查的产生并非偶然,而是在一定社会历史条件下发展的必然产物。

1.2.1 社会调查方法的产生

调查研究起源于奴隶社会初期,在奴隶主阶级治理国家中形成、发展[6]。奴隶主为了实现和维系自身统治,实现抵御外部入侵和扩张领土,需要征集士兵、收纳贡税,继而出现了调查土地、人口等社会情况的客观需求。劳动分工的出现以及文字的发明,又为进行全面、深入的调查提供了现实条件。古埃及时期,法老为筹建金字塔及确定课税,每两年对全国人口、土地、牲畜进行清查;古罗马时期,每户居民每五年须申报一次人口、牲畜、家奴等信息,政府则据此将国民划分为六个贫富等级来征查全国土地,然后按照产量多少进行分级,作为规定新土地税率的依据[6]。

在我国,早在四千多年前,华夏先祖就开展过大规模的山水、土地、丁口调查。《山海经》中记录着一百多个邦国、五百五十多座山、三百多条水道,以及各邦国的地理、风土、物产、民俗等信息,这些则是华夏先祖长期调查研究的结晶。在《禹贡》中也同样记载着山脉、河流走向,以及对各州山川、湖泽、土壤、植被、特产、田赋和运输路线等的描述,这些既是调查研究的成果,也是大禹成功治水的根基。早在西周时期,我国就形成了较为完善的人口、土地、财产等调查制度,"登万民之数",规定"生齿以上,皆书于版",可视为世界上最古老的人口调查准则[7]。《史记》作为我国第一部纪传体通史,也记录了众多通过社会调查访问获得的历史资料,涵盖了重要的社会调查成分,也为口述史学的发展奠定了最初的实践基础。

从历史记载中可以发现,古代时期国内外各类城市社会调查研究主要为社会管理服务。无论是奴隶主、封建主国家进行的人口、土地、财产等社会调查,还是政治家、军事家、社会改革家所做的社会调查,归根到底,主要是为统治阶级服务,且缺乏自觉的理论指导思想。同时,在调查中仅采用一些简单的访问、观察等方法,调查内容也主要针对固定领域,如收纳贡赋、征集兵员、派使徭役等方面[7]。由此可见,古代时期的社会调查具有很大历史局限性,属于处于萌芽阶段的调查研究活动。

1.2.2 近代社会调查的形成

近代社会调查是在资本主义社会兴起并发展起来的,特别是西方资本主义工业化和城镇化的迅猛发展导致城市社会产生了一系列的社会问题,如城市人口急剧增加、犯罪问题严重、贫富差距过大等，激化了阶级矛盾，也影响着资本主义制度的稳定性。一些思想家和政治家意识到，想要有效解决城市社会问题、优化城市管理、促进城市改良，就必须准确了解社会经济情况，并围绕各种社会问题，特别是围绕城市贫困问题，开始进行社会调查。同时，资本主义工业、商业以及交通的迅猛发展，也推动政府迫切需要掌握人口、土地、商业等的数据资料，由此经济和社会情况的统计调查也得到进一步重视。

在经济、社会快速发展，以及城市社会异质性急剧强化的背景下，社会调查研究方法仅依靠定性分析已不能满足社会调查的需求，亟需纳入定量分析方法。数学、化学、物理等自然科学领域研究方法的发展为社会调查的科学开展，特别是定量分析方法的社会调查应用，提供了重要的推动力。其中，统计学的发展对于社会调查产生了最为重要的推动作用。法国数学家拉普拉斯扩展了概率论，并将其应用于城市人口问题研究方面，其著作《概率论的解析理论》奠定了现代人口统计理论的基础[8]。比利时数理统计学家凯特勒在统计学中引入概率论[6]，并出版了《论人类及其能力的发展》，促进了近代社会统计学的建立。

总体来看，近代社会调查是从最先进入工业化的国家开始的，如英国、法国、德国等国家，并以行政调查和社会问题调查作为主要内容。

英国政治经济学之父威廉·配第在《政治算术》中指出，对任何社会现象都需要应用数字、重量和尺度来说明并加以比较。在分析英国当时的社会经济状况时，他运用了统计分组法、图表法和系列的统计指标[6]。

英国慈善家霍华德是最早运用科学方法进行社会调查的社会改良家[9]。他在《英伦和威尔士的监狱情况及国外监狱的初步观察报告》和《关于欧洲主要监狱医院的报告》中运用访谈法，广泛收集英国与欧洲其他各地监狱情况，亲身进入监狱对囚犯和狱警进行访谈，取得了大量包括虐待以及敲诈囚犯等在内的一手资料，用真实的调查材料和确凿的调查事实推动英国下议院通过监狱管理制度改革议案。

英国企业家与社会活动家查尔斯·布斯深入社区生活，利用个案研究方法，并综合利用访谈法、问卷法等调查方法，对伦敦各阶层人民生活状况进行了深入调查。他根据居民收入、出生率、死亡率等指标对家庭进行了分级和对照比较研究，并分析了不同行业的工资情况和劳动环境。他的研究有效推进了英国颁布《老年抚恤金条例》，并实施失业保险，确定重体力行业的最低工资额度，以及施行病残救济制度[9]。

法国著名社会活动家和经济学家弗雷德里·勒·普累是家庭调查的开创者和探索者，他从1829年起，历经二十余年，通过采用观察法、访谈法等，对英国、法国、俄罗斯、德国、土耳其等国家的工人家庭生活进行持久性调查，获知数千个工人家庭的收支情况，较为准确地分析了欧洲技术进步和经济发展对于工人家庭的影响,出版了《欧洲劳工》(6卷本)[6]。弗雷德里·勒·普累的调查研究对于知名的"恩格尔法则"的发现产生了重要影响和推动作用[9]。

德国著名社会活动家马克思·韦伯针对产业工人的心理状况、劳动生产率和企业生产关系进行了社会调查,虽然调查并未最终顺利完成,但是韦伯基于已获取的相关调查资料和数据撰写了《关于工业劳动的生理心理问题》一书,作为经验研究的方法论导论[9]。

20世纪初,伴随社会学研究中心向美国的迁移,社会调查研究获得新的实践沃土。保尔·凯洛主持开展了以研究城镇化社会结构为主要内容的"匹兹堡调查"[9]。本调查综合运用了个案调查法、区域划分法、图示描述法、实地观察法、访谈法等,全面阐释了匹兹堡在城镇化和工业化进程中所出现的多种问题。

哈里逊主持开展了著名的"春田调查"(Spring Field Survey),其以研究小城市社会状况为目标,并在调查开展前、调查开展后、调查结束后,有效运用系列新闻发布的方式引发社会关注,取得调查对象的信任和配合。在调查完成后,通过举办调查信息展示会,全貌呈现城市社会问题,并有意识引导公众展开研讨,对于优化城市管理、完善社区治理、改善公共服务提出了具体建议,并产生了重要的社会影响。

总体来说,20世纪初以及之前的近代社会调查对于推进社会改良、缓解社会矛盾发挥了积极作用,并为未来社会发展提供了重要且丰富的调查资料和调查经验的积累,但这些自发开展的社会调查尚缺乏系统性理论的指导,所采用的调查方法主要以定性分析为主,定量分析方法并未全面融入社会调查之中。

1.2.3 现代社会调查方法的形成

20世纪,数理统计方法获得了长足的发展和进步,并与日渐普遍的社会调查活动形成密切结合。社会调查的方法体系逐步形成,并伴随社会调查机构的涌现以及电子计算机技术的发展而进入快速发展时期。社会调查的内容也逐渐由经验社会调查开始走向与理论研究、政策研究相结合[9]。

在社会调查领域探索方面,现代社会调查的开展是以1897年法国社会学家涂尔干《自杀论》的出版为标志的,其也标示社会研究进入了实证化阶段。他创立了社会研究的实证程序,即研究假设—经验检验—理论结论,并有效促进了社会研究从单变量描述性研究向多变量解释性研究的转化[6]。20世纪20年代,美国芝加哥学派社会活动家托马斯、帕克等人针对城市贫困、城市社会发展、城市隔离、移民等方面开展了全面的城市社会调查研究,开创了城市生态学研究先河,并对大城市病进行了初步探索。与此同时,美国社会学家林德夫妇创新性地将观察法应用于社区和现代城镇研究,并在《中镇》一书中对谋职、成家、社会活动等美国中部城镇市民生活进行了全面、生动的描述[6]。

在社会调查方法探索方面，1900年皮尔逊提出卡方检验、复相关计算，开展抽样理论和方法探索[6]。英国社会学者保莱主持了五个英国城镇的比较研究，并在社会调查中首次运用抽样方法。基于此，朗特里通过对约克镇进行二次调查，成功运用了抽样方法，并验证了其对于社会调查的可靠性。第二次世界大战后，美国社会学家萨默尔·斯托福等人在《美国士兵》的专著当中建立了后期被广泛应用的统计调查模式[6]。拉扎斯菲尔德带领哥伦比亚学派促进了多变量分析方法的成熟，并有效促进了计算机技术与数理统计的有机结合，实现了社会调查资料处理的自动化[6]。1966年，斯坦福大学研发社会科学统计软件包（SPSS）并于1971年投入市场，促进了社会调查中计算机应用的变革，有效提升了社会调查的整体效率[6]。

纵观西方近现代社会调查可知，其已具有一定的理论作为指导思想，但主要是以实用主义为方法论。研究方法有文献法、访谈法、问卷法、观察法、比较法等，已经形成系统化方法体系，且在调查过程中也已形成专门的调查人员和机构。从该时期社会调查特征可知，其已逐渐形成具有学科化特点的社会调查方法体系，突破了原始性和盲目性；同时具有系统化和专业化特点，以计算机为主要辅助调查研究工具。但是，应该认识到西方社会调查是具有阶级性和历史局限性的，其社会调查目的是为维护西方资本主义社会秩序和改良资本主义社会制度而服务的。

1.2.4　中国近现代社会调查的发展

中国近代较为专业的社会调查是由一批在华的外籍教师和外籍传教士展开的，当时社会学被引入中国，他们指导学生参加社会调查活动，并推动社会学学科在中国高等学府建立，为社会学在国内的发展打下了坚实基础。之后，国内的学者也逐渐展开社会调查[10]。1914~1915年，北京社会实进会学生在美国传教士伯吉斯的组织下，调查了北京城内外各区人力车夫职业和生活状况，由北京大学社会学教授陶孟和完成《北京人力车夫之生活情形》报告[10]；清华大学外籍教授狄特莫组织开展了针对北京西郊195户居民的社会调查，重点调查了家庭生活费用情况，对恩格尔系数进行了实际验证，并用数据说明了东西方家庭生活处境的巨大差距；燕京大学学生在美籍传教士甘博和伯吉斯的组织下，仿照美国"春田调查"对北京城的社会状况进行了调查，首次向世界展示了20世纪初古都北京的历史、地理、政府、人口、卫生、经济、娱乐等多个社会面向。此后，沪江大学社会学系访问学者、美国布朗大学教授白克令指导学生也利用相同方法对上海附近的沈家行村进行了调查，并出版《社会调查——沈家行实况》一书[10]。

自20世纪20年代开始，中国学者逐渐成为国内社会调查的主力军。北平社会调查所依靠美国纽约社会宗教研究院捐助专款开展调查研究工作，出版了《北平生活费用之分析》《北京郊外乡村家庭》等二十余部专著，其中《定县社会概况调查》被视为"中国近代社会调查的第一个里程碑"，是国内首次以县为基本单元而开展的实地调查[9]，涵盖了地理、历史、人口、教育等情况信息。此外《实地社会调查方法》一书，为国内大型社会调查的开展提供了方法依据。同期，南京中央研究院社会科学研究所在陈翰笙的带领下开展了三次大规模细致的农村调查，先后对广西、上海、江苏、河北、河南、陕西等地进行调查，立足于马克思主义阶级分析观，探索了农民贫困的根源，并提供了真实的调查佐证。20世纪30年代中后期，我国知名社会学家费孝通先生创新性地将社会学、人类学方法运用于中国经济社会调查，并以家乡开弦弓村为案例进行了实践，根据调查材料整理而成的专著《江村经济》被称为"中国近代社会调查的第二个里程碑"。《江村经济》的学术价值，一方面在于成功把功能主义人类学的研究方法和观点纳入社会学研究之中；另一方面全面实践了深入社区、完全参与的社会调查方法[9]。总体来看，20世纪20年代初期至抗日战争爆发之前，是我国社会调查领域最活跃、成果最为丰富的时期。全国每年完成的课题近千项，对于认识半封建、半殖民地下的中国，以及有效促进社会改良发挥了重要作用。

毛泽东同志是中国共产党从事社会调查的开创者。从20世纪20年代的《湖南农民运动考察报告》到新中国成立后的《论十大关系》《正确处理人民内部矛盾的问题》，都是在开展了大量社会调查的基础上完成的。他在领导中国革命斗争时，将认识中国国情、解决中国革命和建设的实际问题与调查研究工作相结合，并对发展马克思主义社会调查的实践和理论作出了突出的贡献[11]。

改革开放以来，我国的社会调查研究进入快速发展期。各项社会调查工作坚持从实际出发，注重调查研究的优良传统和作风，将马克思主义的基本原理同我国改革开放的实际相结合，发挥好调查研究的作用，为中国特色社会主义的建立作出重要贡献[11]。随着时间的推移，当前各项改革步入深水区，价值多元、利益分化、矛盾交织等转型期特有的情况使我国城市社会中逐渐凸显一些深层次问题。我国正处于城市社会发展重要的战略机遇期，亟需把握因各项体制机制深刻变革、社会结构深刻变动、利益格局深刻调整、思想观念深刻变化所出现的新情况、新问题，进行更具深度的社会调查。"调查研究不仅是一种工作方法，而且是关系党和人民事业得失成败的大问题。"在新时期坚持开展科学的社会调查不仅非常必要，而且也是社会调查方法的价值之所在。在当前大数据时代，社会调查方法的丰富以及数据资料分析工具的创新有了突破性进展，社会调查技术与互联网信息技术的有机结合，有效提升了调查的效率及结果的准确度，并将持续对社会经济各领域产生深刻影响[12]。

1.3 城市社会调查方法体系

科学研究方法一般包括方法论和研究方法两个层次[13]。就城市社会调查方法体系来说，方法论和研究方法虽然在层次上有差别，但是却是相互联系、相互制约的。没有方法论的指导，调查研究只能拘泥于日常观察的水平；没有正确调查研究方法的技术支撑，就无法有效收集数据和资料，以及对数据进行科学的整理与分析。

方法论是指导研究的一般思想方法或者哲学理论。在社会研究领域，存在两种基本且互相对立的方法论倾向，即实证主义和人文主义方法论。实证主义方法论认为，社会研究应该向自然科学看齐，对社会世界中的现象及其相互联系进行类似于自然科学一样的探究。人文主义方法论认为，在研究社会现象和人的社会行为时，需要充分考虑人的特殊性以及社会现象和自然现象间的差异，并充分发挥研究者在研究过程中的主观性[14]。在社会研究中具体应遵循何种方法论属于实践方面的问题，须依据研究课题的性质来确定。

而研究方法则是指从事研究工作中所采用的具体方法，包括调查资料的收集方法、分析方法，以及各种特定的操作程序和技术[9]，主要涉及资料收集工具选择或数据分析技巧等。研究者通过研究方法的选择与操作来获取研究结论。

由方法论和研究方法共同组成的城市社会调查研究方法体系如图1-1所示。

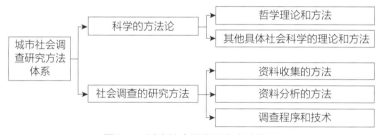

图1-1 城市社会调查研究方法体系

1.4 城市社会调查类型

城市社会调查的目标是准确认知城市社会现象，并揭示其背后城市社会发展变化的内在规律。城市社会调查因目的、对象、方式与性质等不同而存在差异，同时不同城市社会调查研究类型拥有各自特点及适用性，因此调查者需要根据具体调查任务和调查课题选择与之相适配的调查类型。一般来说，城市社会调查有以下四种分类方式。

1.4.1 根据调查对象范围分类

根据调查对象范围，城市社会调查可分为普遍调查、抽样调查、典型调查和个案调查[2]。

普通调查简称为"普查"，也称全面调查，是对调查对象总体中的个体逐一进行调查的方式，可对社会的一般情况进行全面、准确的描述，常被用于行政统计调查中。其优点是调查范围广，对象多，收集资料丰富、全面；缺点是难于深入了解某些情况，只是对调查对象基本情况的描述。抽样调查是从调查对象总体中，按照一定抽样规则选取部分个体进行调查，利用该部分个体调查的结果来反映总体状况，通常与问卷调查法相结合。其特点是应用范围广、成本低，能较为迅速地获取调查资料，调查深度相比普查更为深入。典型调查是在调查对象总体中选取能够反映同类社会现象或社会事务共同属性和一般趋势的具有代表性的对象进行调查，其目的是以"少量"反映"全局"[2]。因为事物的普遍性源于特殊性，典型调查就是对调查对象形成从特殊认识到一般认识的过程。个案调查则是指为解决某一具体问题，针对某一具体对象进行全面且深入的调查，通常与抽样调查结合开展。个案调查并非需要对象具有典型性，也无须以此概括或反映总体状况，不涉及探索同类事物的本质和规律。

1.4.2 根据调查成果呈现的状况分类

根据调查成果呈现的状况，城市社会调查可以分为描述性调查、解释性调查和预测性调查[2]。

描述性调查是经调查研究，客观陈述调查对象"是怎样"的调查类型，主要用于了解调查对象的基本情况。解释性调查是在调查的基础上，对调查结果进行深入的分析研究，以解释调查对象"为何如此"的调查类型，主要用于对现象背后的原因进行探讨，调查和分析的深度均超出描述性调查。而预测性调查则是通过更为深入的研究明确调查对象"将会怎样"的调查类型，侧重于对较深层次的普遍本质和规律进行探索[2]。一般来说，综合性调查项目多涵盖此三类调查类型。

1.4.3 根据调查方式分类

根据调查方式不同，城市社会调查可以分为问卷调查、访谈调查、观察调查等。

问卷调查是依据调查任务和调查目标，制定详细、全面的问卷，经过被调查者回答后得到相关资料，进而针对获取资料进行分析研究的调查类型，在当代城市社会调查中普遍被采用并具备较高调查效率。其特点是可有效避免调查的盲目性和主观性，标准化程度高，调查数据便于进行计算机统计分析。访谈调查通常是利用当面访问交谈或者利用现代化通信方式如电话、网络视频等进行交谈的调查方式，多聚焦于个案调查，对于确保调查的真实性、可靠性，促进调查研究结论的丰富性和深度具有重要作用。观察调查则主要是指调查者依靠自身感觉器官及辅助工具,直接观察被调查对象的行为等信息,并通过现场记录的方式收集资料的调查类型。

1.4.4 根据调查性质或者应用领域分类

根据调查性质或者应用领域,城市社会调查可以分为城市行政统计调查、城市生活状况调查、城市社会问题调查等。

城市行政统计调查主要包括各级城市政府所组织针对特定行政区域的人口调查、资源调查、社会概况调查等,对于了解一个城市或一个特定行政区域的基本情况具有重要作用。城市生活状况调查通常是针对某一时期、某一城市社区或某一城市社会群体的生活状况所进行的调查[2]。此类调查聚焦于了解城市主体日常生活各方面的基本情况,用以综合反映一个时期、一个城市或一类城市群体中人们的总体生活状况。生活状况构成因素通常与调查对象的教育程度、宗教信仰、婚姻状况等联系紧密。城市社会问题调查通常是对某一类城市社会问题进行有针对性的、系统的调查和了解,探寻问题症结,为解决城市社会问题提供参考意见,如同医疗诊治,对城市社会问题进行"社会诊断",例如社会犯罪问题、老年人社会保障问题、青少年社会安全问题等。城市社会问题是联系民生并被城市主体密切关注的问题,在不同的社会发展阶段具有不同的表象特点。

1.5 城市社会调查流程

城市社会调查是认知城市社会的一种自觉活动,其调查流程需契合人的认识规律进行合理安排[15]。总体来说,城市社会调查具有明确的递进式调查逻辑结构,具体的工作流程包括以下五个阶段。

1.5.1 选题阶段

确定调查研究课题是城市社会调查工作的起点和基础,把握着调查研究工作的方向和目标,对调查工作的成败以及结果的优劣有直接决定作用。在选题阶段需要对现实社会的城市社会现象和城市社会问题进行观察和思考,选择和确定有价值、有意义的调查主题,并对调查主题进行修正使其转变为确切的调查课题,而后须对调查课题进行重要性、创新性、可行性等方面的科学论证,以确保选题质量[16]。

1.5.2 准备阶段

准备阶段是为落实调查目标需对调查工作进行设计、准备的阶段。主要包括以下三方面:一是编制调查方案,即根据调查课题制定一个详细、周密的社会调查方案，包括调查的思路、方式、技术等内容；二是组建调查队伍，包括调查队伍人员的组成、培训，以及调查所需的材料、工具等物质准备，调查队伍的成功组建是保障调查研究成功的关键；三是开展预调查，即小规模的实验调查，以初步了解调查对象，并利用预调查中发现的问题，及时修正和完善调查方案，以利于实施阶段大规模调查的科学、正确开展。

1.5.3 实施阶段

实施阶段是执行调查方案和计划的阶段，在该阶段需要到现场展开调查工作，通过实地接触被调查者，采用文献收集法、问卷法、观察法、网络调查法等数据资料收集方法，从而获取相关资料。本阶段需要做好外部协调和内部指导工作，获取被调查者的信任、支持、配合，同时调查人员需要及时总结和交流调查经验，快速发现和解决准备阶段调查方案制定中未预期发生的问题，确保调查工作的顺利完成。

1.5.4 分析阶段

分析阶段是城市社会调查研究中由感性认识向理性认识演进的阶段，主要任务是对已开展调查所收集的问卷等资料以及数据进行系统的整理、分类、统计和分析，进而产出调查结论。本阶段的具体工作：一是对实施阶段获取的一手资料进行鉴别、整理与审核，"去伪存真"，以确保资料的真实、准确和完整，并通过加工使其条理化、系统化[14]；二是借助计算机，对整理好的数据进行统计分析，说明事物发展的水平、结构及总体趋势等问题；三是运用相关的逻辑思维方法对统计分析后的资料进行理论分析，揭示调查所反映和发现城市社会中的本质和规律，并提出针对性的建议。

1.5.5 总结阶段

总结阶段的主要任务：一是撰写调查报告，即对调查过程、调查方法进行明确说明，明确调查结果和调查结论，对于城市社会现象或城市社会问题提出政策性建议和解决问题的明确策略；二是总结调查工作，即对整个调查过程进行总结，包括整个城市社会调查工作的总结和每个调查参与者的总结；三是评估调查结果，包括学术成果评估和社会成果评估两方面[16]，明确调查结论在实践应用中的效果，对于提高调查研究水平和能力、深化城市社会现象认知、推进城市社会问题解决具有重要意义和价值，并为后续相关调查研究的开展提供重要的经验积累。

城市社会调查的五个阶段是相互联系、相互依存的，构成社会调查的完整程序，缺一不可。社会调查完整流程如图1-2所示。

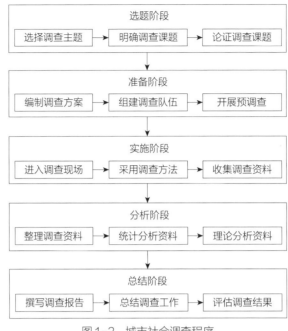

图 1-2　城市社会调查程序

参考文献

[1]　水延凯，鲁长安. 必须创建中国特色社会调查学——兼与风笑天教授商榷[J]. 云梦学刊，2017，38（04）：87-92.

[2]　罗清萍，余芳. 实用社会调查方法与技能训练：从选题到实施的工作过程[M]. 北京：经济管理出版社，2013.

[3]　迪尔凯姆. 社会学研究方法论[M]. 胡伟，译. 北京：华夏出版社，1988.

[4]　黄昌保，朱庆洪. 试论社会调查研究的原则[J]. 地方政府管理，1999（11）：27-29.

[5]　马社敏. 社会调查研究的指导原则[J]. 群文天地，2011（06）：217.

[6]　范伟达，范冰. 社会调查方法[M]. 上海：复旦大学出版社，2017.

[7]　水延凯. 立足中国借鉴国外创建中国特色社会调查学[J]. 云梦刊，2020，41（01）：1-8.

[8]　周德民，廖益光. 社会调查方法教程[M]. 北京：中国劳动社会保障出版社，2008.

[9]　张蓉. 社会调查研究方法[M]. 北京：知识产权出版社，2016.

[10]　黄杭磊. 民国时期社会调查与英美社会调查比较研究[D]. 杭州：杭州师范大学，2019.

[11]　张明. 社会调查的历史经验和发展趋势[J]. 苏州大学学报，1990（02）：4-9.

[12]　马健悦. 大数据背景下社会调查技术的发展现状及趋势[J]. 现代经济信息，2018（05）：369.

[13]　侯典牧. 社会调查研究方法[M]. 北京：北京大学出版社，2019.

[14]　于晓曦. 建筑研究的社会调查方法[D]. 天津：天津大学，2007.

[15]　水延凯，江立华. 社会调查教程[M]. 6版. 北京：中国人民大学出版社，2014.

[16]　于莉，邓恩远. 社会调查方法与实务[M]. 2版. 北京：北京大学出版社，2009.

第 2 章

城市社会问题与城市社会调查选题

【本章要点】

城市社会问题的特点包括：主观性、复杂性和动态性等。

城市社会问题的主要面向为城市变迁型社会问题和城市结构型社会问题。

城市社会问题具体包括：城镇化问题、人口老龄化问题、城市收缩问题、城市就业问题、城市贫困问题、城市住房问题、城市社会隔离问题等。

城市社会调查选题的原则包括：创新性、可行性、必要性和前瞻性等。

城市社会调查选题的方法包括：缺口选题、热点选题和跨学科选题等。

城市社会调查选题的途径包括：查阅文献、专家指导、实地调研和科学论证等。

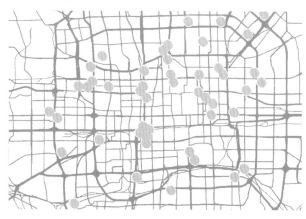

2.1 城市社会问题

城市社会问题是经济发展到一定阶段的产物，是人与自然、人与社会及人与人关系失调产生的问题。具体来讲，即在社会发展的过程中，产生的某些不利于人们身心健康，阻碍社会协调发展的问题，且这类问题需要社会群体的共同努力才能解决或改善。城市社会问题主要呈现以下三方面的特点：

主观性：社会问题不同于客观存在的社会背景，而是受制于特定群体的主观意识。

复杂性：我国现在正身处跨越"中等收入陷阱"且向高收入国家转化的重要进程[1]，相较于从低收入向中等收入转化的进程，城市当中的社会问题会更加严峻复杂，社会发展不平衡的问题十分严重。

动态性：城市社会问题的存在不会是一成不变的，它会随着城市社会经济的发展、科学技术的进步以及社会群体的价值观等因素的变化而变化，所以城市社会问题是动态发展的。

2.2 城市社会问题的主要面向

2.2.1 城市变迁型社会问题

（1）城镇化问题

1）城镇化与我国城镇化发展现状

城镇化是指农业人口与农用土地向非农业人口与城市用地转化的现象及过程[2]。

据国家统计局历年的统计数据显示（表2-1），自2010年起，我国每年的城镇化率增速都超过了1%。这表明每年都有大量的人口向城市集聚，在这个过程中，社会经历着结构与秩序的重构，逐步走向融合。2004年，德国著名社会学家乌尔里希·贝克在接受我国记者采访时表示："当前中国社会因为巨大的社会变迁正步入风险社会，甚至可以说是进入高风险社会。这尤其表现在中国全面而高速的城镇化发展带来了城市容纳力、城市生态以及城市社会发展失衡的风险。"[3]

2010~2019年我国的城镇化水平　　　　　　　　　　　表2-1

年份	2010	2011	2012	2013	2014	2015	2016	2017	2018	2019
城镇化率（%）	49.95	51.27	52.57	53.73	54.77	56.10	57.35	58.52	59.58	60.60

2）我国城镇化发展的主要问题

①半城市化

半城市化是城镇化进程中的问题，是指农村人口和农业用地向非农人口和非农用地转化过程中的不完整状态，主要体现于人口和土地两个方面[4]。

人口半城市化：中国社会科学院研究员王春光首次提出了"人口半城市化"的概念。他指出："'半城市化'是相对于'城市化'而言的，'半城市化'并没有在系统、社会与心理三个层面上实现完全的'嵌入'，农村人口虽然进入城市，并且找到了工作，但是并没有真正融入城市的社会、制度与文化系统。"[5]人口半城市化的主要表现为农民虽然已经离开农村来到城市，但是他们在医疗卫生、就业薪资、城市购房、后代教育与社会福利等诸多方面与城市居民的差距较大。在就业方面，受限于城市的次级劳动力市场，进行的是非正规就业。在个人行为与心理方面，农民的许多行为并不被理解与支持，心理上易产生沮丧感与疏离感。

半城市化地区：随着城市化的持续推进，城市与乡村交流渐渐频繁，城市核心区周边出现了一类由农村向城市过渡的区域类型。它们虽然与城市和村庄类似，但是在城市职能和空间形态等方面与城市和农村都存在显著的差异，这类区域模糊了城市和农村的界限。经济上，半城市化地区的经济活力较高，由于城市和农村两个方向人口的汇集，加重了商住比例的争夺问题。环境上，半城市化地区的产生导致耕地、林地与水域等骤减，小型村镇制造企业的散乱分布通常造成环境污染与资源浪费，工厂与农田交错分布的特殊现象在城市与乡村的交界处产生。依据作用机制与空间两个方面，可将半城市化地区分为两类：其一是因大都市的辐射等原因产生的城市型半城市化地区；其二是因乡村农民的非农化和兼业化水平提高，且乡村逐步城市化等多种原因产生的乡村型半城市化地区。

②城镇化发展失衡

城镇化发展失衡体现在三个方面：

首先是区域发展失衡。2019年，我国东部沿海地区的城镇化率为71.21%，但西部地区仅为53.31%，差距达17.9个百分点。若刨除直辖市，城镇化水平最高的省级行政区为71.4%的广东省，最低的省级行政区为31.54%的西藏自治区。另外，城镇化率低于50%的省级行政区均位于西部地区[6]。

其次是城市发展失衡。行政等级越高的城市拥有越多的行政资源，空间扩张速度越快，新增城镇人口和用地规模越大。随着行政资源的汇集，市场要素也会相应汇集，导致了城市发展失衡的恶性循环。

最后是新城与旧城发展失衡。城市的中心区往往在老城区，这里集中了政治、经济与文化等多种功能。但是随着城市的发展、人口的增加，一些政府认为未来城市发展的重点是郊区的新城，且投入了大量资金用于兴建新城。此时政府对老城的关注下降，特别是老城中一些高质量的公共服务设施也迁至新城，由此，老城面临衰败的风险。

③城市病

国内学者普遍认为，城市病是指在城市发展或城市化进程中，在城市内部产生的一系列经济、社会和环境问题，主要表现为城市环境的污染、道路交通的拥堵、犯罪率的增高和贫民区的产生等[7-11]。城市病的实质为以城市基础设施为代表的城市负荷力无法承载以城市人口为代表的城市负荷量，使城市呈现出不同程度的"超载状态"。城市病的病情与超载程度呈正比，换言之，城市病的本质是城镇化发展规模无法匹配城市原本的资源和环境承载力，是城市经济、社会、文化、生态发展失调的反映[12]。

"城市病"作为一种城市社会问题广泛产生于城镇化进程中，通常会经历"隐性、显性、发作、治理、康复"五个过程[13]。18世纪中叶西方产业革命后，发达国家的城镇化就进入了快速发展阶段，起步较早且过程十分漫长，而中国的城镇化进程起步晚且发展速度较快，城市病产生的时期特别集中，资源浪费、环境污染、交通拥堵等城市病频频涌现。

中国的城镇化进程是非常迅速的，随着城市人口的不断增加，许多地方政府把房地产当作城市发展的主导产业，生态环境承载压力陡增。随着粗放式城镇化的发展，以煤炭为主的城市资源的消耗与日益增加的机动车带来的尾气问题，对大气造成严重污染。除此之外，还有因废水排放造成的水体污染，因固体废弃物的处置不当造成的土壤污染等。资源与环境在城镇化的进程中遭到了严重破坏。

（2）城市收缩

1）城市收缩的概念

城市收缩是指城市在一定时间段、一定地域范围内出现的人口流失现象。人口流失不是简单的人口数量下降，它还体现了城市经济的下滑、环境的恶化、就业的困难，以及政策制定或实施的不合理等。

2）城市收缩的趋势

①人口流失

改革开放以来，中国城镇化进程虽前进了一大步，但却出现了区域之间经济发展失衡的现象，例如我国东西部发展差异大，而且大城市的经济不断蓬勃发展但小城市长期欠缺经济持续增长的机遇与动力。在我国的财政分权体制下，经济发展程度的差异影响了医疗卫生、公共教育等地方供给能力的高低，人们倾向于迁至可以提供更加优质公共品供给的城市。

2014年以来，我国政府改革的户籍制度框架已经初步成型，随着户籍制度逐渐放开，农业转移人口落户于城镇的手续更加简明。随着户籍制度改革的逐渐深入，我国创建了城乡统一的户籍制度，取消原来的非农业户口和农业户口性质区分，统一登记为居民户口。同期，我国各个地区逐步放宽了户口迁移政策，许多大中城市也降低了落户标准。中西部地区的青海省、贵州省、四川省与宁夏回族自治区除省会（首府）市以外，其他城市完全放开了落户制度。北京、上海、广州等发达城市正在不断完善农业转移人口的落户途径，积极确立积分落户政策。据新华网2017年的一项数据显示：2015~2016年，上海市办理居住证人员落户共计2.4万人，超过此前6年间全市"居转户"的人数总和[14]。由于很多人选择迁至更加发达的城市居住，导致迁出城市的人口流失。

②资本流失

根据新马克思主义城市理论，资本倾向于流入收益率更高的城市来满足自身的增殖，从而导致部分城市的繁荣与其他城市的收缩。首先，部分资本将从传统工业城市流出，使其面临着严峻的收缩危机。随着国际商贸形势的日渐变化及我国持续的产业结构升级与优化，工业产品的相对报酬率正在不断下降，资本从传统工业城市转出。其次，资本从中西部欠发达城市流出。虽然我国实施了促进区域协调的政策，如"东北振兴""西部大开发"与"中部振兴"战略，但是由于东部地区拥有着更优质的经营环境与更高的资本回报率，大量的资本从欠发达的中西部地区持续向东部发达地区输出。除此之外，我国的劳动力成本优势正在逐步下降，中西部地区的一些劳动密集型产业也将流向劳动力价格更为低廉的东南亚、南亚的一些国家，迫使该类地区不得不在邻国全面进入低附加值领域之前，完成向高附加值产业链的转变。

3）城市收缩的原因

①政策依赖

20世纪70年代我国实行改革开放。20世纪80年代深圳、厦门、汕头及珠海成为4个首批开放的经济特区，紧接着国家又在东部沿海地区开放了大连、天津等14个港口城市，并逐步兴办经济技术开发区。20世纪90年代，国家以上海的开发开放作为龙头，助力其加速建设国际经济、贸易与金融中心。上述城市获得国家及区域的政策倾斜，而这些政策资源又助推城市获得新的发展动力。

随着经济的飞速发展、资源的优化配置，政府渐渐取消了政策优惠。即使依托政策扶植奠定良好发展基础的沿海城市，若不能获得新的增长极驱动，其核心竞争力也将逐步丧失，导致城市走向收缩。

我国相对贫困落后的、接受对口帮扶的城市同样偏向对政策的依赖。对口帮扶对象包括为国家的发展作出过巨大贡献的地区、受自然灾害侵袭的地区与欠发达的地区。虽然对口帮扶可以推动城市经济的增长、协调资源在区域范围内的有效配置，但是如果这些城市不能及时抓住转型契机，长时间将国家配置的资源作为自身运行的主要资本，那么在国家政策取消之后，城市极易发生收缩。

②产业单一

产业单一是指该城市只有一种主导产业，附加其他配套产业成为该城市的发展引擎。此类城市的兴盛与衰败与该主导产业联系紧密。

产业单一的城市主要包括资源型城市与旅游型城市。依托单一产业发展的城市会由于资源濒临枯竭、替代产业尚未成熟等原因，使得城市经济实力逐步减弱，人们收入也会持续下降。如果一旦没有对未来可能出现的环境变化作出应对，那么城市将会慢慢走向收缩。黑龙江省伊春市位于小兴安岭地区，是全国范围内最早建设的森林工业基地，也是举足轻重的国有林区，被称作"红松故乡"。1948年以来，伊春市进行了广泛的木材开发，不仅为国家供应了高质量木材，也为当地居民提供了大量的工作岗位。然而，随着林木资源逐渐枯竭，伊春市在社会、经济、人口等多个方面出现了收缩现象。2019年伊春市的国内生产总值（GDP）为298.8亿元[15]，在黑龙江省排名靠后。据公安部门统计，2019年年末伊春全市总人口112.4万人，与2010年相比，十年间减少近2.4万人。但并不是所有的资源型城市都会走向衰败，日本的九州岛、德国的鲁尔区、法国的洛林区等资源型城市或区域，因为抓住了产业转型的契机，得以稳步持续发展。

旅游型城市在比较优势被其他城市逐步模仿替代后，其优先发展带来的优势也会荡然无存，如若不及时进行产业转型，城市便会逐渐收缩。

③梯度转移与虹吸效应

梯度转移指当资源供给或产品需求产生改变时，一些产业流向其他地区的过程。由于发达城市面临着产业结构升级，那些消耗自然资源的产业、劳动密集型产业将率先被转移至欠发达城市。但是这些欠发达城市因无法获得优质的发展资源，导致其即使有发达城市转移来的产业，也很难带动城市良性发展，最终将会走向收缩。

虽然交通基础设施的完善可以提升区域的通达性，带动城市和区域的经济发展。但是如果这些城市缺乏符合本城市发展需求的政策指引与产业驱动，那么交通基础设施的兴建不但无法带动城市的发展，还可能会进一步拉大其与周边发达城市的经济差距。随着差距的增加，人们更愿意转移到工作岗位充足与生活设施便利的发达城市中，城市收缩的现象也会越发严重。

虹吸效应指发达地区由于便捷的道路交通、健全的基础设施以及完善的公共服务，而将周边欠发达地区中小城市的人口及资源等要素吸引过来的现象。这些中小城市因为虹吸效应经济衰退，城市收缩效应由此产生，例如北京周边的三河与高碑店，广州与深圳周边的东莞，成都周边的都江堰等。高碑店坐落在环首都京津冀经济圈内，处于北京、天津与保定三角要地中。然而，高碑店和多数发达地区周边城市一样，劳动力、资金及技术等要素逐步向北京转移，常住人口也在不断减少。2010 年至 2019 年，高碑店市常住人口数已从 64 万人下降至 54 万人[16]。

④盲目扩张

城镇化快速发展的进程里，许多新城（新区）得以建设，在全国范围内掀起了一股"造城风"。2015 年中国工程院院士郭仁忠于贵阳举行的中国城市规划年会上指出："国务院城乡规划主管部门会同国务院有关部门组织编制全国城镇体系规划，其中一项有关 12 个省会城市和 144 个地级市的研究数据表明，平均每个省会城市规划建设 4.6 个新城（新区），平均每个地级城市规划建设约 1.5 个新城（新区）。全国新城（新区）规划人口达 34 亿，这是严重的失控。"2000 年，我国城区的人口数量为 38823.7 万，城市建成区的面积为 22113.7 平方公里[17]。2016 年，我国城区的人口数量为 40299.17 万，而城市建成区的面积激增至 54331.47 平方公里[18]，城市人口数量与建成区面积分别增加 3.8% 和 145.69%。由此可见，我国现阶段城市蔓延的速度远远超过城市人口增加的速度，人地关系出现了明显的失衡。部分城市在进行城市规划工作时，通过虚报人口来获得更多的城镇建设用地指标。一座城市如果盲目进行城市扩张，但却没有充足的人口来使用，那么城市收缩的问题会随之显现。

（3）城市突发公共卫生事件

1）公共卫生与突发公共卫生事件

公共卫生是一项影响整个国家或地区人民健康的公共事业。它涵盖了对一些重大疾病尤其是传染病（如肺结核、SARS、艾滋病）的预防、监控与治疗[19]。突发公共卫生事件（APHE）是指可能造成社会严重损失的烈性传染病疫情、群体性不明原因疾病、重大食物和职业中毒等严重影响公共健康的事件[20]。自从 2003 年我国暴发非典型肺炎以来，国内发生的突发公共卫生事件主要是烈性传染病，给我国社会造成的损失不亚于自然灾害。

图 2-1 新冠肺炎疫情暴发期间武汉体育中心方舱医院人满为患

2020年年初，新冠肺炎疫情席卷全球，极大地影响和危害着社会生产、生活甚至生命（图2-1）。同时，抵御新冠肺炎疫情是对城市应急处理能力和城市治理能力的一次大考验，也是对我国城市规划自身发展不足的一次大反思。如何应对突发灾难的"黑天鹅"事件，保障人民的安全和生产生活的正常进行，将是今后城市规划与城市发展的重要议题之一。

2）应对城市突发公共卫生事件存在的主要问题

①城市防灾规划尚未健全

a. 缺乏对突发公共卫生事件的重视。目前的防灾规划对不同灾害种类的重视程度不同，对于城市中频繁出现的地震、洪灾等自然灾害，规划制定了更为严密、更具操作性的防范措施，而对于城市中不常见的流行病暴发等灾害虽然有所提及，但尚未制定完善的防范措施，对未来可能发生的多样化灾害的判断不足。其实，现实生活中一些突发公共卫生事件对社会经济、人类生命的危害远远超于自然灾害，如SARS非典型肺炎疫情、H1N1禽流感疫情、COVID-19新冠肺炎疫情等。

b. 对城市承灾体考虑不全面。城市是一个巨大的承灾体系统，主要包括各种工程系统（生命线系统和建筑物）与人。目前，城市防灾规划更多关注的是各类工程系统，但是并非所有的灾害都可以用工程系统的建设来防御。虽然水利工程可以应对洪涝灾害、人防设施可以应对恐怖袭击、建筑抗震能力的提升可以应对地震灾害，然而2019年年底突然暴发的新冠疫情的承灾体却是人体，病毒会随着人口的聚集与流动进行传播。随着经济社会的快速发展，未来可能会有更多承灾体逐渐显露出来，城市防灾体系要前瞻性明确承灾体。

c. 规划内容缺乏协调。当前的城市防灾规划大多是针对单一灾种编制的，需要将单一灾种汇总至城市各层级的规划编制中。虽然灾害的种类覆盖得较为全面，但是这种方式缺乏整体的协调统一，在突然暴发的灾害面前，各级部门通常无法快速协调工作，导致其不能及时采取有效的措施应对灾害。

②防灾设施配置与应急预案不足

在应对新型冠状病毒初期，武汉因医疗设施和战略不足，医院容量超出负荷，出现无处安置病人的现象。这表明在应对突发重大公共卫生事件时，相关部门缺乏经验，未预留和及时整理出足够的空间来满足物资和病人的安置需求，也未能考虑到公共建筑平灾结合的用法。2020年7月，国家卫生健康委办公室发文《关于全面推进社区医院建设工作的通知》，指出第一个主要任务就是对照规范加强资源配置和信息化建设，具体包括：进一步加快完善住宅、设备、病床、人员等资源配置，加强对信息化等现代技术设施的建设和机械装备的提档升级，重点健全临床、公共卫生、医技等科室设置，并注重数据共享、业务协同和综合管理，另外鼓励有条件的社区医院规范设置发热门诊。2020年4月，上海市静安区彭浦新村社区卫生服务中心互联网医院建成（图2-2），该社区居民的就诊时间从1个多小时缩短到10分钟，大大降低了突发公共卫生事件的风险。

图2-2 上海市静安区彭浦新村街道社区卫生服务中心互联网医院

抵御新冠肺炎疫情期间，为了遏制疫情的传播及排查重点人群，多数城市施行居家隔离政策，居民在网上复工复学，任务通过网络完成。但城市工厂的关闭使得大量农村务工人员返乡，因为相关部门缺少应急预案，未能及时解决滞留乡村人群的就业问题，导致农村的就业形势不容乐观，引发社会问题。

③ 忽视社区治理

社区不仅是城市空间配置的基本单元，也是城市基层灾害救援的基本单元，承担着促进城市发展、降低社会风险等任务。在面对突然暴发的新冠肺炎疫情灾害时，良好的社区规划对减少病毒传播风险以及降低灾害损失等方面发挥着至关重要的作用。然而，这次新冠疫情的暴发深刻暴露了城市在社区建设时重商业、轻医疗的弊端，且在社区自组织层面存在缺陷。各社区中心应急物资储备种类及数量参差不齐，缺乏统一的管理标准，导致某些必备应急物资不足，而部分应急物资严重浪费。有些老旧小区由于缺乏物业的统筹而处于脱管、失管的被动状态，一旦公共卫生事件暴发，将成为显露于隐性风险里的弱势区域。

④ 信息一体化系统缺乏，形成信息孤岛

党的十八大以来，网络强国战略和"互联网+"行动计划成为我国战略性的发展方向。自2015年国务院发布《促进大数据发展行动纲要》以来，各级政府机构纷纷成立大数据相关部门。在大数据时代背景下，信息数据是一项新型的战略资源，引领着我国医疗、教育、金融等诸多领域的更新迭代。然而，在新冠疫情暴发初期，我国各个部门的迟缓应对体现了全社会信息共享滞后的问题。因此，需要进一步完善我国的城市智慧信息平台建设，并对城市各类公共安全问题进行监测，以此保障全社会拥有畅通与共享的信息渠道，降低"信息孤岛"可能给全社会造成的危害。

（4）城市人口老龄化问题

1）人口老龄化的内涵

国际上普遍认为，当一个国家或地区60岁以上老年人口占人口总数的10%，或65岁以上老年人口占人口总数的7%，表明该国家或地区的人口处于老龄化社会。老龄化社会一旦形成，那么社会的劳动力不足、养老负担加重，就成了城市社会中亟待解决的问题。

2）中国人口老龄化问题的严峻性

截至2019年年底，我国60岁以上的老龄人口达到2.53亿，占总人口的比例为18.1%。经过预测，到2030年我国老年人口将达到3.6亿，老龄化水平将超过25%[21]，全面老龄化时代已经来临。总体上，我国表现出人口基数大、发展速度快、高龄化问题严峻等特征（图2-3）。

3）人口老龄化的影响

①劳动力供给不足

现代管理学之父彼得·德鲁克认为，老年人口与适龄劳动人口之比达到1∶3是社会的极限，否则，将会严重影响经济的发展与社会的稳定。我国近年的老年抚养比正在逐步增加，未来将会继续攀升，这将为经济社会带来巨大风险（图2-4）。经验显示，一个国家或者地区的老龄化程度越高，其社会负担率越高，经济生产性越低，不利于经济增长[22]。随着目前人口年龄结构的老化，劳动生产以及社会总产出率正在逐步下降，给经济发展与现代化、工业化的进程等带来了不良影响。

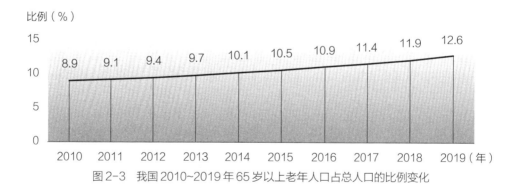

图2-3 我国2010~2019年65岁以上老年人口占总人口的比例变化

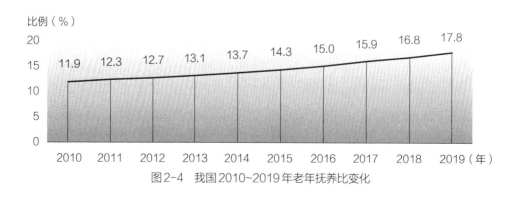

图2-4 我国2010~2019年老年抚养比变化

②养老保障负担加重

社会养老需求持续加大。随着人口老龄化步伐的加快，每年有大批达到退休年龄、丧失劳动能力的老年人，社会需要提供一大笔养老资金[23]，用于支付其退休金，为其提供养老保障、医疗保障，发放相应的社会福利等，这对于政府在养老、医疗方面的公共财政支出和社会保障体系都是极大的考验。

传统的家庭养老模式面临严峻挑战。人口老龄化引起家庭结构的变化，家庭规模趋向小型化、核心化，家庭劳动人口的减少则导致了家庭养老功能的弱化。并且，目前空巢家庭越来越多，许多老人的子女不在身边，子女赡养老人往往"有心无力"，因此需要通过社会养老功能的完善来弥补家庭养老能力的不足[24]。传统的养老方式和观念逐渐向社会养老转变，但当前社会养老环节还较为薄弱，无法满足老年人的需求。

③老龄产业加速发展

当前，我国的经济发展正处在由高速度增长向高质量发展转型升级的关键阶段。人口老龄化的加速对产业结构的调整提出了新要求，适老化发展趋势明显。在物质层面已经有所保障的情况下，老年群体的生活需求由生存必需型转变为享受型、发展型、参与型，也由此带来了新的产业机遇[25]，进一步刺激老龄产业在内的服务业的加速发展，形成庞大的老年人消费市场。并且随着老龄化程度加深，老龄产业以后必然会成为新的经济增长点[26]，以服务老年人为目标的老龄产业需求，将有效地推动第三产业发展。

4）老龄化社会运行存在的主要问题

①老年人口空间分布不均

我国城市老龄人口分布呈现为中心集聚与郊区化，老龄人口空间演变体现为老年人向中心城区集聚的同时向外慢速离心扩散、远郊区老龄人口快速向心集聚的特征[27]。如北京市的老龄化人口空间分布（图2-5），其特征为老龄化程度从中心城区递减至近郊区，在近郊区内缘分布成年型街区，外缘分布稳定的老龄型街区，并逐渐向外递增至远郊区。而城市中心选择性开发、城市功能更新、老年人退休前职业类型和收入水平分化等因素[27]，共同推动了这种空间分布特征的形成。相关研究表明，与常住人口密度分布相比，城市老年人口分布的整体秩序性较弱、变化程度较大，部分城市的常住人口增长形式与老年人口增长形式完全相反[28]，因此，应以老年人口空间分布来配置老年服务设施，否则将导致养老设施布局与老年人口分布不均衡的问题。

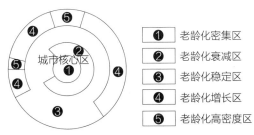

图2-5 北京市老龄人口空间分布特征示意

②养老服务设施不足

除养老设施布局与老年人口分布之间可能存在不匹配的问题外，养老服务设施本身即存在供给不足的问题：现有的养老机构数量与床位数，无法满足部分老年人对于入住养老机构的愿望，养老服务需求与供给矛盾突出；各级医疗卫生、文化体育、老年教育和社区配套设施没有考虑老年人需求，基层养老服务缺失；老年医院保健机构缺乏，综合医院普遍存在老年人集聚的现象，养老服务设施结构性供给矛盾突出；设施类型单一，老年人对老年公共服务设施需求呈现多样化特征，当前老年服务设施难以全面满足老年人生活照料、护理、康复、文化娱乐的服务需求[29]。

③"宜老"空间环境缺失

老年人生理机能的衰退以及宅域范围活动频繁等特点，决定了与老年人相关的公共服务设施有着特殊的布局要求，必须优先考虑老年人使用的便利性，尤其是与老年人日常生活紧密相关的商业、文化体育公共服务设施。如老年人普遍认为市场、便利店和文化体育设施的距离应该在5分钟步行范围之内，即服务半径300米之内，然而当前的设施布局并不能满足老人们的需求。此外，现有的养老设施建设仅关注福利托底型的养老设施建设，而忽视从空间上满足老年人的精神需求[29]，且老年人公共活动场所普遍存在空间狭小、设施简陋的问题，致使老人们集聚在社区广场通过跳广场舞来满足精神文化需求的典型现象产生[30]。因此，营造"宜老"空间环境，还应关注休闲环境、公共服务设施等的布局。

2.2.2 城市结构型社会问题

（1）城市就业

1）我国逐渐严峻的就业形势

①毕业生的就业形势

从教育部的数据可以看到，2020年我国高校的应届毕业生约874万人，同比增长近4.8%，就业形势不容乐观。早在2000年，国家就发布了高校扩招的政策，而这样的政策是具有两面性的，一方面，能让更多的高中毕业生进入高校，使得全国就业人口的学历水平大幅度提升，能够更好地促进社会发展；而另一方面，高校的毕业生数量陡增，但就业岗位不足，使得一部分毕业生失去了就业机会。2020年，国家为解决就业形势严峻的问题，进行了研究生的扩招，扩招数量达到18.9万人。这一举措确实解决了很大一部分的就业人口，但可以预料的是，两至三年以后的就业人口会更多，就业形势会更加严峻。

②不同城市的就业形势

按照经济总量及影响力的标准，可以将城市划分为经济发达的一线城市、经济较发达的二线城市，以及经济欠发达的部分二线城市、三线及以下城市。一线城市相较于其他城市有着更多的就业机会，但同时就业竞争也会更加激烈。而且除了这些城市本身的待就业人口外，还有很大一部分其他省市的毕业生和农民工等将参与到一线城市的就业竞争中，导致岗位供不应求，就业单位会提高自己的招聘要求并降低薪水，而这样的就业市场是不健康的。

二线城市虽然相对一线城市对于待就业人口的吸引力略低，但依旧有一定的就业竞争力，也存在诸如就业收入分配不均等问题。以重庆市为例，2019年重庆市城市社会消费品零售总额位居全国第四（表2-2），但是2019年全市居民人均可支配收入仅为28920元，并未超过全国平均水平[6]，在一定程度上显示出重庆市的贫富差距较大。

2019年全国城市社会消费品零售总额排行榜　　　　表2-2

排名	城市	零售（亿元）
1	上海	13497.21
2	北京	12270.10
3	广州	9978.20
4	重庆	8667.34
5	成都	7478.37
6	武汉	7449.64
7	深圳	6582.85
8	杭州	6215.45
9	南京	6135.74
10	苏州	6088.84

对于欠发达地区，就业问题与大城市的情况截然相反。由于大量人才都涌入经济发达的地区，导致这些欠发达城市的就业岗位供大于求，待就业人口无法满足就业市场的需求，这些地区的经济发展就会相对较慢，并易陷入恶性循环。

2）我国城市就业现状

①失业率较低

失业是现代市场经济运行过程中的一种经济社会现象。从宏观角度看，它反映的是劳动力供给与劳动力需求之间的矛盾；从微观角度看，它反映的是生产资料和劳动力不能有效结合，劳动力资源处于闲置状态[31]。

"十三五"时期，我国经济增长整体转向中高速度的高质量发展阶段，就业形势整体稳定，就业质量不断提高。2016~2019年，每年全国城镇新增就业人数均达到1300万人以上，全国失业率稳定在较低程度，城镇登记失业率稳定在4%以下，调查失业率稳定在5%上下。

②劳动就业结构持续改善，就业质量不断提高

在产业分布方面，2019年我国第三产业的劳动就业人口占比为47.4%，比2016年大幅提升5个百分点。在城乡结构方面，2019年城镇就业人口比例达到57.1%，比2016年大幅增加4.9个百分点。在技术结构方面，技能劳动者占比呈现上升趋势，2019年全国的技能劳动者数量约为1.7亿人，占当年就业总人数约21.9%。就业结构的优化不仅能提升劳动者的权益保障程度，同时还能增加劳动者的收入，2016~2019年全国城镇非私营单位就业人员平均工资年均增长9.9%。截至2019年年末，全国企业劳动合同签订率达到90%以上，社会保险覆盖面持续扩大[32]。

大学生和农民工一直被认为是我国社会普遍关心的重要就业群体。"十三五"期间，高校应届毕业生人数整体超过4000万，就业率稳定在90%以上，初次就业率水平整体稳定在70%以上。2019年9月，全国农民工数量已经累计达到29077万余人，相较2016年增加906万余人。其中50岁以上农民工占比已经从"十二五"末的17.9%增加到2019年的24.6%，农民工的平均月收入从2015年的3072元增加至2019年的3962元[32]。

（2）城市贫困

1）城市贫困的概念

城市贫困即城市社会中的贫困问题。它更多地体现为相对贫困，即整体富裕社会中的贫困现象，不仅包括物质生活条件的恶劣，还包括发展资源（包括物质、社会、文化和精神等层面）和发展权力（包括受教育权、就业权、住房权和医疗权等）的缺乏[33]。城市贫困人口主要包括城市下岗、失业群体，以及进城务工的农民工等外来流动人口。

2）城市贫困的成因

如果把农村的贫困归结于当地的自然资源禀赋与环境质量的影响，那么城市贫困的原因会更为复杂，其中涉及社会组织结构与个体行为活动等许多方面。

①社会组织结构

在社会组织结构方面，居民收入不合理与社会保障体系欠缺成为城市贫困问题产生的原因之一。近年来，我国经济发展更加偏向效率，由于居民收入分配的调控不合理等原因，促使了居民收入分配差距过大，强化了贫富的两极分化，并加重了城市的贫困问题。我国城市的人均可支配收入正在逐年提高，然而人均GDP比重较不稳定，且近年来呈现了下降趋势（图2-6）。虽然早在1993年上海就建立了城镇居民最低生活保障制度，并于1997年即在全国范围内推广，但是在贫困人口面前，这些制度存在救济目标有限、救济标准与救济经费较低等问题。尚未健全的社会保

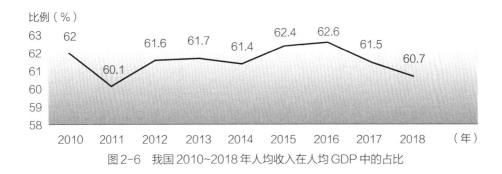

图2-6 我国2010~2018年人均收入在人均GDP中的占比

障体系加剧了城市贫困的问题。

②个体行为活动

在个体行为活动方面，人们的脱贫意识与主客观行为偏差会造成城市的贫困。"扶贫先扶志，扶贫必扶智。"然而，贫困群体普遍没有接受良好的教育，且接受新知识、新技术的能力也较低，很难快速地掌握一项新的维持生计的能力，并不能及时适应转型期经济发展的客观要求。随着城市物价水平的日益提升，经济薄弱家庭担负的住房、教育、医疗、养老等方面的压力越来越大。根据相关研究机构曾对上海、重庆等地开展的调查显示，80%的贫困群体把蔬菜当作主要食物[34]。

（3）城市住房

1）住房与新市民住房的概念

住房是一项人类社会发展必不可少的生存资源。孙中山先生的民生思想"居者有其屋"，便是为了解决人们的居住需求而提出的。在漫长人类社会发展的进程中，住房的功能正在不断丰富与完善，娱乐、社交、休闲、教育等正在成为人们日常生活中的一部分。目前，居住状况已经作为衡量人类生产生活质量的一项重要标准。

2018年，住建部在新市民调研文件中定义了"新市民"的概念——在城镇居住6个月以上，外市户籍与本市农村户籍的常住人口。换言之，新市民包括进城务工的农村人口以及外市的城镇户籍人口这两大类群体[35]。前者构成了新市民的主体[36]，他们在城市的基础设施建设中起到了极为重要的作用。除此之外，新市民群体还包含了新就业而未达到所在城市落户条件的大学生[37]。这类人群工作、生活在城市中，为城市的发展注入新活力。

新市民和城市的发展相辅相成。城市的发展需要劳动力，新市民的加入为城市提供了大量的基础劳动力，同时随着产学研一体化的普及，研究和产业的发展需要人才，大学生群体吸引企业入驻城市，促进了城市的发展，同时城市的发展则会相应提供更多的就业岗位，便于新市民群体的发展。

2）新市民住房的问题

①住房难

新市民的住房需求和政府、社会实际提供的保障房源数量并不匹配，经济发达城市的"人房失衡"问题更加严峻。2019年，北京市各城区共计筹建13.84万间保障性住房，然而常住外来人口高达764.6万人，表明了平均55个常住外来人口只能得到1间保障性住房[38]。

对于进城务工的农民工群体而言，住房难的问题尤为明显。2018年国家统计局的调查资料表明，在进城的农民工中仅有19%购买住房，而租赁住房占比61.3%，其余由雇主提供。由此可见，农民工以租赁住房为主，且人均住房套数不足全国人均水平[39]。但随着房租的上涨，政府对群租房整治力度的加大，农民工想租到合适的房子越来越难。同时，孩子的上学难问题也影响到家长选择住房的意愿，对于单身的农民工而言可以不考虑住房附近的教育设施，但对于非单身农民工，则要考虑到孩子就学的便利度。2019年的数据显示，50.9%的农民工认为随迁儿女并不能顺利在城市中上学[40]。

针对新市民的第二类群体，也存在上述提到的问题。现在北京新市民的住房缺口较大，北京市普通高校毕业生保障房面积配比较低（表2-3）。随着房价的上涨，住房租金也不断上涨，同时由于城镇化率的提高、就业岗位的增多，大量新市民涌入城市，然而保障性住房仍处于稀缺的状态，"人房矛盾"日趋严重。

2013~2017年北京市普通高校毕业生保障房面积配比　　表2-3

年份	2013	2014	2015	2016	2017
保障房面积配比（平方米/人）*	28.85	15.07	18.23	29.64	28.58

注：*等于保障房当年新开工面积×30%/（研究生、本专科毕业生人数×62.5%×72.3%），30%为现北京市共有产权房向非京籍常住居民一般供应比例，62.5%为留京意向毕业生数量，72.3%为非京籍毕业生比例。

②住房贵

对于大部分市民来说，房价的增长速度远远快于工资的增长速度。许多新市民家庭负债的首要原因就是住房问题的应对，购房与租房的压力较大。一般情况下，房价收入比（住房价格与城市居民家庭年收入之比）在3~6之间较为合理，然而我国不同城市的房价截然不同，但普遍来说目前一线城市与新一线城市的房价超出家庭年收入的6倍，甚至在上海、深圳等一线城市，该比例超过20倍，为新市民群体带来了巨大的经济负担。

③住房差

农民工住房差主要体现在人均住房面积较少和居住配套设施差两个方面。根据 2019 年的调查数据，进城农民工人均居住面积 20.4 平方米，其中 500 万人以上城市和 300 万～500 万人城市的农民工人均居住面积分别是 16.5 平方米与 19.7 平方米。城市的级别越高，农民工人均住房面积越少。对于农民工的居住配套设施，调查数据表明有供暖设施的住房占比 52.2%，有洗澡设施的住房占比 83.7%，有洗衣机、电冰箱的住房占比分别为 66.1% 和 65.7%[40]。可见，居住基本配套设施尚未实现全面覆盖，住房的舒适度不足，尚有很大的完善空间。

对于第二类群体，新购买的房子多是位于老城区房龄较大的老旧小区二手房，隔声效果较差，小区绿化率较低，周边服务设施配套不健全，居住环境品质不高，不利于个人身心健康，也不利于新时期着力提升人居环境质量、建设美好城市新愿景的实现。

3）影响新市民住房的因素

①个人因素

对于新市民而言，他们的收入水平相对较低，利用有限的工资租到合适的房子同时保证生活质量难以兼具，付完房租后，可支配的资金捉襟见肘。在一线城市工作的收入水平较高的新市民，可能还要考虑购房，但他们的工资水平远远不及房价的上涨，使得拥有个人住房难上加难。

②制度因素

与当地市民相比，新市民往往未被纳入城市住房的保障体系中。现有的住房保障体系仅仅保障了户籍人口与"双困"家庭的住房，尚未保障城市中稳定就业的非户籍人口的住房需求，并且对于住房保障群体中目标群体的认定方式存在部分问题，农民工很难享有足够的住房保障。廉租房、公租房和经济适用房对农民工群体的覆盖面均明显不足。

③市场因素

目前我国的住房租赁市场尚未完善。以刚毕业大学生、进城务工的农民工为主体的新市民群体的住房租赁需求更加强烈，但如今租赁关系却十分不稳固，新市民在博弈中往往处于劣势地位，房东提前解约、肆意增长租金的乱象频繁出现，新市民群体的住房权益尚未得到全面的保护。其次，现阶段许多中介服务不规范，发生了许多黑中介、黑二房东坑骗出租人或承租人的行为，严重影响了租赁市场的秩序。此外，许多住房租赁机构的发展仍处于起步阶段、政府的投资力度不够、土地供应的短缺以及成本回收周期较长等原因影响了住房市场的良性发展。

（4）城市隔离

1）城市隔离的概念

城市隔离是指在城市空间中，不同的社会阶层出现分离和隔离的现象[41]。此现象在空间上表现为不同群体在空间上的不均等分布。城市隔离问题的主要表现形式是城市中居住空间的异化。

2）城市隔离的原因

①社会转型

目前我国处于社会转型期。相关研究指出，在2030年前后，我国将基本完成以工业化和城镇化为核心内容的社会转型，届时，我国将实现从传统的农业社会到现代工业和信息化社会的历史转型。同时，城镇化率有望达到70%左右，城镇化进程基本完成。然而在2020年之前，我国仍处于社会转型的矛盾上升期[42]。社会转型涉及社会有机体的各个层次与领域，包括政治、经济、文化、产业等方面。目前我国的经济产业的发展方式逐步从粗放型转化为集约型，从外向主导型发展转化为以内需为主导的发展。在这个转型阶段，各项制度还没有得到完善，关系尚未稳定。加之我国人口规模庞大、传统思想影响较深等，加剧了这个阶段各种矛盾关系，而社会的每一个变化都会牵扯各方面的利益。在这一转型中，不同的人群占据了不同的社会资源，造成了工作分配与收入的不同，从而导致了社会的两极分化与居住空间异化。

②人口迁移

近年来，随着我国居民户籍制度的逐步放宽、农村市场经济体制与城市居民住房保障体制等的改革，农村剩余劳动力开始大批涌向城市。而这些农村人口则一般会选择在经济十分落后的区域居住，这样在城市中便逐渐形成了高档住区与低端棚户区共存的混合居住形式。

③利益驱动

目前，城市居住用地的实施过程往往会受到资本与房地产开发市场的影响，开发商往往会迎合高收入群体的需求，投资高回报率的住宅类型。而部分开发商甚至会通过提高住宅面积标准等指标，变相限制低收入阶层的购入，从而导致商品房过剩及保障性住房匮乏的后果，其人为地造成了居住空间的分异。同样，政府通常会把更多的资金投入至经济效益更高的地区，而被开发商与政府忽视的落后地区将会逐渐衰败。

3）城市隔离的影响

①文化隔离

居住隔离往往会导致文化隔离，而文化隔离会进一步加重社会两级的分化与抵触，从而加剧了社会的不稳定性。一个完整社区产生的前提是相似的价值观，而一旦文化隔离形成，社区的整体性将会被损害。看起来空间分异后的两个阶层各得其所，但是城市社会的整体文化遭到了破坏，人们在各自的地理地段内只能接受部分文化熏陶。

②社会公平

合理的社会分层模型表明，只有在中间阶层成为社会的主体时，较为稳固的意识形态与价值观才会诞生。这样不仅能限制上层社会，而且有利于下层社会的发展，在一定程度上缓解上下层社会间的矛盾[43]。如果高收入群体占据更多优势区位与用地空间，那么不仅会造成土地资源的严重浪费，还会严重影响社会的公平性。而如果低收入群体扩大了其聚居的住所，随之而来的不仅是居住环境的恶化，而且会加剧该地区的外部不经济性，拉低土地价格，从而遏制该地区发展。社会两端的阶层由于居住隔离产生的社会资源使用的不对等现象，表现在高品质社区往往拥有更为完善的配套设施，而该现象则进一步加剧了社会的两极分化，除此之外还导致职住分离，并引发城市道路交通严重的潮汐性拥堵。

在北京北郊，存在两个相邻的超大型居住区——回龙观和天通苑，被合称为"回天地区"。1999年，这里开始建设经济适用房，为北京市数万低收入、拆迁户家庭提供了栖身之所。2018年，"回天地区"总面积约为63平方公里，拥有近90万常住人口，被称为"亚洲最大社区"。大批居民每天会通勤于市区与"回天地区"之间，导致现有交通设施超载，地面交通拥堵，地铁人满为患，职住分离问题十分严峻（图2-7）。除此之外，"回天地区"功能单一、配套设施匮乏，严重影响了社会公平。

图2-7 "回天地区"早高峰人流涌入地铁站现状

③城市贫困

居住隔离不仅是城市贫困的结果，同时也是城市贫困的原因。居住隔离通常会加剧贫困地区的孤岛经济效应，这里的居民往往缺乏良好的就业条件、优质的公共服务水平以及获取信息资源的机会，导致原本就衰落的贫困地区在城市的社会空间上更加遭受排斥。在隔离社区中,不同的阶层因为地域割裂,居住异化被进一步强化，进一步加重阶层之间的互相排斥，以及社会的不稳定性。

2.3 城市社会调查选题的确定

2.3.1 选题的意义

（1）理论意义

城市社会调查的选题应当结合研究的理论价值，增进人们对于社会现象内在规律的认识与理解。城市社会调查选题的理论意义具体包括：提出开创性的新理论；验证与补充现有理论；质疑与批判现有理论；创新现有理论的实用性研究；总结归纳现有的理论研究等。

（2）实践意义

城市社会调查研究是一项带有目的性、计划性的实践活动。城市社会调查的选题应当结合客观需要，科学性地识别社会经济发展中产生的各类问题，并给出合理的解决措施。任何城市社会问题都是不断发展且充满矛盾的，只有不断进行科学严谨的选题、全面系统的调查研究、补充完善现有成果，才能透过现象看本质，以便对未来发展趋势进行准确预测并提出应对措施。

2.3.2 选题的原则

（1）创新性原则

科学研究的本质是不断追求新理论和新方法，并产生新观点和新思想[44]。所以城市社会调查的选题应当体现出创新性。如果调查者只是简单重复别人研究过的课题，便失去了调查的意义。这就要求调查者在选题时要注重选题的新颖、先进与独特。选题可聚焦研究全新的城市社会问题、运用新的理论或方法研究已有的城市社会问题、研究随着社会发展已经发生重大变化且需要被重新调查与认知的城市社会问题等。

（2）可行性原则

首先，城市社会调查的选题要围绕可以解答的城市社会问题展开。对于较为主观的、无法作出科学解答的问题，不应作为社会调查的选题来研究。其次，选题要根据调查者所具备的调查条件来展开。在调查者的主观条件上，兴趣、时间、生活阅历、知识体系、执行能力、表达能力、创造能力等都是影响选题的因素。在调查者的客观条件上，小组配合、资金投入、资料基础，以及是否能得到相关部门和社会各界的正视与支持都是重要的影响因素。例如，在资金充沛、人员充足、时间合适的情况下可以适当扩大研究范围、增加调查对象，反之则应缩小研究范围，缩减研究对象。对于更加复杂、耗时耗力的研究课题，则应选择专业能力强、身体素质好的研究成员，否则后续的社会调查将难以落实。简而言之，社会调查的选题应该根据现有条件进行全面的考量。

(3)必要性原则

城市社会调查的选题要根据现阶段迫切需要解决的城市社会问题,面向时代发展的客观需求,为解决或改善某类城市社会问题提供相应的对策来展开。如果不满足解决问题的客观需要,仅仅是为了调查而调查,则易出现选题偏差。

(4)前瞻性原则

城市社会调查的选题要遵循前瞻性原则。我国的政治、经济与文化体制改革正在不断推进,新的发展阶段城市会出现新的社会问题。所以选题要有足够的前瞻性,以便帮助人们认识现实世界以及了解掌握新现象与新理论。

2.3.3 选题的方法

(1)缺口选题

缺口选题即在进行城市社会调查选题时,选择尚未调查研究过的课题,或者已经研究但未得到研究成果的课题。这类选题虽然面临着可参考的基础资料以及研究经验匮乏,不一定能够得到政府及社会各界的重视与资金支持,但却存在着很大的研究空间且易获得突破性的调查研究成果。这类选题可能会在前期研究较为困难,但随着调查研究的不断推进会逐渐引发社会各界的关注。

(2)热点选题

热点选题即对于特定时间段内受大众关注的实时城市问题进行选题。调查研究热点问题不仅能够顺应时代发展需求,而且也易获得社会各界支持,并对亟待解决的热点问题作出贡献。

例如,新冠肺炎疫情暴发以来,短期内蔓延至全国。由于我国的防灾体系规划在抵御传染病的领域还未健全,所以各项基础设施的应用不够高效,各项防灾设施的配置不够科学,导致未能在第一时间完成对大众的疏导与检测、救援物资的生产与输送,以及病人的隔离与收治。所以,此时无论从区域、城市还是社区的角度,都可以进行选题,这种选题对于科学应对社会所急盼解决的城市问题具有重大的学术实践价值。

(3)跨学科选题

现在对于城市社会问题的调查研究正在从依托单一学科转向跨学科的研究体系,跨学科即意味着涉及多学科的融合。2018年国务院机构调整后,空间规划体系由自然资源部负责创建,以多规合一为基础的规划用地"多审合一、多证合一",促进着城乡规划学、地理学、社会学、交通工程、空间信息技术等跨学科的协同发展。跨学科选题不仅顺应了新时代城市社会问题研究的需要,而且更容易在调查研究中取得突破性成果。

2.3.4 选题的途径

（1）查阅文献

文献可以为调查者提供大量的资料支持。调查者在选题前应全面检索、博览、分析、归纳学科相关文献，原因是站在前人的研究基础上，不仅可以避免重复性研究，而且可以对现有的理论成果进行验证与补充，还有利于获得新的成果。其次，可以借鉴学科相关文献的研究观点与研究方法，来保证后续研究的科学性与准确性。

（2）专家指导

专家往往会给出科学的建议，帮助调查者掌握研究课题的时代背景与发展现状，确定调查对象与研究内容。对于专家的访问要尽量广泛，可以涉及有关学科领域的研究者、相关部门的负责人、掌握一手资料的负责人等，不同的专家个人年龄、生活履历、知识储备、思维方式、价值观念等都不相同，要及时记录与归纳这些珍贵的指导意见。

（3）实地调研

百闻不如一见。实践活动不仅可以使调查者更加切实地感知调查对象，而且可以帮助其确定研究范围与研究方法。例如，在进行有关社区商业空间的选题时，应该到研究基地内详细地观察、记录商业空间的使用情况，对当地居民进行针对性访谈与问卷调查，以便聚焦问题，了解居民的真实想法，从而判断选题的合理性。

（4）科学论证

科学论证即针对选题的目的、可行性及社会价值等进行科学的推理论证，从而选定更具有研究意义与价值的选题。

参考文献

[1] 洪银兴，刘伟，高培勇，等."习近平新时代中国特色社会主义经济思想"笔谈[J].中国社会科学，2018（09）：4-73，204-205.

[2] 吴志强，李德华.城市规划原理[M].4版.北京：中国建筑工业出版社，2010.

[3] 邓彩霞.城市社会风险防范与新型城市化[J].前沿，2013（24）：105-107.

[4] 何为，黄贤金.半城市化：中国城市化进程中的两类异化现象研究[J].城市规划学刊，2012（02）：24-32.

[5] 王春光.农村流动人口的"半城市化"问题研究[J].社会学研究，2006（05）：107-122，244.

[6] 国家统计局.中国统计年鉴2020[M].北京：中国统计出版社，2020.

[7] 丁健.城市化与城市病[J].领导决策信息，2003（04）：30-42.

[8] 周加来.城市病的界定、规律与防治[J].中国城市经济，2004（02）：30-33.

[9] 罗旭敏.我国"城市病"问题比较思考[J].上海城市管理职业技术学院学报，2004（S1）：

69-71.

[10] 朱颖慧. 城市六大病：中国城市发展新挑战 [N]. 光明日报, 2010-10-29.

[11] 林家彬, 王大伟, 等. 城市病：中国城市病的制度性根源与对策研究 [M]. 北京：中国发展出版社, 2012.

[12] 石忆邵. 中国"城市病"的测度指标体系及其实证分析 [J]. 经济地理, 2014, 34（10）：1-6.

[13] 周加来, 周慧. 新时代中国城镇化发展的七大转变 [J]. 重庆大学学报（社会科学版）, 2018, 24（06）：15-21.

[14] 刘奕湛. 农业转移人口市民化更便利了——我国户籍制度改革取得重大进展 [EB/OL]. (2017-02-11) [2021-04-10]. http://www.xinhuanet.com/politics/2017-02/11/c_1120448026.htm.

[15] 伊春市统计局. 伊春市 2019 年国民经济和社会发展统计公报 [R/OL]. (2020-04-22) [2020-04-30]. http://www.yc.gov.cn/zwxxgk/zcgk/fdzdgknr/tjxx/tjgb/2020/10/134488.html.

[16] 河北省统计局. 河北省 2010 年第六次全国人口普查主要数据公报 [R/OL]. (2011-05-08) [2020-12-30]. http://www.stats.gov.cn/Tjsj/tjgb/rkpcgb/dfrkpcgb/201202/t20120228_30388.html.

[17] 国家统计局. 中国统计年鉴 2001[M]. 北京：中国统计出版社, 2001.

[18] 国家统计局. 中国统计年鉴 2017[M]. 北京：中国统计出版社, 2017.

[19] 余雪梅, 乐虹, 郝敏, 等. 国内外突发公共卫生事件应急管理体系比较研究 [J]. 医学与社会, 2007, 20（7）：34-35.

[20] 马明, 罗丽娟, 王梅讯, 等. 构建医疗建筑韧性体系浅议——基于突发性公共卫生事件 [J]. 南方建筑, 2021（04）：14-19.

[21] 国家统计局. 中华人民共和国 2019 年国民经济和社会发展统计公报 [R/OL]. (2020-02-28) [2020-12-30]. http://www.stats.gov.cn/tjsj/zxfb/202002/t20200228_1728913.html.

[22] 韩振秋. 老龄化问题应对研究 [D]. 北京：中共中央党校, 2018.

[23] 王海波. 人口老龄化对建设和谐社会的影响及对策 [J]. 河北北方学院学报, 2007（06）：68-70.

[24] 徐剑, 吴先明. 论人口老龄化对我国经济社会的影响 [J]. 中国地质大学学报（社会科学版）, 2013（S1）：5-7.

[25] 吴玉韶. 从老龄政策看产业发展新趋势 [J]. 中国社会工作, 2020（02）：22-25.

[26] 张闰. 人口老龄化对中国经济发展的影响研究 [J]. 智库时代, 2020（04）：54-55.

[27] 周婕. 城市老龄人口空间分布特征及演变趋势 [J]. 城市规划, 2014, 38（03）：18-25.

[28] 李少星. 城市老年人口的空间分布型式及其比较研究 [J]. 东岳论丛, 2020, 41（12）：168-175, 192.

[29] 陈小卉, 杨红平. 老龄化背景下城乡规划应对研究——以江苏为例 [J]. 城市规划, 2013, 37（09）：17-21.

[30] 徐乐. 探究老龄化背景下的城乡规划面临挑战及应对策略 [J]. 才智, 2019（22）：249.

[31] 赵海霞. 我国失业群体正当利益保护研究 [D]. 长春：东北师范大学, 2016.

[32] 李培林, 陈光金. 社会蓝皮书：2021 年中国社会形势分析与预测 [M]. 北京：社会科学文献出

版社，2020.

[33] 顾朝林，刘佳燕. 城市社会学 [M]. 北京：清华大学出版社，2002.

[34] 杜为公，王静. 转型期的中国城市贫困问题及治理 [J]. 当代经济管理，2017，39（06）：23-30.

[35] 孔维龙. 我国新市民住房保障现存问题与解决思路：一个文献综述 [J]. 中国经贸导刊（中），2020（10）：179-181.

[36] 秦司君. 大庆市新市民住房公积金政策探索 [J]. 大庆社会科学，2019（03）：71-72.

[37] 崔光灿，刘羽晞，王净净. 城市新市民住房状况及决策影响研究——基于上海的调查实证 [J]. 城市发展研究，2020，27（02）：118-124.

[38] 刘帅，孔明，任欢. 我国新市民住房保障现状、问题及对策 [J]. 现代商业，2020（05）：83-84.

[39] 中国经济网. 住建部专家：中国人均住宅1.1套，住房市场还有很大空间 [EB/OL].（2018-10-17）[2020-04-30]. http://www.ce.cn/xwzx/gnsz/gdxw/201810/17/t20181017_30542499.shtml.

[40] 国家统计局. 2019年农民工监测调查报告 [R/OL].（2020-04-30）[2020-12-30]. http://www.stats.gov.cn/tjsj/zxfb/202004/t20200430_1742724.html.

[41] FEITOSA, F.F., CAMARA, et al. Global and local spatial indices of urban segregation. International Journal of Geographical Information Science，2007，21：299-323.

[42] 蒋立山. 中国法治"两步走战略"：一个与大国成长进程相结合的远景构想 [J]. 法制与社会发展，2015，21（06）：5-20.

[43] 张文忠，刘旺. 西方城市居住区位决策与再选择模型的评述 [J]. 地理科学进展，2004（01）：89-95.

[44] 陈前虎，武前波，吴一洲，等. 城乡空间社会调查——原理、方法与实践 [M]. 北京：中国建筑工业出版社，2015.

第 3 章

城市社会调查方案编制

【本章要点】

城市社会调查方案编制的目的包括：实现选题结束与实际实施的连接；申请调查项目和经费的依据；构建统一思想、统一内容、统一方法的纲领。

城市社会调查方案编制的基本原则包括：实用性、时效性、经济性和灵活性。

城市社会调查方案编制主要解决的问题为：明确调查目的、确定调查对象、建立研究假设、确定调查方式。

城市社会调查方案的内容构成主要包括：调查目的、调查范围、调查对象、调查内容、研究假设、调查方式、数据收集整理与分析方式、调查人员组成管理与培训安排、调查时间进度和经费使用计划等。

城市社会调查方案的编制格式一般包括：摘要、前言、调查目的和意义、调查内容和范围、采用的调查方式和方法、调查进度和经费预算、附件七个部分。

城市社会调查方案的可行性研究主要包括逻辑分析、经验判断和试验调查三种类型。

3.1 调查方案编制的意义和原则

3.1.1 调查方案的概念

城市社会调查方案是在确定调查课题后,并在进行实际调查之前,根据所要研究课题的特征和实际情况,在对研究方案的整个过程以及具体执行过程中可能出现的各种问题进行全面考虑后,制定并提出的一套科学严谨、切实可行的调查与实施方案[1]。

3.1.2 调查方案编制的目的及意义

(1) 城市社会调查方案编制的目的

1) 调查方案是选题结束至实际实施的连接点。城市社会调查方案的编制是完成整个城市社会调查必不可少的一步,同时调查方案还决定着实施过程能否顺利开展。调查方案在整个调查过程中起着统筹兼顾、统一协调的重要作用。

2) 调查方案是申请调查项目和调查经费的依据。城市社会调查的课题或项目通常需要向政府有关部门或者相应的基金会提出申请立项,在调查方案中需要说明该项研究的经费预算、人员组织和研究相关的具体事项,以方便决策部门对申报项目进行评审。

3) 调查方案是统一思想、统一内容、统一方法的纲领。城市社会调查实施是一项严肃、复杂并且技术性强的工作,由于每个人对调查的认识不同,所以调查的实施过程和方法会存在差异,因此就需要预先制定出科学可行的工作计划和组织方法,确保调查在执行实施的过程中，能够达到步调一致、齐心协力。

（2）城市社会调查方案编制的意义

1）城市社会调查方案既是调查人员的行动指南，又是整个调查计划的说明书，指导着整个调查过程。调查方案是对调查项目总体构想的详细说明，一旦方案确立，调查工作就应按照方案规定的目标、任务、途径、方法实施。

2）城市社会调查方案的编制能够提高调查效率，协调总体关系。城市社会调查是一项复杂的系统工程，调查工作的开展涉及方方面面的关系，而调查方案的编制则可以帮助研究者理顺关系，合理安排资源，充分调动各方面的有利因素，提升工作效率。

3）城市社会调查方案的编制有利于对整个城市社会调查过程实施监督检查、问题总结并及时改进。依据城市社会调查方案，可以对阶段性研究成果的完成情况进行及时监督、管理和控制。

3.1.3 调查方案编制的基本原则

（1）实用性原则

实用性原则就是要从实际情况出发，全盘考虑调查课题的实际需要和调查项目的主客观条件，使得调查方案中各项内容的设计具有较强的可操作性。

（2）时效性原则

时效性原则就是要全面考虑时间条件，对于一些预测性、对策性的调查课题，必须具备前瞻性和即时性，从而保证调查研究的实践意义。对于基础性和学术性的调查课题，由于需要较为深入、长期和反复的调查研究，所以需要适当地顺延调查周期，但此类课题的研究也应该考虑时效性，以适应瞬息万变的现代城市社会发展需求。

（3）经济性原则

经济性原则就是要最大限度地避免人力与物力、时间与金钱的浪费，力争以最小的成本获得最佳的调查效果。例如，在调查方式上，能抽样调查就尽量避免普遍调查，能典型调查就尽量避免抽样调查；在调查范围上，调查对象的多少、时间的长短、人员的安排都应尽量节约[2]。

（4）灵活性原则

灵活性原则就是调查方案的编制要留有一定余地。提前设想和制定的城市社会调查方案，与客观事实之间或多或少会存在一些差距；在实际实施的过程当中，也可能会遇到一些意想不到的新情况、新问题，此时，就需要调查者根据实际情况，对调查方案进行调整。因此，调查方案的编制要留有恰当的弹性空间，使其具有灵活性、应变性。

3.2 调查方案编制主要解决的问题

城市社会调查方案编制总的来说既是一个规划的问题,也是一个技术和组织决策问题。方案编制不仅要考虑理论上的科学性,同时还要考虑实际的可操作性,既要考虑调查结果的精度,还要考虑成本、时间和人力投入等资源条件方面的限制[2]。

3.2.1 明确调查目的

调查目的就是调查者为什么要进行这一项调查,准备通过调查解决什么问题,明确调查目的是方案编制的先决条件。不同的城市社会调查可以实现不同的调查目的,同一项城市社会调查也可以实现不同的调查目的。城市社会调查一般有四种基本目的,即探索问题、描述现象、解释原因、预测未来。

(1) 探索问题

对于某个城市社会现象的探讨,大多都开始于对这个社会现象的初步认识[3]。当城市社会调查在某一领域展开调查的时候,大多数被认为是一种探索性的调查。探索性调查一般用于对调查项目有大致的了解,但又不是特别清楚,或者不熟悉调查内容前沿信息的调查。

例如,改革开放以来,大量的城市寻求快速发展,在GDP高速增长的同时也带来了很多负面影响,例如工业发展带来的城市空气污染、人口增长过快、交通拥堵严重、资源过度开发等城市病。对于此类现象,调查者想要了解更多的情况,如:引起城市病的决定性因素是什么?怎样解决和避免城市病的发生?为了解决这些问题,调查者会带着探索问题的目的展开调查。

(2) 描述现象

大部分城市社会调查的目的都是通过调查对发现的城市社会问题、城市社会现象的状况及其发展过程进行准确、全面的描述,即回答"是什么"的问题,属于一种描述现象的调查。调查者通过收集资料、分析资料,再根据大量的社会特征,描述其主要的规律及其现象。该类调查通常能够反映总体特征和分布情况。

例如,北京市的人口普查,就是为了准确描述北京市各管辖区人口的基本数量情况、个人特征情况,而不在于考察"某管辖区人口很多"这样的大致状况,或者解释"为什么会出现人口集中增长的趋势"这样的问题,它是以描述为目的的城市社会调查的典型案例。

(3) 解释原因

以描述为主要目的的调查,通常描述事物是什么、在哪里、什么时间、如何进行等说明性的问题,而以解释为目的的调查则更关注"为什么会这样"的问题。此时的城市社会调查被用来说明为什么会存在这种城市社会现象,通过揭示不同社会现象之间的相互关系，来了解它们之间的因果关系。

例如，新型冠状病毒肺炎疫情期间，许多民意机构在网上对北京市各社区居民开展了多类型调查，了解社区居民对疫情防控的健康管理意识、行为以及社区引导机制。该民意调查可以对各社区的管理机制情况进行描述，但是调查者还会对其中的现象发出疑问并给予解释。例如，为什么同一城市各社区之间疫情防控存在差异？为什么各社区居民健康管理意识参差不齐？这就属于以解释原因为目的的调查。

（4）预测未来

以预测未来为目的的调查其实是在描述现象和解释原因的基础上，发现某类现象或事实的一般规律，对其未来作出预测性的科学判断。人们认识世界的最高目标就是能够对未来进行预测，以便于对其进行干预和控制。

一般以预测为目的的调查分为两种类型：一种是直接对别人的主观意愿和看法进行的调查；另一种就是根据收集到的资料，在描述现象和解释原因的基础上，按照归纳和演绎的逻辑进行推断的调查。第一种接近于描述性调查，第二种接近于解释性调查，而正因为这样，很多教材中没有把预测性调查作为一种类型单独列出来，但预测性调查是立足于事物和现象的发展规律所展开的调查，通常其涉及的内容更加丰富。

例如，国家每间隔一段时间就会进行一次人口普查，预估未来老龄人口的数量，以便于制定相应的养老保障措施。房地产公司会根据老年人的养老意愿来判断市场容量，确定未来是否要投资老年公寓型房产项目。而老年人也会根据自己的身体状况估计自己的寿命，来衡量自己是否要购买老年公寓[4]。

3.2.2 确定调查对象

在城市社会调查方案的编制中，调查者明确了调查目的即"为什么要调查"后，接下来要确定调查对象，即"调查什么，调查谁"的问题，否则无法开展后续工作。

（1）调查对象的概念

调查对象是指实施现场调查的基本单位及其数量。基本单位可以是个人，可以是群体，也可以是组织和社区，调查的数量可以是个别的、部分的，也可以是全部的。

（2）调查对象的类型

在城市社会调查中，调查对象主要可以分为以下五种类型：

1）个人

对于城市社会调查来说，个人作为调查对象的类型应该是最多的。在城市社会调查中，任何个人都可以成为调查对象，但在实践中，研究者很少去研究所有人群，一般是针对某一地区、某一类人群的研究[5]。在日常生活中经常会看到大学生、中学生、工人、农民、军人、商人、城市居民、老人、教师等这些人，调查者常常会先了解这些个体的特征，然后对其特征进行描述，并将这些描述进行聚合和处理，形成对一个社会群体的整体印象。

当一项城市社会调查的调查对象是个人时，也可以用他所属的社会群体来说明其特征，因此，一个人可以被描述为"出生于富贵家庭"或者"出生于贫寒家庭"，也可以被描述为"学习刻苦"或者"学习不刻苦"。调查者可以在一项城市社会调查中调查是否出生于贫寒家庭的人比出生于富贵家庭的人学习更加刻苦。在这种情形中，调查对象始终是个人，调查者只是汇总了这些个体，并对个体所属的总体进行了概括化[6]。需要注意的是，将个人作为调查对象在不同调查类型中的作用是不同的，描述性调查中将个人作为调查对象通常是为了描述由这些个体所组成的群体，解释性调查中将个人作为调查对象是为了发掘该群体中的社会动力。

2）群体

群体是由两个或两个以上成员组成的，具有共同关注的目标、任务、活动，在行为上相互作用，在心理上相互影响的人群集合体。例如，以血缘关系结合起来的集体是氏族、家庭群体；以地缘关系结合起来的集体是邻里群体；以业缘关系结合起来的则是各种职业群体[7]。以上都可以被认为是一个城市社会调查中的调查对象。

例如，调查北京某高校城乡规划专业的应届本科毕业生，目的是了解他们的毕业去向和就业情况。那么，北京某高校城乡规划专业应届本科毕业生就是该调查的对象。在"城乡一体化背景下的农民工归属感问题研究"中，调查对象就是农民工这一群体。当群体作为调查对象时，群体的特征有时会与其所组成成员的特征有关，并且群体的特征可以从成员中抽取，但大部分的群体特征是不同于个人特征的。

3）组织

组织是一个既要有确切的工作职责分配、特定目标，又要在一定程度上有计划地组织建立起一个结构严格的制度化集体，即正规组织[6]。正规组织也可以作为城市社会调查的调查对象，例如工厂、企业、机构、学校、商店、医院等。这些组织在内部有功利性的社会关系，有规范性的互动形式，有合理性的组织结构。只有在这样的组织作为调查对象时，城市社会调查才会有意义。当调查者以组织作为调查对象时，可以通过对组织的各种特征描述来解释和说明某些城市社会现象。

需要注意的是：①组织由群体构成，群体由个体构成。也就是说，在城市社会调查中，组织所具有的某些特征往往在一定程度上与组成它的个体和群体有关。对于同一城市社会现象的研究，调查者可以根据侧重点的不同，来灵活地运用各种调查对象。②要区分清楚个人、群体、组织作为调查对象的差别。例如对比新冠疫情背景下上海市各综合医院供血应急机制、比较北京市各高校城乡规划专业应届本科毕业生就业率，都是以组织作为调查对象的城市社会调查。

4）社区

社区是一座城市的基本单位，是在一定的地区范围之内形成的社会生活共同体，是整个城市社会不同程度的缩影。社区是最接近于描述城市社会现象的调查对象，社会普遍存在的一些现象往往都会在各个社区里表现出来。不管是农村、城市，还是郊区的城镇、街道，都可以用一个社区的总体人口规模、社区空间范围、社区文化风俗、社区管理组织机构的基本特征等作为阐述，也就是调查者可以从实践中探讨各个社区不同基本特征之间的联系，来有效地解释和阐述某些社会现象。

例如，调查者可以调查不同地区的社区住房紧张程度、农村社区和城市社区的公共空间使用问题、不同社区微空间改造参与机制等。社区调查是城市社会调查的具体化，调查者可以通过对典型社区的调查深入探讨同类社区的共同特征以及城市社会发展的普遍规律。

5）社会产物及社会事件

除了上述介绍的四种调查对象之外，城市社会调查的调查对象还可以是各种类型的城市社会产物及城市社会事件。

城市社会产物包括城市社会关系、城市社会制度、城市社会事件以及各种城市社会产品等[6]。以城市社会关系为调查对象，如北京市各区域就业关系、各区域住房关系等，以制定各项政策和规范，使得社会关系向健康、积极的方向发展；以城市社会制度为调查对象，如城市疫情防控制度、城市防灾制度、城市住房制度等，其调查目的是能够对现存制度进一步完善，以保障城市社会发展的效率与质量；以城市社会事件为调查对象，则不仅要研究事件本身的特征，同时还需要解释事件产生的原因及条件，着力于对事件背后所反映的社会问题进行剖析和讨论；同时，各种城市社会产品也可以作为调查对象，如报刊、书籍、广告等文化产品，5G、BIM等科技产品，研究者可以通过对城市社会产品的调查和分析，探讨城市社会的文化观念意识、科技创新水平等，由小见大地了解和认知城市社会。

（3）确定调查对象的注意事项

城市社会生活中的各个方面都可以用来作为城市社会调查研究的对象，但只要确定了城市社会调查的课题，选取调查对象就是一件非常谨慎严肃的事情，这在一定程度上将会影响城市社会调查方案的编制。对于相对复杂的调查课题，只有多角度、多层次地收集资料，才能获取更完整的信息，因此一项大型城市社会调查很有可能同时采用两个或多个调查对象，而调查人员则应该充分考虑该调查工作的目标及其发生的社会现象的重要性和复杂性，从而合理地选择调查对象。特别需要注意的是，在城市社会调查中，收集资料时的调查对象应与作结论时的调查对象保持一致，否则就会出现层次谬误或简化论。

1）层次谬误

层次谬误，是指在一个城市的整体性社会调查中，调查者是用一种比较高级别或高层次的调查对象来采集数据，但是却用另一种比较低级别或低层次的调查对象来下结论的一种现象[6]。例如，调查者对两个同等规模社区中的家庭进行调查时发现，甲社区家庭幸福指数普遍高于乙社区，于是调查者得出"生活在甲社区的居民比生活在乙社区的居民更加幸福"的结论，这就是典型的层次谬误。因为调查者是以家庭作为调查对象，进行收集资料、采集数据等工作，但在作结论时，却是以居民为调查对象得出的，显然家庭与居民的层次不同，这样的结论自然也不正确。

2）简化论

简化论又叫简约论，是指在城市社会调查中，调查者使用个体层面的资料去解释宏观层面的现象，即调查者在进行调查的时候是用较低级别或低层次的调查对象进行调查，而所作出的结论却是用比较高级别或高层次的调查对象来得出。例如，调查者在对某地级市的中心区域进行实地调查时发现，设施和环境相对优质的路外专用停车场使用效率反而低于路内停车，造成这种现象的主要原因是价格因素。因此就得出该地级市所有区域的上述现象都是此原因造成的。这种错误就是简化论错误。在形式上，简化论与层次谬误恰恰是完全相反。

由上述可得，研究者在进行城市社会调查时，或者在调查之前，必须对所要进行调查的调查对象形成清晰的认知，以避免出现层次谬误或者简化论的情况。

3.2.3 建立研究假设

研究假设是在对调查对象形成大致了解之后，推测性地判断和构思调查对象的特点和相互关系，即在正式开展调查之前提出一种尝试性解答，也叫理论假设。研究假设是没有经过调查资料检验的命题，但命题是经过大量的调查，取得丰富的资料，经过分析之后，归纳出的主要观点。所以，城市社会调查方案的研究假设不是凭空猜想、主观捏造出来的。

（1）提出研究假设的原则

1）真实性原则

所提出的研究假设不能与现有的资料相冲突，即不能与客观事实相违背，要基于现实情况给出合理且现实的研究假设[5]。

2）简洁性原则

所提出的研究假设要简洁、清晰、准确，能够让调查者快速明确地提取中心意思。研究假设应是一个简洁明了的判断，而不是冗长的述说。

3）科学性原则

研究假设的提出要符合科学性原则，不能包含无法被解释的概念，太笼统的、不能被经验验证的概念也不应被作为研究假设。

4）合理性原则

研究假设要具有逻辑上的单纯性，不应该出现逻辑上的矛盾[6]。研究假设的合理性会影响到调查方案的整个过程，因此，研究假设一定要符合情理。

（2）研究假设的形成途径

1）基于以往的实践经验或实地考察提出研究假设

由实践中得来的经验在一定程度上反映了事物的本质和发展规律。当人们遇到新的问题需要解答时，往往会先从以往的实践经验中寻求答案，很自然地把过去的经验当作参考，在此基础上引申出研究假设。

2）根据以往成熟的理论或公认理论推导研究假设

要形成科学的研究假设，不能仅仅依靠过去的经验，还必须参考科学理论。前人成熟的理论往往能够解释城市社会的具体现象，但在遇到新的问题时，则可以根据现有的理论知识及相关理论推导出研究假设[5]。例如，在"以提升空间活力为目标的北京某街区环境整治研究"中，可以根据场所理论、环境行为理论等，提出"人性化设计是提升该街区空间活力的关键因素"的研究假设。

3）依靠自身的知识基础和思维能力推测研究假设

在城市社会调查中有时会面临很前沿、很新颖的课题，前人尚未涉及，而现有的理论知识又无法给出令人信服的解释，新的理论也未形成，此时调查者可以依靠自身的知识基础深入思考，从而提出一些推测性设想[5]。例如，对北京市三甲医院异地就医弱势群体暂居环境的调查研究，没有以往的经验可以借鉴，又很难用现有的理论加以解释，那么，便可推测性地提出研究假设：该现象出现的主要原因是医疗资源短缺且分布不均，大量病患拥至北上广三甲医院求医，并考虑就医便利性，导致弱势群体病患及家属集中性在医院周边租住。

4）结合现实客观情况概括研究假设

要形成科学的研究假设，还要注意把实践经验、现有理论与城市社会调查的实际情况结合起来[3]。城市社会调查研究的课题一般是针对一定时间、一定地点、一定条件下带有某种特殊性的问题。例如，研究"北京市轨道交通站点空间艺术设计僵化的原因"，仅仅靠经验和理论无法完全解答，研究者还需要考虑城市轨道交通站点的特殊情况和最新信息，以客观实际情况为基础，将过去的经验和现有的理论结合起来，才有可能概括出具有一定应用价值或理论价值的研究假设。

（3）研究假设的陈述形式

研究假设的陈述即是研究假设的表达，在城市社会调查中，主要有以下两种形式。

1）条件式陈述

条件式陈述的一般形式为"如果X，则y"或"只有X，才会有y"。在这种陈述形式中，X表示先发条件，y表示引起后果[5]。例如，"如果政府参与城市社区管理并完善监督机制，则有助于推进社区居民自治"，"只有提高社区居民积极性，社区空间治理现状才会改善"，可见条件式陈述主要用来说明因果关系。

2）差异式陈述

差异式陈述的一般形式为"X_1与X_2在y上存在（或无）显著差异"。在这种陈述形式中，X_1和X_2分别代表调查对象X的不同类别，y代表某一特性。例如，"综合性医院与专科医院在应急救援机制上存在显著差异"，"大城市居民与小城镇居民对同城化的态度并不存在显著差异"[5]。如果X_1与X_2在变量y上存在显著差异，则可以说明它们所表示的变量X和变量y之间存在相关关系，反之则不存在。因此，差异式陈述主要用来说明两个变量之间有或无相关关系。

研究假设的正确建立能够明确地指出城市社会调查研究的前进方向，使调查所需要解决的主要问题更加清晰，避免了城市社会调查采集数据的片面性和盲目性，从而提升调查效率。研究假设的建立是编制调查计划方案的理论基础，在它的指导下，调查人员就可以收集必要的信息以检验这一假设是否正确。

3.2.4 确定调查方式

确定调查方式也是城市社会调查方案编制中非常重要的一环，由于各项研究的调查对象不同，其采用的调查方式也就不同。在城市社会调查中通常用到比较多的有普遍调查、典型调查和抽样调查。

（1）普遍调查

普遍调查又称全面调查，是指在一定时期内对被研究的对象逐一进行调查的方式，以方便研究者更好地掌握被研究对象的总体状况。普查可对社会的一般情况进行全面、准确的描述，例如，人口普查、就业状况普查、住房状况普查都属此类。普查是对城市社会情况进行全面了解的重要方法，对国家来说，普查一般指对一些重大的国情、国力的项目进行的调查；对城市和地区来说，普查一般是为正确认识该地区、该企业、该部门的基本情况，帮助发展规划的科学制定，如城市总体规划的编制。

普遍调查一般分为两种形式：一种是直接填写上级部门编制的普查表；另一种是专业的普查组织派遣调查人员对被调查对象进行直接登记。在实际的城市社会调查中，研究人员往往会采用两种方式相结合的方法进行调查。例如，在正式进行现场调查之前，调查人员会把一些与城市社会相关的统计资料和表格列出来，作为一份清单提供给当地政府部门进行填报，完成该工作后，再由政府部门派出一些参加城市社会调查的人员，根据已有的资料进行有针对性的登记。普查的内容和程序通常包括准备性工作、调查与注册、汇总和收集整理、统计与分析、社会发放和公布这几个阶段，其中调查与注册是最为关键的环节，决定了普查的实施效果和准确性。

普遍调查的主要优点是收集的数据范围广，调查的研究对象多，调查的数据资料全面，资料的标准化程度和数据的准确性好，调查的误差小，调查得到的结果普遍性很强。其主要缺点是调查工作量大，调查费用高，组织的工作也比较复杂，而且时效性很弱。由于调查的内容有很大限制，普查项目只能通过调查找到最基本、最重要的问题，很难有针对性地对问题进行深入研究。因此，普遍调查不会被经常使用。

（2）典型调查

典型调查是对所有需要深入研究的调查问题和所要研究的对象已经作了初步调查和分析，同时还需要有意识地从中选取若干个具有重要代表性的调查单元，来对其进行全面、周密、深入调查分析的研究方式。例如，调查者选取了北京四个有代表性的社区，包括大兴区兴华中里社区、昌平区天通西苑社区、西城区汽南社区、昌平区葫芦河社区，作为典型阐释了新冠疫情影响下北京社区主动型健康管理模式的可能性。目前，典型调查的方式在城市规划研究和实践中应用较为广泛。

典型调查的一般程序分为前期初步研究、选取典型、深入调查、适当推论四个步骤。相比普查来说，典型调查需要通过事先查阅文献资料、相互讨论、实地勘察等方式对调查总体进行初步的研究，然后对所要调查的对象进行大致的分析，以便下一步工作的开展；选取典型调查的对象是最重要的环节，首先需要科学地对调查对象进行分类，从每类中确定最有代表性的单位进行调查；然后根据调查的性质和目的制定调查计划，通过访问访谈、实地调查等具体方式进行深入调查；最后对城市社会调查所收集到的资料，进行细致的分析和整理，作出合理推论和总结。

典型调查的主要优点是调查比较深入，获取的资料丰富、全面，调查的成本相对较低，结合了前期的研究和分析，适应性较强。典型调查的主要缺点是由于调查对象的代表性相对有限，调查数据资料的准确性和可靠性易受到主观因素干扰，调查主要侧重于定性分析，不能较好地进行整体的定量研究。

（3）抽样调查

抽样调查就是选择调查对象的过程，换言之，就是通过一定的方法，选择一部分对象进行调查，并将得出的结论推及广大没有被调查的对象，这样可以帮助调查者在短时间内了解社会现象、发现社会问题。在城市社会调查中，抽样调查一般分为概率抽样和非概率抽样。

1）概率抽样

概率抽样也可以叫作随机抽样，它是在传统的概率理论基础上，按照随机性的原则选取样品的一种抽样方法。随机性的原则是在选择样本时要注意确保每个从整体中被选取出来的单位，都能够以相同的机会被选择或抽取。在城市社会调查中，常用的概率抽样的方法有简单随机抽样、等距抽样、分类抽样、整群抽样四种。

简单随机抽样是概率抽样最基本的形式，最常用的办法就是抓阄或抽签[7]。在简单随机抽样中，调查者并没有对研究总体和单元内容进行任何人为分类和组合，而是依照随机性的原则来抽取样本。通常做法是把总体中的每个分子都编上号码，然后抽出需要的样本，直到抽够预先设定好的样本数目为止。由此抽取出来的单位所构成的群体，就是一个随机样本。对于总体单位很多的情况，调查者可以采用简单随机抽样。简单随机抽样的优势是当抽样总体数 N 不大时，操作起来很容易。但其不足之处是按数字分配的调查对象不一定有代表性，虽然样本每分子机会平等，但最后所得出的结果未必相等，通常不能做到全面考虑。

等距抽样是指将总体样本按照一定的顺序排列起来，然后随机确定起点，按照固定的间隔抽取样本个体，从而由所抽取个体构成样本的一种方法，也叫系统抽样或机械抽样。例如，调查者想要了解北京市密云区所有村庄的形态演变，最常见的方法是每间隔 N 个单位抽一个个体作为样本，如每隔十个村庄抽一个村庄进行研究，需要注意的是 N 值是总体数与样本数的比值。等距抽样的优势是简单易操作，充分利用对总体结构的了解，将其进行排列后再调查，该方法能够提高调查的效率。其劣势是经常出现周期性误差的现象，为了有效防止这种周期性误差的发生，调查人员可以在选择了一定量的样品之后，打乱原有顺序，建立一个新的顺序，去矫正这种周期性的误差。

分类抽样也可以叫作分层式抽样、类型性抽样。它的常见做法就是将一个特征范围内的所有个体都按照其特征划分为若干种类型，之后在每个特征范围内可以选择采用简单随机抽样或者等距抽样的形式来直接抽取一个子样本，最后将这些子样本组合起来，构成总体的样本，实质上就是通过组合抽样的原理来科学分组。分类抽样的主要目的就是把异质性比较强的总体拆分出来，形成同质性比较强的子整体，以便于提高分层抽样的准确性和效率，达到更优化的抽样结果。分类抽样的优点在于它能够在保持样本数量和规模稳定的基础上，降低抽样的误差，提高样本的代表性。而且，分类抽样十分便于掌握和理解总体内各个层次的概念和情况，并针对整个总体中各种不同的层次或者类别作出单独的研究和比较。分类抽样大大减少了对各个抽样层变异性的干扰，能够确保所抽取的样本在分层中具备足够的代表性。在不清楚样本的变异能力范围大小的情况下，往往都是采用分类抽样。

整群抽样主要是将一个总体中所有的单位都按照一定的顺序和标准划分出来，

再把其中的若干个小群体都看成一个被抽样的单位,按照随机性的原则从一个总体中直接抽取这些小群体,由最终抽取的若干个小群体内所有的元素组合构成样本[8]。在城市社会调查中,这些小型的社会群体可以是家庭、班级、社区或街道等。整群抽样的主要优点在于它简便易行,可以节约成本。其不足之处就是样本的分布范围不宽泛,样本对于总体而言代表性较弱。当不同的子群之间差别很小、每一个子群内部的异质性差别不大时,适宜于采用整群抽样方法。

2)非概率抽样

在城市社会调查中,也经常会出现一些调查人员无法选择概率样本的问题。例如,对于研究无家可归者,调查人员并没有一份完整的关于无家可归者的名单,因此,调查人员就需要采用非概率抽样的手段和方法来解决这些问题。非概率抽样主要包括方便抽样、判断抽样、滚雪球抽样等方法。

方便抽样是根据实际的情况用自己最方便的途径和方式来抽取样本的方法。例如,在城市中的街道拐角处、地铁车站旁拦停偶遇的一些路人,就可以做到对样本的访问。这种抽样方式经常被使用,但有很大的冒险性,方便抽样不能保证每个成员都有相同的概率被抽中。最先见到的或最容易见到的对象往往不具有代表性。因此,不能依靠方便抽样分析得到的结论推论整体。

判断抽样是指依靠调查者对研究目的的判断来选择样本的方法[9]。例如,对城市中居民的生活环境质量情况进行调查,可以根据经验的判断分别选择大、中、小三类住宅户型进行调查,抽样效果主要取决于调查人员的判断能力。判断抽样的优势是可以在调查人员对被调查对象有非常深入了解的情况下,充分发挥其主观能动性,节省时间、提高效率,往往适用于一些总体上规模较小、涉及范围狭窄、人力资源条件相对有限且很难进行大规模抽样的情况[9]。

滚雪球抽样指在已有调查对象的情况下,不断地找出其他调查对象的累积抽样方法。这种方法适用于对调查总体的情况不了解,又无法采用其他方法抽取样本的情况。例如,针对外来流动人口的生活情况调查,可以向一位外来流动人口询问情况,并且由其推荐另一位外来流动人口,再用相同的方式继续对这些人访问,以达到调查目的为止。

3.3 调查方案的内容及编制要求

虽然前述明确了城市社会调查方案编制过程中的主要问题,但在实际调查中,调查者往往需要将自己的调查设计和调查计划以书面报告的形式撰写出来,即形成调查方案。这份书面形式的调查方案需要包括整个城市社会调查的步骤和具体细节。

3.3.1 调查方案的内容

（1）调查目的

说明调查目的是编制调查方案内容的第一步，即说明研究者为什么要进行这一调查；通过调查要达到的目标是探索问题、描述现象，还是解释原因；要说明通过调查获得哪些资料，获得这些资料有什么用途。例如，调查者想要进行住房消费状况调查，那么首先要明确自己的调查目的，是想了解住房消费的整体水平，还是分析独生子女家庭和非独生子女家庭在住房消费上的差异状况；是想调查住房消费水平的影响因素，还是想调查住房消费状况对居民生活质量的影响等。衡量一个城市社会调查方案是否可行、是否科学的标准，主要是看该方案的编制是否符合调查目的和要求，是否符合客观实际情况。

（2）调查范围、调查对象

在确定城市社会调查目的之后，接下来要说明的内容是明确调查范围、确定调查对象。调查范围是指需要进行分析的调查对象所涉及的范围。需要注意的是，调查范围可以是地理上的范围，也可以是非地理上的范围。调查对象是调查人员进行调查和研究的承担主体。调查对象可以是人，也可以是家庭、单位、社区等，调查者须依据调查目的和需要，选择合理的调查对象。

（3）调查内容

调查内容主要是对调查目标进行具体的拆分与细化。在调查方案编制中说明调查内容，是落实调查目标非常重要的一环。调查的内容应该简洁完整、逻辑明确，避免因为内容冗长导致把与调查目的不相关的信息列入其中。例如，调查主题是"北京市三甲医院异地就医弱势群体暂居环境"，那么，在制定调查方案时，可以将城市社会调查分解为北京市异地就医弱势群体的求医指向、北京市异地就医弱势群体的暂居载体选择两大部分，再依照该调查项目的特点和现有条件，进一步地细化调查的内容。

（4）研究假设

对于必须建立相关理论假设的大型城市社会调查，应当在其调查计划中将相关理论假设作出陈述并加以说明。需要注意的是，并不是所有的城市社会调查都需要建立研究假设，研究假设一般更多应用于以解释原因为目的的解释性调查中。对于研究范围较大，并以摸清情况和描述事实为目的的调查，一般不需要预先建立研究假设，如全国人口普查，只要确定了调查题目及根据题目而设计的调查方案，即可进行实地调查[6]。在城市社会调查中，是否建立研究假设需要根据城市社会调查项目的具体特点和条件综合确定。

（5）调查方式

在进行调查方案策划时，需要明确调查人员将运用怎样的方式来获取调查数据。在进行调查时，采用何种手段、方法并非固定统一，而是根据调查任务和所需要的调查对象而定。在复杂多变的城市社会问题里，为了更加准确地取得信息，应当特别注重多种调查方式的组合运用。

（6）数据收集、整理与分析方式

在调查方案中应说明数据的收集、整理和分析方式。说明调查将采用的数据收集方式，即针对该项调查的具体要求，明确调查人员需采用何种方式来获取与调查主题相关的数据信息；而针对不同的数据收集方式以及所获数据的类型的不同，在调查方案中应明确相应的数据整理方式与分析方式。此外，数据收集、整理和分析方式的选择，不仅取决于调查的目的和调查课题的特点，也会受到调查资料获取的充足性等影响。

（7）调查人员组成管理与培训安排

一项城市社会调查通常需要多人共同合作来完成，对于规模比较大的城市社会调查而言，除了研究者的参与之外，还需要选择和培训一部分调查人员协助完成。因此，在调查方案中，还需要说明对调查人员的组织管理办法，以及培训工作的相关事宜。

（8）调查时间进度和经费使用计划

一项大型城市社会调查从最初开始选题一直到最后完成，通常都会有一个时间段的要求。为了使调查人员能够顺利地实现所规定的调查进度，在其所规定的时间范围内确保工作能够高效率、高质量完成，调查人员应当在调查活动开始前，对整个调查研究阶段的工作进度和时间分配情况作出事先准备和安排。同时，要注意为调查研究的设计与调查前准备等各个环节留够空间，不要急切地开始搜索、收集材料等工作。另外，对于实际调查问卷的经费投入情况，也应有初步的考虑和恰当的分配，以保证调查中各个阶段工作的顺利进行。

3.3.2 调查方案的编制要求

在实际调查策划工作中，无论调查人员的调查思路多缜密，调查安排多合理，调查方法多适用，但最终还是要体现在一个完整的社会调查方案文本之中。因此，掌握社会调查方案文本撰写的基本要求，对调查人员调查策划能力的形成有着重要影响。

（1）调查方案编制的格式要求

一个完整的社会调查方案并没有统一的、固定的格式，但内容完整、结构合理、条理清晰、语言简练应是调查方案的基本要求[2]。调查方案的编写格式一般包括以下七个部分：

1）摘要

摘要是对整个调查方案的概括说明。这部分写作要求不仅要简练清晰，还要能帮助调查者充分理解调查方案的基本内容。这一部分虽然不是调查方案的主体内容，但对于委托方和决策者来说，从摘要就能看出调查策划的全貌。

2）前言

前言是调查方案必备的部分，是写在调查方案前面类似序言或导言的片段，主要起到提纲的作用，其目的是能够让调查者一目了然，了解调查课题的背景。

3）调查的目的和意义

这部分需要明确指出调查项目的目的和意义，拟定出调查研究的问题和可能的几种备用决策，说明该项城市社会调查的结果能够带来怎样的价值。

4）调查的内容和范围

这部分需要进一步确定所要调查的范围和被调查的对象，简洁地阐述本次调查的重点和主要内容，明确指出调查所必需的信息资料，罗列出有关城市社会调查的主要问题和相关的理论假设。

5）采用的调查方式和方法

这部分内容包括明确城市社会调查具体采用哪种调查方式，是抽样调查、普遍调查，还是典型调查，并且结合调查项目特点列出所选用调查方式的具体步骤和主要内容，同时要说明具体的数据分析方法和注意事项。

6）调查进度和经费预算

按照预先制定好的调查要求和调查内容，做好所需的时间进度安排和经费预算。在做计划时，无论是时间还是经费，调查策划者都要留有一定的余地，以应对可能的突发事件。

7）附件

在调查方案的附件中，需要列出课题的负责人和主要参加者的名单，并简要地介绍调研团队成员的专长和分工情况，并且作出所选用调查方式的细节说明和技术说明。也可以在附件中对调查方案里其他方面的细节及技术参数进行补充说明。

（2）调查方案编制的注意事项

一份系统的调查方案，上述的内容均应涉及。只有制定系统完整的调查方案，才能够为调查提供科学、多方位的指引，才能够确保按照统一的思想、统一的方法、统一的步骤进行和开展调查。调查方案的合理制定，必须建立在对调查课题背景有着充分认识的前提下。只有清楚地了解和认识调查课题的相关背景，才能够为调查课题的实施指明方向，进而帮助调查者确定和理解调查的目标和内容。同时，在制定相应的调查方案时，要尽量保证其科学合理性与经济适用性[2]。调查方案中的文本格式可以略微灵活，但是需要特别注意的是，文本格式和调查内容之间应当协调和统一；调查方案的语言文字要求言简意赅，论述逻辑清晰，表达规范。

好的调查方案是开展调查实施工作十分关键的前置环节，影响着整个调查任务的完成质量以及调查工作的顺利程度。所以，调查方案的撰写应尽量由调查课题负责人统筹把关。

3.4 调查方案的可行性研究

城市社会调查工作在方案编制完成之后，调查者需要针对各项调查目标的实施情况及其方法作出判断与检验，可行性的研究工作是具体实施城市社会调查之前关键的一步，也是引导调查人员进行科学决策的一个重要环节。对调查方案的可行性研究主要包括逻辑分析、经验判断和试验调查三种类型。

3.4.1 逻辑分析

用逻辑推理去检测调查方案的可行性被称为逻辑分析。例如，要调查人口的城乡结构，而调查者设计的指标却是"农业人口"和"非农业人口"，这样调查出来的资料不能准确地说明调查所要说明的问题。因为，农村人口不等于农业人口，城镇人口不等于非农业人口。农村人口和城镇人口是按照居住区域进行划分的，农业人口和非农业人口是按照行业类别划分的，两者存在很大的差异，因此，以上的设计无法正确地说明人口的城乡结构[2]。

3.4.2 经验判断

经验判断即依托过去的实际工作经验积累对调研方案的有效性进行评估判断。例如，根据过往积累的经验，对文化水平相对较低的调查对象不应采用自填式问卷的调查方法；到农村做调查一般不选择在农忙季节进行；如果所调查地区的人力、财力、物力等资源条件匮乏，就不应选分布过散的地点。在调查方案拟定后，可以邀请具备多年经验的学者或现场工作人员，根据自己过去的工作经验作出合理的评价或决策。

3.4.3 试验调查

通过一个较小范围的实地勘察去检测调查方案的可行性叫作试验调查。在实际城市社会调查中，往往都会受到各种各样因素的直接影响，导致在实际操作中发现与之前的理论构架、经验分析判断、逻辑推理等出现偏差，这就需要调查人员在进行实际操作之前一定要对自己所调查的方案进行一次较小规模的试验调查，根据这次试验调查结果去调整原有方案，从而避免实际操作过程中出现问题，影响工作效率，推延调查周期。因此，进行试验调查是对调查方案进行可行性研究时所采用的一种最基础、最为必要的手段。

参考文献

[1] 于莉,邓恩远.社会调查方法与实务[M].2版.北京:北京大学出版社,2017.

[2] 苏永明,张首芳,白日荣.简明社会调查方法[M].2版.北京:科学出版社,2017.

[3] 谭祖雪,周炎炎.社会调查研究方法[M].2版.北京:清华大学出版社,2020.

[4] 风笑天.社会调查原理与方法[M].4版.北京:首都经济贸易大学出版社,2019.

[5] 陈慧慧,方小教.社会调查方法[M].合肥:中国科学技术大学出版社,2019.

[6] 李松柏.社会调查方法[M].咸阳:西北农林科技大学出版社,2014.

[7] 顾朝林,刘佳燕.城市社会学[M].2版.北京:清华大学出版社,2013.

[8] 周孝正,王朝中.社会调查研究[M].2版.北京:国家开放大学出版社,2018.

[9] 陈前虎,武前波,吴一洲,等.城乡空间社会调查[M].北京:中国建筑工业出版社,2019.

第 4 章

城市社会调查数据收集

【本章要点】

城市社会调查数据收集方法包括：问卷法、访谈法、观察法、文献法、网络调查法、手机工具调查法等。

城市社会调查问卷的基本结构包含题目、封面信、指导语、问题和答案、结束语等部分。

调查问卷设计的基本原则为：明确问卷设计的出发点；消除问卷设计的主客观障碍；充分考虑问卷的内容设定、设问顺序、使用方式。

访谈法的类型包括：直接访问与间接访问、个人访问与集体访问、标准化访问与非标准化访问等。

观察法的类型包括：自然观察和人工观察，直接观察和间接观察，结构性观察和非结构性观察，完全参与、不完全参与和非参与观察，时间抽样观察和事件抽样观察等。

文献法的文献类型包括：文字类文献、数字类文献、图像类文献等。

网络调查法的类型包括：网站法、电子邮件法、在线访谈法、搜索引擎检索法等。

手机工具调查法的类型包括：在线问卷系统调查法、手机数据获取法等。

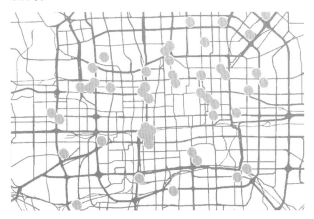

4.1 问卷法

城市社会调查的最终目标是对能真实反映城市社会现象或城市问题的数据资料进行合理分析并得出科学结论，而问卷法正是获取数据资料的重要方法之一，也是当今城市社会调查中最为常见的数据资料收集方法。英国社会学家莫泽曾指出："十项城市社会调查当中有九项都是采用问卷法进行的。"[1] 是否能够正确开展问卷调查，关乎调查资料获取的真实性和适用性，并直接影响城市社会调查的质量和相关调查结论的科学产出。与其他方法不同的是，问卷法不是依靠文献查阅，也不是依靠调查者的耳闻目睹，而是将问卷作为具有中介性质的调查工具来获取被调查者的相关数据资料。

问卷法的优点显著：一是其具有良好匿名性，不必有他人在场，也不必署名，可有效排除众多干扰，并打消被调查者的心理顾虑，有利于真实表达个人态度和想法；二是其突破了时空界限，可以对大量被调查人同时进行调查；三是其便于编码，较利于收集可用于计算机分析处理的数据资料；四是其可以有效节省调查时间，节约调查经费。问卷法的缺点在于只能从书面文字获得城市社会相关信息，而且问卷中没有列明的问题无法收集信息，无法生动地了解社会现象和社会问题。

4.1.1 问卷的属性与基本结构

（1）问卷的属性和类型

问卷是城市社会调查用来收集数据资料的工具，与体温表、测力器、米尺等测量工具性质类似，只是在表现形式上是通过精心设计的问题和表格来测量被调查者的行为、态度和社会特征，以此反映真实的城市社会现象和城市社会问题。美国社会学家艾尔·巴比说："问卷是调查研究的支柱。"[2] 对于问卷一般存在三方面的基本功能性要求：一是能正确反映调查目的和具体问题，重点突出；二是能正确记录和反映被调查者回答的事实；三是通过问卷所获得的数据资料应便于进行整理和统计分析。

问卷根据使用方法不同存在两种基本形式：一种是调查者在调研现场或借助电话等工具，按照问卷的问题设置向被调查者提问，并根据被调查者的回答进行填写的访谈式问卷[3]；另外一种是调查者通过亲手递交或者邮寄等方式，将打印好的问卷递送至被调查者，由被调查者自行填写并由专人进行回收的自填式问卷。两种问卷虽然问答形式不同，但是在问题设计以及问题结构组织上具有相似性，没有显著区别。

问卷根据是否具有结构也可分为两种不同形式：一种是结构式问卷，所设问题按照固定提问方式和顺序安排且不可随意变动的结构进行排序，也称为标准式问卷；另一种是无结构式问卷，所设置的调查问题没有严格的组织结构要求，调查者可以在开展调查的过程中根据实际情况"随机应变"地调整问题及设问顺序。在组织实施上，显然无结构式问卷调查具有更大难度，对于调查者的知识储备和随机应变的能力有更高的要求。结构式问卷一般被用来开展较大规模或被调查者数量较多的城市社会调查，而无结构式问卷一般被用来开展具有探索性研究性质的小样本调查。

除以上两种分类方式，问卷还可根据调查对象性质分为个人问卷、家庭问卷、群体问卷等；根据调查载体不同分为纸质问卷、电子问卷、网络问卷等。

（2）问卷的基本结构

尽管城市社会调查所用问卷类型多样，但是一般都包含以下几个部分。

1）问卷题目

问卷题目是对调查主题的概括说明，切忌过于笼统，应能够使被调查者一目了然，快速从题目字面意思了解问卷调查的目的、方向及意义，初步形成被调查者参与问卷填答的自身意愿。例如，"北京行人过街难问题调查"等与被调查者日常生活、工作等密切相关的题目往往易于激发被调查者的兴趣和配合意愿，也易于激发被调查者的社会责任感。

2）封面信

封面信是指在问卷开头部分致被调查者的短信，主要用于向被调查者介绍和说明调查的目的、调查单位或调查者身份、调查的大概内容、调查对象的选择方式、对调查过程和调查结果的保密措施等[3]，从而引发被调查者的重视和兴趣，并获得他们的支持与合作。简单来说，封面信的主要作用就是简略解释说明"我是谁"

"调查什么""为何调查",以及"如何调查"。

封面信的语言要简明扼要、态度中肯、规避不实之词,篇幅由调查内容决定但不宜过长,200~300字为宜。封面信的质量直接决定被调查者能否接受调查。被调查者作为调查活动的重要参与者,需要得到充分尊重,封面信的结尾须真诚地感谢被调查者的配合与帮助。

封面信示例如下。

异地就医低收入群体的暂居环境调查问卷

尊敬的女士/先生:

您好!

我们是来自×××的调查员。为了了解异地就医低收入群体在医院附近的短租现象,分析该现象所引发的社会问题,并就如何提升该群体的暂居环境质量提出建议,我们组织了×××社区的社会调查。非常希望得到您的支持与配合。

本次调查严格按照《统计法》的要求进行,采用无记名的方式,我们承诺此次获得的信息仅为本次研究所用。本次调查的答案没有对错之分,您只需要依据自身的具体情况,在每个问题给出的选项里选择合适的选项打"√",或者在＿＿＿处填写。您的问卷将对异地就医低收入群体暂居环境的整治提升作出贡献。

衷心感谢您的支持!

××调研中心
×年×月

3) 指导语

指导语是用来指导被调查者填答问卷的集中解释和说明,与日常考试中在卷首常见的答卷说明相似。有些问卷的填答方式较为简单,可直接将指导语置于封面信中[3],用简单语言直接说明。例如"请根据自己实际情况或者理解直接在合适答案上划√或者直接在空白处填写";有些问卷设定的填答方式较为复杂,可在封面信之后专门设置"问卷填答说明"部分,对调查问卷的填答方法、要求以及注意事项进行明确说明。对于调查问卷中所涉及的较为复杂的某些设问,可在相应设问之后对于回答本设问的方式和要求进行单独说明。

指导语是否清晰、准确表达填答要求,将影响问题作答是否能有效表达问卷所期望获取的数据信息及相关资料。一般来说,指导语有五种类型。

①关于所选出的答案如何做记号的说明。一般就相关设问,会在备选答案前后用括号或者方框等形式设置作答区域,要求在作答区域明确所选答案编号或者在拟选择的答案前划√或作其他类型标记。例如"请在以下几种所述情形中选择与自身实际相符的选项,并在□内划√"。

②关于需选择答案数目的说明多出现在设问语句的后面。例如,"请选择与自身实际相符的选项(可多选)"。

③关于填写答案要求的说明,例如,"如选择'其他'作为答案,请在其后处用简短文字说明实际情况"。

④关于设问所适用的被调查者范围的说明。问卷中全部设问并非需要完全作答,其中可能有些设问仅需特定被调查者作答,例如,"以下第15~19题仅限在校学生填答"。

⑤关于问题或答案内容的说明,即用括号对问题或答案进行解释或说明。例如,"您家附近是否设有便民菜站(500米范围之内)?"

4)问题和答案

问题和答案是问卷的主体,也是问卷设计最为核心的内容。问题按照形式的不同,可分为封闭式问题和开放式问题两种[4]。具体采用何种问题形式,与调查任务和调查目的密切相关,一般在城市社会调查中多采用以封闭式问题为主体、以开放式问题为辅助,两者相互结合的问卷设问方式。在设问时,应将研究者比较清晰的问题设置为封闭式问题,将研究者不能确定的问题设置为开放式问题,但开放式问题不宜过多。在积累一定资料的基础上,问卷中的某些开放式问题可转变为封闭式问题。

所谓封闭式问题是指题目设有多个备选答案,要求被调查者直接进行单选或多选的问题。封闭式问题容易理解、填答便捷、省时省力,便于进行统计分析。但因为答案已被限定,封闭式问题的作答容易使所收集的信息和资料缺乏自发性和表现力。如果答案的设定覆盖不全面,会导致被调查者所作回答并不在所设答案之中,也会导致被调查者无法正确选择,使调查结果出现偏差。

所谓开放式问题是指只提问、不给答案,需要被调查者根据自身情况或理解自由填答的问题。开放式问题需要被调查者自由发表意见,可以获得生动的数据资料,但是这些资料一方面需要依靠被调查者进行个人思考,在填答上会耗费较长时间和精力,另一方面在后续数据统计分析上也存在较大难度。此外,开放式问题对于被调查者的文字表达能力、个人素质以及受教育背景具有较高的要求。

如果就问题本身的内容特征来看,问卷的设问还可分为事实性问题、假设性问题、断定性问题和敏感性问题等[5]。从字面意义上不难理解,所谓事实性问题是指被调查者需要回答的事实情况,例如被调查者的个人社会背景信息,包括姓名、职业、民族、收入等;假设性问题是指在假定某种情况发生的前提下,提问被调查者的态度情况,例如,"如果小学不提供课后托管服务,您会采用何种方式应对?";断定性问题是指假定被调查者在前面某一问题上已经秉持某种认识或态度的前提下,进一步了解被调查者对相关问题的其他认识或者态度,一般至少需要设置两个问题构成相互衔接，后一个问题的提问以前面一个问题为基础，例如，第一个问题是"您是否选用外卖这种就餐形式？"，如果是否定答案，就不用填答第二个问题"您倾向于致电餐厅预订外卖还是选用手机 APP 下单方式预订外卖？"；敏感性问题则主要是指与个人社会地位、社会道德等涉及社会期许或者个人隐私相关的问题，对待这类问题应采用合适的方法谨慎设问，或者通过其他渠道或方式了解相关信息。

5）结束语

一般在自填式问卷的最后会设置结束语，通常是简短的一两句话。

结束语的设置一方面是用来表示礼貌，对被调查者的配合予以感谢；另一方面是提醒被调查者复核是否存在漏填或者错填的现象。同时，可最后征询一下对本次调查或者问卷设计的看法，并以开放式问题的形式进行设问。

结束语示例如下。

问卷到此结束，烦请对所答全部问题进行最终检查和确认，衷心感谢您对本次调查的支持与配合！如果您对本次调查存在意见或建议，欢迎告知我们，并请写于此处，谢谢！

4.1.2　问卷设计的原则与步骤

（1）问卷设计的原则

1）明确问卷设计的出发点

明确城市社会调查开展的目的和主题是进行问卷设计的出发点。问卷设计要客观、真实、主题突出，紧密围绕所调查研究的问题，以及被调查者多个方面的基本事实开展。问卷设计中的全部设问均需符合现实情况并紧密围绕既定假设或拟解决的主要问题展开，确保每个设问具有较高的信度和效度[2]。同时，问卷设计需与所期望收集的数据资料匹配，并紧密联系拟采用的数据资料统计分析方法，需注意结合研究的关键变量来设问，明确哪些是自变量、哪些是因变量，既不遗漏，也不冗余。问卷设计中是否设问，以及如何设问均严格受到研究假设的制约。

2）消除问卷设计的主客观障碍

问卷设计需要调查者具备良好的知识储备和业务能力，也需要依靠科学的问卷设计方法合理编制问题。除此以外，还要考虑如何有效规避被调查者在进行问卷作答时的主客观障碍。

主观障碍主要是指被调查者在思想和心理方面对问卷产生的不良反应所形成的障碍。例如，调查问卷内容过多、调查问卷需要花费大量精力反复思考等，会使被调查者产生畏难情绪；问题涉及个人隐私时，被调查者可能产生顾虑[6]；问卷封面信对调查解释不够清晰透彻，被调查者可能缺乏对问卷的重视度，进而缺乏配合动力；问卷设问语言晦涩、呆板，被调查者可能缺乏问卷填答兴趣。所以，问卷设计应多为被调查者着想,形式简明、设问清晰、语言通俗易懂、便于回答,并易于合理控制问卷填写时间。

客观障碍主要是指问卷回答需要进行复杂计算、回忆、抽象理解等,但因被调查者自身的能力、条件等方面限制所形成的障碍[6]。所以,问卷设计中的设问需与被调查者的知识、能力和素质相适应。在问卷设计之前,需要对被调查者或被调查群体进行认真的分析和研究。超出被调查者理解能力和知识水平的设问,以及被调查者由于主客观条件限制而不能、不便回答的设问不应纳入问卷[2]。如果无法回避此类设问,应采用变通方式提出设问。

3)充分考虑问卷的内容设定、使用方式

在问卷内容方面,与调查任务和调查目的无关的问题应尽量不问,且应规避同质性问题重复设问。此外,对问卷内容及其领域是否熟悉,将直接影响问卷填答是否顺利,以及所收集数据资料的效度,所以对于被调查者熟悉的、容易产生兴趣的、没有心理压力的调查内容,设计问卷相对来说比较容易,可以多设置一些问题,以实现更加深入的调查;而当调查内容比较枯燥、被调查者对问题不熟悉时[6],设问需相对概略和浅显,题目数量也可少设置一些。

在问卷使用方式方面,如果为自填式问卷,问题设置应更为简单明了,便于理解和填写;如果为访问式问卷,问题设置可相对复杂[7]。如果后期需进行量化的数理统计分析,问卷的设问可以封闭式问题为主;如果调查中定性分析的比重较大,问卷的设问可以开放式问题为主。

(2)问卷设计的步骤

问卷设计的步骤包括以下四个阶段(图4-1)。

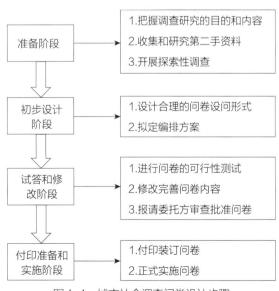

图4-1 城市社会调查问卷设计步骤

1）准备阶段

城市社会调查问卷第一步并不是明确具体设问，而是精确锁定调查目标，明晰数据来源，并先行开展摸底探索性工作。先初步通过文献查阅等方式熟悉本次城市社会调查的相关基本情况，以便对设问和可能填答形成初步认识。具体操作方法一般是围绕所要调查的问题，自由与各种可能的被调查对象进行非结构式访问交流，并观察他们的特征、行为以及态度。通过交谈可以有效规避设问含糊，也可以尽可能规避设定与实际不符的答案。当此阶段自由交谈涉及的问题出现含糊，被调查者必然会当即提出疑问，而熟悉被调查领域和调查主题的受访者会对问题作出肯定而具体的回答，进而调查者可以据此恰当地确定问题设问并合理设置答案。在准备阶段还应明确问卷发放与回收方式，不同方式对问卷设计有不同要求。

2）初步设计阶段

初步设计是问卷设计的核心阶段。初步设计阶段需要按照调查目的以及调查对象的特点，设定合理的问卷形式和问卷结构[8]，设置开放式、封闭式、量表应答式等问卷设问的表现形式，根据被调查者填答意愿和能力决定问题语言用词，对设问按照逻辑性拟定编排方案，考虑并确定问卷是否需要编码，同时向被调查者说明调查目的、要求、注意事项[8]等。

3）试答和修改阶段

对初步设计完成的问卷，需要先在小范围内进行测试，以便于针对测试所反映出的问题作必要修改和调整，以完善问卷内容[8]。试答在问卷设计中非常必要，不可或缺。因为一旦最终大规模开展调查，不便随意终止；若正式问卷中依旧存在不足，将会导致所收集的数据资料出现瑕疵，造成难以弥补的损失。试答可开展多轮，试答后需要对结果进行审核和研究，以有效促进问卷的完善。

一般来说，试答可以采用两种形式。一种是客观检验法，通过小样本抽样的方式，对其进行正式调查。对填答完成的问卷回收后进行分析，主要考查问卷的内容和方式是否存在错误、填答是否完整、问题排序是否合理、问卷回收率是否能够达到要求等方面的内容。如果问卷整体设计存在问题会导致回收率较低；如果设问和答案的语言表达含糊、不明确，会导致问卷填答出现"所答非所问"现象；如果指导语欠清晰、设问形式过于复杂，会导致填答错误率较高等。需要针对具体问题查找原因进行问卷修正。另外一种是主观评价法，可将问卷印制多份，邀请行业专家以及具有较好教育背景的典型被调查者，对问卷进行分析与评价，基于自身经验和知识积累提出相关问卷改进建议，据此进行问卷优化。客观检验法和主观评价法可以结合开展，以综合提升问卷设计质量。

4）付印准备和实施阶段

在经过试答和修改确保问卷内容无误，并对排版、标点符号等进行严谨校验后，可进行付印装订并用于调查。问卷调查可以配合使用记录纸、可视性辅助材料等来提高数据回收质量和效率。

4.1.3 问卷设计的方法

（1）问题设计

1）封闭式问题设计

封闭式问题的特点是已经确定设问的多个可能答案，被调查者只需根据要求选择其中的一个或多个。封闭式问题形式多样，总体来说有以下几种。

①二项选择式。此类问题是要求被调查者在给定的性质相反的两个备选答案中选取其一。最常见的是"有"或"无"、"是"或"否"等。

例如：最近一周内，您是否选择外卖形式就餐？（请在对应□中打√）

有□ 无□

此类问题便于统计，也便于被调查者进行选择。但是通过此类题目只能得知被调查者的态度，无法衡量其程度及原因，所以常常设置其他类型的问题接续发问，以获得更具深度、更为明朗的答案。

②多项选择式。此类问题是事先设定三个或三个以上的备选答案，被调查者根据填答要求，结合自身实际情况选择一个或多个答案。只能选择一个答案的，称为单项选择。

例如：您认为"行政职位"和"社会地位"的关系是（　　）？

A. 完全一致；B. 基本一致；C. 不清楚；D. 基本不一致；E. 完全不一致

可以选择两个或两个以上答案的，称为多项选择。如有必要，可在设问中明确需选择的答案数量或限定不能超过的答案数量。

例如：（多选）您认为城市公共空间当前存在的主要问题是（　　）？

A. 绿化数量有限、质量不高；B. 缺少座椅；C. 缺少健身设施；D. 缺少儿童设施；E. 存在治安问题；F. 可达性不高；G. 缺乏照明设施；H. 存在环境卫生问题；I. 其他_____

因为多项选择问题中备选答案并非能够覆盖全部可能性，所以一般将最后一个问题设为"其他"，并可在其后设置空格写出自身观点，以便被调查者表达真实想法。

③排序式。排序式问题是被调查者需要根据自身的喜好，对题中所列答案的重要程度按照题目要求进行排序。

例如：您认为城市公共空间存在治安问题的主要原因中，最为重要的是（　　），其次是（　　），再次是（　　）。

A. 犯罪活动频繁；B. 存在监控死角；C. 人流稀少，过于寂静；D. 照明状况不佳；E. 缺乏治安巡逻此类题目也可以采用打分形式，设定打分区间，被调查者根据所选定的分区和分数来表达其理解和态度。

④过滤式。问卷的设问并非意味着每一题都需要被调查者作答。对于其需要部分被调查者作答的题目，可前置设定过滤问题。根据对过滤问题的不同回答，跳转至其他不同的问题继续作答。

例如：您的性别是（　　　）？

A. 男性（如选择此项，请继续作答下一题）

B. 女性（如选择此项，请跳转至第七题继续作答）

⑤矩阵式。矩阵式是指有多个问题，同时有多个答案，而且当每个问题可以用相同答案时，可将其设计为矩阵式。

例如：您对该社区生活条件是否满意？（请在每一行适当的□内打√）

	非常满意	比较满意	无意见	比较不满意	非常不满意
（1）公共交通条件	□	□	□	□	□
（2）商业配套设施	□	□	□	□	□
（3）公共活动空间	□	□	□	□	□

矩阵式的主要优点在于能够有效节省空间，便于不同问题之间的相互比较，节省被调查者作答时间。

2）开放式问题设计

开放式问题设计主要有两种设问形式。

①填空式。对于存在多种答案可能，难以一一列举，但在不同被调查者内心已有确定答案的情况，可以采用填空题的形式。

例如：您最喜爱的锻炼形式为_____。

②自由回答式。对于适合被调查者自由表达观点、想法和态度的设问，多采用自由回答式。

例如：面对重大公共卫生安全事件，您认为在城市应急管理方面应该进行哪些改善？

自由回答式设问共有五种类型的设问方式。其一是开门见山直接设问，这种方式所获信息资料最多也最为丰富，不受形式所限，能够直接获知被调查者的态度，但是因为调查时间有限，这种方式需要被调查者进行思考并作出具体的文字描述，容易引发被调查者的厌烦心理。其二是词语联想设问，该种方式是在提供给被调查者某一个词表的基础上，通过分析被调查者对该词所产生的联想词，来获取被调查者对刺激词的态度和倾向。其三是文章完成式设问，该方式是通过提供给被调查者一个有头有尾的文章，让其自行补充中间缺少内容，以此来判断被调查者的行为、动机。其四是图画式设问，是指提供给被调查者一个情景，使其根据自己的想法完成一幅图画。研究者可通过分析图画中包含的元素，来判断被调查者的态度和需求等。其五是角色扮演式设问，这是一种间接的设问方式，为了了解被调查者的真实想法，通过让被调查者评价他人的行为动机来间接了解其自身的态度和观点[8]。

（2）答案设计

因为开放式问题无须设计答案，所以答案设计仅针对封闭式问题而言。由于城市社会调查问卷大多以封闭式题目为主体，以非封闭式题目为辅助，所以封闭式问题的答案设计就凸显出其重要性。

封闭式问题的答案设计有三方面明确要求。一是要求答案设置与设问完全匹配，即"所答为所问"。二是所设答案应当用同一标准在同一层次上分类，答案之间的关系应相互排斥，不能存在交叉、重叠、包含等情况。简单来说，如果为单选设问，对于每个调查者只能且只有一个答案符合自身情况。三是所设答案应当包括设问所涉及的全部表象内容，不可遗漏，也就是说，被调查者可能涉及的情况应该全部包含在本设问所列答案之中。为避免遗漏，可设置"其他"选项，如果选择"其他"选项的人过多，则说明针对本问题设计来说存在失误，比较重要的答案没有被列出。

（3）问题数量控制与顺序安排

1）问题数量控制

问卷的问题数量应根据调查任务、调查目的，以及所需通过本次调查收集的数据资料情况进行确定。一般来说，考虑到对被调查者的尊重以及问卷填答质量，问卷题目不宜设置过多，填答所需时间也不宜过长，一般控制在10分钟以内较为合适，最多不超过20分钟。

2）问题顺序安排

问题排序应以时间递进性和设问逻辑性为基础，并具有以下基本排序规律：反映个人背景资料等事实情况的问题在前，反映想法和态度的问题在后；被调查者熟悉的问题在前，相对不熟悉的问题在后；容易引起被调查者兴趣的问题在前，隐私性和敏感性问题在后；便于作答的封闭式题目在前，不便作答的开放式题目在后。总体来看，问题应由易至难，避免被调查者产生畏难心理从而影响调查质量。

4.1.4 问卷法的运用技巧与注意事项

（1）问卷设计技巧

一是应避免抽象表述，做到语言简明、陈述简短。无论是设问还是答案，应明确、通俗、易懂，避免复杂、抽象的语言表述。同时，陈述语言越简短越容易规避问题含糊不清的可能性。二是应避免重复设问和一问多义，即避免在一个问题中同时询问多个不同的事情。三是应避免问题带有倾向性，题目设问形式应保持中立，不可具有诱导性，即不能使被调查者有应该如何回答的感觉[4]。四是应避免否定形式提问，设问应契合人们日常提问习惯，例如"您是否同意小区内增设停车位？"，而非"您是否同意小区内不增设停车位？"，虽然仅有一字之差，但被调查者往往会漏读"不"字，导致填答与自身想法大相径庭。五是不应问被调查者不知道或不清楚的问题，问卷所问全部问题均应为被调查者已具备的知识储备和素质能力所及。六是不直接问敏感性问题，避免被调查者产生畏难心理，进而引发心理防卫，提升拒答率。

（2）问卷调查员的选取与培训

问卷调查员的工作直接关乎调查效率和调查成本，一般希望选取训练有素、具备与调查相关的专业知识积累，以及具有一定社会调查经验的调查员参加调查。问卷调查员的年龄、性别、民族、受教育背景、语言基础、表达能力等均需要符合调查任务要求，并易于被调查对象所接受；同时，问卷调查员自身所具备的基本素质，例如认真的工作态度、勤奋的工作精神、耐心的工作作风等也将对调查的顺利开展产生影响。

因为问卷调查需要依靠众多调查员才能够开展，因此问卷调查员培训的主要目标是确保调查过程的标准化。具体培训通常涉及：对问卷内容进行集体学习，形成尽可能深入的理解并统一认识；明确调查过程中可能出现问题的处理方式；开展模拟调查并检查修正潜在问题；明确调查纪律，以及调查的监督和管理办法。

（3）问卷发放与回收

问卷发放需关注问卷填答质量，并确保回收率。为实现这一目标，调查者应尽量到现场发放问卷，并亲自指导被调查者填写，在委托他人调查时，应尽可能选择可靠的组织或个人，不可草率行事[9]；在调查时机选择上，应选取被调查者在时间和空间相对较为集中的机会，以提高调查效率；在填答动力激发方面，可以采取抽奖、赠送礼物、赠阅刊物等方式，提升被调查者的获得感。

问卷回收率与调查组织工作的严密性、课题吸引力、问卷填答难易度、问卷回收可控度等密切相关[9]。一般来说，访问问卷调查和当街拦截调查的问卷回收率较高，为80%~100%；通过报刊发布问卷的形式回收率较低，仅有10%左右。在实际的城市社会调查工作中，为确保较高的问卷回收率，应提升调查组织工作的严密性，调查人应秉持认真负责的调查态度，调查问卷设计应与被调查者的兴趣及知识储备紧密关联，问卷应控制长度及调查时间，并设定合适的填答难易度，尽量选择访问问卷调查和当街拦截问卷的调查方式。

4.2 访谈法

4.2.1 访谈法的概念与类型

（1）访谈法的概念

访谈法就是直接面对被调查者，通过口头交谈、提问的方式，直接向被调查者了解社会情况及社会问题的调查方法。访谈法依托调查者与被调查者的语言交流与互动而开展。要取得访问调查的成功，调查者要善于人际交往，在访谈前精心准备，掌握访谈技巧，并游刃有余地控制访谈过程。访谈法的优点表现在以下三个方面。

一是信息获取准确。调查者与被调查者是采用直接方式进行交流，因此对于存在疑问的数据能够得到当场核实。调查者在访谈中掌控着主动权，可以控制访谈环境和状态，灵活掌控发问顺序、问答节奏、访谈进度以及访谈时间，便于被调查者回答问题；同时，因为访谈是现场开展并多采用一问一答方式，所以拒绝回答问题的可能性较小，而且用于回答思考的时间较短，使被调查者的回答往往出于自身的自发性反应，便于吐露真实意愿和态度，对于一些误解可以当场进行说明和更正。

二是访谈的开展具有弹性且易于深入。访谈问题往往出自调查者的主观想法或者依据通常情况而设定，与拟开展调查的实际情况可能存在偏差，调查者可根据被调查者回答问题的情况和反应，对事先所设定的调查问题进行临场动态调整。此外，调查者可以通过解释被调查者不理解或产生误解的问题、引导被调查者及时修正出现偏差的回答、追问被调查者未清晰回应的问题，从而获取深层次的数据和信息。

三是有利于广泛了解城市社会现象。访谈法作为一种口头调查方法，既可用于调查事实和行为，也可用于调查历史和当下，还可准确把握态度和观念，有利于全方位地了解和认知城市社会。

访谈法的缺点主要在于访谈具有主观性，依赖于调查者与被调查者的主观状况；同时，访谈耗费人力、物力较多，时间成本较高，调查样本量有限，一般不宜大规模开展；被调查者易对与个人相关的隐私性和隐秘性内容存在心理担忧；访谈对调查者要求较高，其受教育背景、交流沟通能力、现场发问态度都将对被调查者信任感的建立产生影响；此外，通过访谈法所获取的信息多种多样，进行标准化处理和量化分析存在较大难度。

（2）访谈法的类型

1）直接访问与间接访问

直接访问是指调查者与被调查者面对面进行访谈，既可以是调查者走入被调查者之中进行访问，也可以是将被调查者邀请至调查者所安排之处进行访问。

间接访问主要是指调查者通过网络、电话、手机视频等方式对被调查者开展非面对面形式的访问。

2）个人访问与集体访问

个人访问就是指调查者针对一个专门问题，对在该问题上有特殊经历或经验的人进行单独访问，来获得丰富资料的方法。这是最灵活方便的调查方法。个人访问的优点在于可进行深入的询问，访谈主题集中、有针对性，可以获得丰富信息。

集体访问是指调查者邀请若干被调查者，由一个具有足够知识储备并充分了解调查内容的主持人，以无结构自然会议的方式与被调查者进行交谈，以此来获取访问调查资料信息的方法。

3）标准化访问与非标准化访问

标准化访问是指调查者使用事先编制好的有明确回答要求和固定标准的标准化问卷所开展的访问。标准化访问便于对被访问者回答进行比较，其所收集的数据也便于进行整理和量化分析。

非标准化访问是指调查者事先不编制统一问卷，也不设定明确的访问程序，只是按照事先根据调查目的编制的调查提纲，由调查者和被调查者自由交谈，并借此收集数据资料的访问。非标准化访问可以充分发挥被调查者的主动性，更加充分地表达个人想法，有利于对拟调查问题进行深入探讨。

4.2.2 访谈法的基本程序

访谈法是按照调查目的有计划开展的一种数据收集工作。成功的访问调查需要依托合理的访问计划和程序来安排，并需要调查者具有优良的个人社交能力并掌握各种访谈技巧。

（1）准备阶段

访谈法将关键词聚焦于访谈二字，但访谈前的准备至关重要，这对于访谈的顺利开展发挥着决定性作用。

1）编制访问计划

访问计划应当针对访问中涉及的主要问题进行明确规定，例如调查目的、调查对象、具体反映调查内容的访谈问题、访谈类型与调查方法等。如果调查预计采用量化分析的方式，应主要采用标准化访问，或者应当以标准化访问为主体，以非标准化访问为辅助；如果调查预计采用定性分析的方式，宜采用非标准化访问形式，但应事先列明访问提纲，以保证信息收集质量。此外，还需明确访问的时间、地点等内容。

2）设计访问问卷或调查提纲

如果采用标准化访问方式，访问问卷需提前进行精心设计，并注意在问题设置上应尽可能口语化，以便于调查者向被调查者发问。问卷和提纲的设定应当建立在文献研究以及有效开展预调查的基础之上，与问卷法相同的是从整体结构上可以分为基本情况调查和主要事项调查等部分，而不同之处在于访谈问卷和提纲的设计不需要设计备选答案，只列出调查问题即可。

3）选择确定被调查者

应首先根据调查任务和调查目的确定调查总体范围，了解调查对象的背景、生活方式和状态等，而后确定所需要的、具有典型代表性的样本，最终据此来有的放矢地确定被调查者。

4）培训调查员

调查员需要通过培训明确访问调查的目的和性质，熟悉访问调查类型，掌握访问调查方法和技巧，以及收集、判断、分析访谈资料的能力。

5）准备必要工具

必要工具包括访谈介绍信、调查地区地图、调查问卷、记录工具等。

（2）访问阶段

1）接近被调查者

接近被调查者需要考虑对方的感受、心理承受能力等方面，选择恰当的方式进行访谈，不可只图方便。在对被调查者恰如其分地称呼之后，应明确说明来意，出示相关证件和介绍信函，以此消除被调查者疑虑并获取信任，初步建立融洽关系。进而，向被调查者介绍调查的目的和意义，以尽可能调动其受访兴趣，助力访谈的顺利开展。

2）提问与追问

提问是访谈法获取数据资料的依托手段，其最为重要的是需掌握发问技巧。调查者应当对访谈的场面进行有效控制，以获取有效资料和数据。当被调查者回答出现偏差或者对问题并未真正理解的时候，调查者需进行有效引导。此处所述引导的目的是使被调查者正确理解和准确回答提问，引导是访谈正常开展所必需的，如果出现被调查者所答非所问，存在回答顾虑、遗忘或遗漏问题、回答过于冗长等情况，应当及时进行引导。

访谈采用何种方式提问需要考虑三方面的因素：其一是在双方初步建立问答关系，尚不熟悉并缺乏足够信任的情况下，需要慎重发问，伴随访谈的深入可随时调整发问方法；其二是问题本身的性质和特点，涉及敏感性、隐私性的问题应当迂回、谨慎地提出，而其他问题则可正面、大胆地提出；其三是要充分考虑被调查者的特点和情况，因人而异采用多种多样的提问方式。

访谈需注意确保提问的有效性：一是提问话语要尽量简短，通过明确、简短的设问换取被调查者尽量丰富的回答；二是提问话语应当通俗、易于理解，并保持合适的语速，以便被调查者充分掌握和理解调查者的提问信息。

追问是指针对被调查者的回答提出更为深入的问题，从而获取更为全面、完整、具体、深入的信息。追问应当准确把握火候，不可因语言、态度等变化使被调查者产生排斥心理，影响调查氛围。一般可以采用正面追问的方式请被调查者补充准确性或者完整性欠缺的答案，也可以采用侧面追问的方式请被调查者从其他角度回答相同或者相似的问题。

3) 聆听回答

聆听回答是调查者接收被调查者信息和有效数据的核心手段。调查者需全身心投入，聆听被调查者回答，不但要有效获取信息，把握被调查者对待提问的态度和看法，同时还需把握被调查者的延伸之意。调查者需要使被调查者充分感受到平等与尊重，在聆听时应当将注意力集中于被调查者，利用目光、表情、语气、动作等非语言行为给予被调查者真诚关注，激发被调查者回答问题的主动性，提升信息提供的充分度。目光可以传达思想和感情，与被调查者的目光交流可以表示尊重和专注；表情微笑可以有效缓和问答的拘谨感；点头和及时的语言肯定等动作能够表达对于回答内容的认同，有效激发被调查者回答问题的积极性。

聆听回答应注意规避两种情况：一是缺乏聆听积极性，即机械式地记录被调查者回答，没有形成主动思考，无法就重要的、值得深入提问获知的问题持续发问，导致信息获取质量无法得到保证；二是缺乏聆听专注力，常常使得获取信息出现缺失，同时使被调查者感到未被得到尊重，直接影响信息收集质量。

4) 记录

记录是将被调查者的回答进行文字固化和数据固化的操作环节。其方式根据调查实际所需确定，既可进行当场记录，也可在访谈后进行追记。

标准化访谈记录方法简单，只需要按照访谈前的标准化问题设定填写至对应位置即可；非标准化访谈主要依靠笔记的方式进行，可当场记录，也可以通过录音的方式记录，但前提是必须征得被调查者同意。笔记有详略两种记录方式：详记是对被调查者回答进行尽可能充分的记录，但是会受到被调查者回答语速的影响，易出现记录缺漏；略记是采用速记方式，利用特定缩略语或者符号进行记录，事后再进行补充、整理和完善。

在访谈结束前，应当就访谈中所记录的核心和较为重要的内容请被调查者进行复核与补充。在访谈结束后，为避免记忆衰减，应当及时整理访谈记录，对略记和速记当中的信息进行有效扩充和完善，并解决记录中出现的错误。

(3) 结束阶段

访谈结束的控制与访谈内容的完成度、访谈时间长短、访谈氛围融洽与否密切相关。如访谈内容过多可以及时结束访谈，后续分次进行来完成最终访谈；访谈时间不宜过长，不宜影响被调查者的工作与生活；访谈氛围应以不影响被调查者的心理和生理疲劳为宜，如出现氛围不融洽现象，应及时进行调整和引导，如无法补救可适时选择结束访谈。

4.2.3 访谈法的应用技巧与注意事项

（1）访谈法应用技巧

在接近被调查者建立信任和融洽关系的阶段，可根据被调查者特征选择不同的方式：一是自然接近，可在共同活动中自然接近，例如利用共同学习、开会、就餐、运动、劳作等机会，拉近距离；二是关怀接近，从被调查者的角度对其工作生活困难进行主动帮助，以达到接近目的；三是求同接近，通过共同的生活、受教育、血缘、宗族背景拉近距离，寻到合适的访谈机会；四是正面接近，直接表明来意，通过对访问目的、意义和必要性的说明，正面获取被调查者受访意愿。

在提问与追问阶段，提问应虚心诚恳，追问有三种前提情况：一是事先已设计好的由浅入深、由此及彼、逐步深入的追问；二是回答欠清晰，信息反馈不充分、不完整时的追问；三是对被调查者所答非所问或者刻意回避的问题进行追问[2]。可根据现实情况和信息采集需求采用不同的追问方式：一是对于回答信息不全的现象，可以采用正面追问的方式；二是希望由表及里探寻深层次原因，可采用系统追问的方式；三是如需验证回答的准确性，可以对已问问题采用重复追问的方式等。

在聆听回答阶段，应当排除来自环境、调查者、被调查者的听知障碍，主动积极、客观公正、把握要点、随机应变、理性评判、强化记忆、善始善终，确保高质量、高效率获知信息。在记录阶段，应当保证信息记录准确、客观、完整，宜事先制作记录表，采用笔记为主、录音为辅，当场记录为主、事后追忆记录为辅的方式。

在结束访谈阶段，应及时告知被调查者访谈获得预想效果，并对对方给予访谈机会和配合访谈的开展表示真诚感谢；如具备条件，可向被调查者赠予恰当的礼品；如后续有补充信息的需求，可在结束阶段与对方事先邀约。

（2）访谈法应用注意事项

访谈的目的是使访谈对象说出真实的看法或想法，从而在访谈对象身上获取客观的（对访谈者而言）信息。在使用访谈法时应注意以下几点问题：

1）解释说明

访谈时访谈者应说明来意，消除访谈对象的疑虑，并增加双方的沟通了解[10]，说明调查的目的及意义，所提问题也应尽可能短小，避免使用抽象的专业术语。此外，访谈时访谈者要注意自身语气、态度及表达方式。

2）注意立场

访谈者对于访谈对象的解释与回答应保持客观、公正的立场，避免有倾向性、诱导性的暗示，以免对访谈对象造成误导，从而无法了解到客观的信息。

3）辨别真相与假象

访谈对象向访谈者提供的信息有可能是虚假的、片面的，访谈对象也有可能心口不一[4]。因此，访谈者需要对访谈对象所提供的信息辨别真伪。

4）注意非语言信息

访谈者要善于发现访谈对象在访谈过程中的形象语言、肢体语言等方面的信息，访谈对象的衣着服饰、说话语气和行为动作也能表达某些信息。在访谈过程中，通过捕捉这些非语言信息可以帮助访谈者对访谈对象的语言信息进行判断。

4.3 观察法

4.3.1 观察法的概念与类型

（1）观察法的概念

观，指看、听等感知行为；察，指分析思考。观察不只是视觉过程，而是以视觉为主，融合其他感觉为一体的综合感知，而且观察包含着积极的思维活动，因此称之为知觉的高级形式。观察法是众多调查方法中收集第一手资料最为基本和有效的方法。城市社会调查中的观察法是指调查者深入社会事件现场，运用自身感官或者借助观察工具系统地对自然状态下发生的社会现象或行为进行连续的考察、记录，并对所收集资料进行分析的研究方法。恩格斯在撰写《英国工人阶级状况》的过程中，强调众多详实信息的收集来源于亲身观察，以确保资料可靠性。毛泽东所著的《湖南农民运动考察报告》也是通过亲身实地观察和调查撰写而成。

观察法是一种实地科学调查方法，与现实中的日常观察存在显著的差别。观察法是有目的、有意识的调查活动，具有研究目的与假设，需要对所观察到的城市社会现象的实际情况及相关规律进行科学解释；其调查对象是处于自然状态下的社会现象，其调查过程是具有主动意识并带有主观色彩的反应过程；观察法的记录内容是通过非语言方式获取的。当与被调查者合作的可能性较小、对调查对象尚未形成明确认识和了解、因环境陌生导致信息收集出现较大难度时，宜采用观察法。

俗话说，百闻不如一见。观察法有三个方面的主要优点：一是简便灵活，依靠调查者的眼、耳等感官可随时随地开展；二是直观可靠，被调查者在自然条件下呈现没有被察觉的正常工作生活状态，反映其日常规律，资料客观、真实；三是适用性强，观察法无须语言沟通，对于无须语言交流的调查内容具有较强的适用性，对于存在语言交流难度的调查对象是一种简便、有效的调查方法。

观察法的缺点主要体现在：一是具有时空限制，调查者观察到的是特定时间、地点下社会现象的表面显现和外在联系，具有一定偶然性；二是由观察法获取的表象信息，较难阐释社会现象的深层次原因、态度、动机等问题；三是观察法需要依靠实地观察条件，大多适用于对一个或几个典型单位进行小规模的社会调查，并仅限于对不涉及隐私和秘密的社会现象进行调查；四是观察法需要调查者具备良好的业务素养和敏锐的洞察力，调查结果很大程度上依赖于调查者的主观状态，而由观察法获取的调查结果也多用于进行定性研究，对其调查数据进行量化处理存在较大难度。

（2）观察法的类型

总体来看，观察法有五种分类方法。

一是按照是否存在人为干预影响可分为自然观察和人工观察。自然观察是指对调查对象不施加任何控制性要求，在自然状态下获取调查对象在日常生活工作中所展现的真实、典型的外部表象信息。人工观察也称为实验室观察，是指调查对象在施加人工控制的环境中，考察其收到某种或多种因素影响下的行为表现，用以确定各影响因素与行为的因果关系及其关联强度。

二是按照观察对象状况不同可分为直接观察和间接观察。直接观察是凭借调查者的感觉器官，对现场正在发生的社会现象进行观察，从而获得感性资料的方式[11]，其获取资料直观、生动、易于形成整体认识，但其信息收集能力受到调查者自身能力的限制较为明显。而间接观察是对过去发生的且当前已经物化的社会现象进行观察，例如自然物品、社会环境、行为印记等，以此来间接反映调查对象的状况和特征的方式[11]。

三是按照标准化程度可分为结构性观察和非结构性观察。结构性观察是根据调查目的事先设定调查项目和要求，具有明确观察程序和记录方法的观察，如表4-1所示。其有利于对调查数据资料进行标准化处理，适宜开展量化分析和对比研究，主要适用于对特定行为和特征的观察。而非结构性观察简便易行、机动灵活，只需

结构性观察记录表示例　　　　　　　　表4-1

居民\时间段（分钟）	0~5	5~10	10~15	15~20	20~25	25~30	30~35	35~40	40~45
S_1				√					
S_2	√								
S_3					√				
S_4								√	
S_5							√		
S_6					√				
...									
S_m		√							

设定观察总体目标、要求和大致的观察范围，不设定统一的调查项目和明确的观察程序，亦无记录表格，整体标准化程度较低，资料收集缺少系统性，难于进行量化分析和对比研究，主要适用于对情景环境、事物动因、社会行为等进行调查。

四是按照调查者的参与方式和程度不同可以分为完全参与观察、不完全参与观察和非参与观察。所谓参与观察是调查者为了实现调查目的而在某一时段进入被调查群体或环境中进行观察，持续记录群体和其中个体行为的观察方式。其中，完全参与观察是指调查前不必使用特定假设，调查者完全隐匿自己的身份或者改变自己的身份，作为被调查群体中的真实一员完全进入角色，浸入被调查群体之中进行调查，常用于收集完整和具有深度的数据资料。不完全参与观察是指调查者不改变自己身份，但其身份对调查群体公开并被调查群体所接受，只在调查时进入被调查群体之中开展调查，对于获取隐秘或者细节材料存在难度。非参与观察是指不影响被调查者正常活动，调查者以旁观者身份，不进入被调查群体，也不参与被调查群体任何活动，全部置身于其外而进行的观察。

五是按照不同取样方式可以分为时间抽样观察和事件抽样观察。时间抽样观察是指调查者根据拟定的调查维度，在某一个特定时间段之内观察某一特定行为，主要对行为发生的时刻、时长、频次等进行观察，适用于观察发生频率较高且具备外显特征的社会现象。事件抽样观察是指调查者事先确定所希望调查的特定事件和行为，然后记录其实际发生的全貌情况，包括行为的发生背景、原因、变化、终止等。

4.3.2 观察法的基本程序

观察法的应用具有明确的目的性，需要按照明确的过程和步骤开展，主要可划分为以下三个操作阶段。

（1）调查前准备

1）确定观察目标

观察目标，即观察落点，其选择取决于调查任务和调查目的。观察目标既可以是活生生的"人"及其行为，也可以是固定且无意识的物质形态与环境。如需观察目标较多或者集中于同一时段出现，则应当确定重点观察的对象，并匹配较多观察时间和精力。

2）确定观察内容和范围

观察内容涉及三个方面：一是要观察对象静态特征，如角色、地位、身份等，确定是否构成群体；二是要观察承载人及其行为的自然条件和社会环境，其对于观察对象的活动具有较大限定和制约作用[6]；三是要观察调查对象在自然条件和社会环境中的活动和行为，即当调查对象为人时，需要观察其行为特点、言谈举止、情绪展现等,并由此深入观察了解活动和行为的目的与动机;四是要事前预判并在调查中观察影响调查对象的各种因素。

3)确定观察方式

观察方式的选择与观察目标、内容、对象行为特征、期待获取的数据类型、所具备的观察条件等方面密切相关,可按照观察者参与观察活动的程度、观察对象的状态、期待观察结果的标准化程度进行合理选择。

4)确定观察时间

存在于城市社会中的各类现象和事物呈现为动态发展状态,并与周边现象和事物存在联系。在不同时间和场合下,针对同一观察对象会得到不同的观察结果,所以观察宜选择对象行为表现和特征显现最为充分的时间和时段。

5)确定观察记录技术

与访谈法和问卷法不同,观察对象的行为具有转瞬即逝的特点,对于记录技术有更高的要求。一般来说可以采用三种主要记录技术。

一是利用观察卡片,需预先设计好观察卡片,卡片没有统一格式,但是在内容设定上类似于标准化问卷,事先列明需要观察的项目,以及不同项目可能出现的不同情况,可根据观察到的实际情况及时进行选择和记录,便于提高记录速度和质量,并有利于对观察结果进行定量化处理(图4-2)。

社区公共空间活动观察卡片			
观察地点:_____ 观察日期:_____ 观察内容:_____			
项目	活动时长	具体人数	备注
散步			
闲坐			
健身			
聊天			
其他			

图4-2 观察卡片示例

二是利用现代化记录工具,例如录音、录像、计数器等进行记录,同时辅以高倍望远镜、红外影像识别等现代化图像识别工具,可以有效保证调查数据的完整性和真实性,同时也可有效避免观察活动对被调查者的干扰。

三是利用速记方法,用简单的语句或者简易的符号进行记录,事后及时补充,确保信息完整。如果遇到容易引发不必要猜疑等不便记录或者时间紧张的情况,应集中精力现场记忆,并采用事后尽快追忆的方法,及时进行记忆补录,防止信息资料丢失。

6)确定观察记录方法

由于观察对象行为转瞬即逝,所以为获取全面、具体、详细、系统的调查数据,应在调查前根据拟选择的记录技术来合理设计记录表格、熟悉观察编码体系及编码规则,从而确保记录的速度与内容质量。常用的记录方法包括:是非式,直接针对拟定是非选项标记对错;代码式,用事先确定的数字或符号标记观察到的对象行为;频率式,记录观察对象行为或现象出现的频次等。

(2)实地观察

第一,需要根据调查所需收集的资料在内容、数量、深度、经费支持程度等方面的要求,选择能够被观察对象接受且隐私能得到保护、法律法规允许的地点进行观察。地点选择应遵循相关性和方便性原则,相关性是指选择与调查内容直接相关的社会现场,而方便性是要求现场应便于进入和进行观察。可以根据已知情况对拟选择的多个观察地点进行事先考察,再针对调查的特殊要求进行选定,如有必要可与调查地点的相关负责人取得联系。

第二,获取观察准入许可并采用最佳方式进入观察地点是顺利开展观察的基本保证。因为不同观察地点的对外开放度不同,所以观察者应秉持明确可信的调查理由,并说明调查目的和意义。同时,应利用一切合理手段和渠道,如采用出示介绍信或者由"熟人""中间人"引介带入等方式实现准入,并请"熟人"和"中间人"借助自身威望进行适当解释说明,积极创造有利于调查开展的环境,获取被观察者支持和配合。

第三,在进入调查现场后,应选择最佳观察位置,并具备良好的光线条件;同时,应不影响被观察者的常态化行动。观察调查应当尊重被调查者的风俗习惯、生活方式、禁忌喜好、服饰打扮、宗教规定等方面的习惯和要求。如果采用外部观察,最好不让被观察者知晓;如果是内部观察应尽量获得被观察者信任,打成一片,防止产生戒备心理,便于充分获取信息,但应注意的是信任建立往往需要时间过程,也需要借助一定机会,所以内部观察往往历时较长。

第四,在实地观察的过程中,应当将观看、聆听、发问、思考并重,确保信息收集深度与广度。记录应在合适的时间和场合开展,并做到及时、准确,确保数据分析的资料完整度。在当地当时进行数据记录最为理想,以避免记忆偏差。如果涉及数据量较大,所涉及的调查分支资料过多、过杂,应在记录的同时注意编制分类索引,以便信息查阅。

第五,在结束实地观察时,应当向调查对象及调查相关部门致以谢意,为观察活动进行收尾。如需进行补充调查,应在此时作好铺垫,事先打招呼并持续与调查对象和相关部门保持联系。

（3）观察资料整理与分析

需确保观察资料得到充分收集，并对全部资料进行审查确保其有效性，进而基于此进行分类归档，用以对应说明不同的问题。确保资料的有效性需检视资料收集方法与程序的科学性；如采用多种方式收集资料，可对针对同一调查对象所收集的资料进行横向比较；如果观察有多个调查者参与，可横向比较各个调查者所收集的资料。

4.3.3 观察法应用的基本要求与技巧

（1）观察法应用基本要求

①调查者应秉持客观、中立、实事求是的调查态度和立场，不可带有主观偏见，更不可歪曲事实。观察应真实反映现实情况，展现事物和社会现象的本来面貌。

②调查内容需要通过观察能够感知到或者能够通过观察所知进行推测，同时所观察的现象和行为应具有重复性或者具有可预测性。

③观察的组织和实施应尽可能深入、细致，从多角度、多维度反映调查对象的全貌，以便于全面收集信息，并确保所收集数据的信度和效度。

④观察需符合法律和道德要求，切忌并防止违背被调查者个人意愿，暴露个人隐私，违反风俗习惯、宗教规定，以及法律法规的相关规定。

（2）观察法应用技巧

①观察法应选择具有较强典型性的调查对象和调查环境进行调查，能够反映该类对象与环境的一般情况，并注意合理选择调查时段；同时，注意群体活动和个别调查相结合，以便获取公开场合通过观察不宜了解的但又真实存在的情况。

②应尽量避免对被调查者活动和行为的干扰，并与被调查者建立融洽的关系，以便了解难以挖掘、弥足珍贵的资料，在条件允许的情况下，观察者应尽所能给予观察对象有效帮助。

③观察需要与思考密切结合，并基于此适时对观察方案进行合理调整。

④应选用合理的记录工具、记录方法、记录格式，以同步记录为主，以事后完善记录为辅。

⑤观察者的思想状况、兴趣爱好、价值观念、知识储备、性格特点等都可能影响观察结果。观察法调查适宜挑选具有观察信息收集经验并具备较强事业心和责任心的人员，事先进行必要的、针对观察内容的专门培训，以承担观察任务。培训应当要求观察者建立一丝不苟的工作态度，掌握具体观察知识和技术方法，提升对观察对象的感知能力，把握观察调查的关注要点，提升在复杂事物中获取关键信息的能力。

⑥观察需力求深入。了解城市社会必须深入城市社会，深入观察既可促进与被调查者建立信任关系，也可有效避免观察出现偏差，而深入观察需要时间的保证，所以应确保观察时间的持续性，并可结合多种方式同时进行观察。

4.4 文献法

4.4.1 文献法的概念与类型

所谓文献，是指人们用文字、符号、图像、视频等方式记录知识的物质载体[9]。没有知识内容的物质载体、存于头脑中或仅通过口头传递的知识都不可称为文献。文献有多种类型：文字类文献是指用文字记录的资料，包括图书、学术期刊、各类档案等，是最广泛的文献形式；数字类文献是指用数据、表格等数字形式记载的资料，包括各类统计表格、统计年鉴等[9]，作为城乡规划专业学生来说，对此类文献接触较多；图像类文献是指用图像形式记录社会现象的资料，包括图片、录像、照片等[9]，是城乡规划行业观察社会现实的重要记录手段与表现方式。

文献法，从定义上一般常被称为历史文献法或者资料分析法，是通过科学方法获取相关历史与现状的动态文献资料，从中提取有关调查课题的内容，并对此进行分析的方法。文献法被认为是城市社会调查的基础和前导。文献法的特点是基于已有的二手材料开展工作，而非收集原始一手资料。"一切真知都是从直接经验发源的"，但是人类对于现实世界的认知不能全部依赖直接经验，更大量的是需要通过文献来获得。

文献法的调查聚焦于收集四方面资料：一是与拟开展的城市社会调查相关的既有调研成果，通过了解已开展的相关研究，判断拟开展的城市社会调查的价值，避免进行重复调查和研究；二是与拟开展的城市社会调查有关的理论与方法，以便"站在巨人肩膀上"借助既有研究经验为提出研究假设、设计调研方案、选择调查方法等提供参考；三是拟调查对象的历史和现状，通过查找档案、书籍、统计表格、图像等，了解调查对象的经济、社会、文化、宗教等属性特征及基本情况，以便有的放矢，顺利推进调查；四是有关拟开展的城市社会调查的限定性信息，主要涉及与调查相关的法律、法规、政策等内容。

文献法的优点在于：一是突破了时空限制，有条件收集并研究跨越历史的文献资料；二是因为文献是通过文字进行记录，所以与调查者的主观感受和态度无关，不受任何调查者主观因素的影响；三是调查效率较高，花费同样的时间和成本，文献信息的获取量较其他调查方法多。同时，文献法的局限也较为显著：一是因文献资料是基于历史情况而撰写和记录的，所以无法及时反映当前的新问题和新现象，滞后于现实,所以在时效性方面存在缺陷;二是因文献多以文字方式呈现,所以缺乏生动性,需要调查者根据所需资料形式和要求进行加工处理;三是部分文献并不向社会公开,特别是涉及保密或关键核心技术方面的文献,所以在信息获取上存在一定难度;四是文献均为按照不同特定目的编制,所以难以直接用于拟开展的调查,需要通过大量相关文献的阅览与信息收集,才能保障调查开展所需。

4.4.2 文献资料收集的原则与方法

(1) 文献收集原则

第一,应秉持信息收集目标性原则,即围绕城市社会调查的目标与主题针对性收集对象文献,并从中提取有用的知识信息。

第二,应秉持信息收集科学性原则,即辨析文献信息真伪与可靠性,一方面须尽力探寻作为信息最初出处来源的原始文献,另一方面可尽力寻找知名学术文献或权威作者所著文献记载,有效提高数据采集的可靠性与权威性,保证研究信度。

第三,应秉持信息收集丰富性原则,在类型上兼顾文字类型、数字类型、图像类型文献,在开放度上兼顾公开文献和内部文献,在专业领域相关性上兼顾专业文献与非专业文献,在历史向度上兼顾历史文献与当代文献,提高调查实用性与时效性等。

第四,应秉持信息收集充沛性原则,确保在信息收集量方面达到城市社会调查信息收集的要求,规避收集片面或孤立的文献信息。

第五,应秉持信息收集及时性原则,及时收集与拟调查课题有关的最新信息、最新发展、最新面向,及时收集、及时研究、及时利用并重。

(2) 文献资料收集方法

文献收集方法的核心在于如何查找相关文献,主要包括著作、论文、档案三类,具体可利用以下几种方式和途径获取。

①著作类文献来源主要是线上、线下图书馆,学术机构专用资料室等,如果前往线下图书馆可先期在网上登录图书馆网站进行查询,确认文献在馆信息。

②论文类文献主要来自论文文献检索网络平台,例如,国内文献可通过中国知网、万方等进行搜索,国外文献可通过 ProQuest 搜索硕博论文数据,通过 Springer Link 与 Social Science Index 等搜索科技期刊文献。

③档案类文献主要利用各级档案馆进行查询,档案馆保存有本级各机关、团体及其所属单位具有长期和永久保存价值的档案,特别是各种史志类和统计类档案。

此外,在文献收集过程中应根据调查主题对各种国际组织、行业协会、各级政府机构、经济社会信息部门的年度公报与专业资料等进行及时收集。

4.5 网络调查法

1980年代以来，伴着计算机的出现和普及，计算机逐渐成为社会调查工作中重要的工具。互联网的发展促进社会进入网络经济时代，在传统调查方法与互联网的结合下，1990年代后期网络调查逐渐出现并发展[4]。1999年10月16日，北京零点专业市场调查公司与爱特信搜狐网络公司正式携手成立搜狐零点网上调查公司，共同拓展网上调查业务，这是我国社会调查正式步入"网络时代"的标志[4]。自此，网络调查逐渐被社会广泛接受并迅速发展起来。

网络调查是指调查者利用互联网收集和掌握信息的一种调查方法。由于该方法是借助于互联网进行调查，因此互联网技术和计算机技术的发展对网络调查产生着直接的影响。网络调查不仅是一种方法、技术、手段、平台，而且是一种全新的服务模式，拥有良好的发展前景。

按照不同技术方法，网络调查法可以分为网站法、电子邮件法、在线访谈法、搜索引擎检索法等[4]。

①网站法。将调查问卷上传到网络，被调查者自行填答后经网络提交，传回至调查者。根据在网上的放置方式不同，可分为公开网站和不公开网站两种，其区别在于对登录网站人员是否存在限定。

②电子邮件法。通过向被调查者发送电子邮件的方式，在被调查者填写完成后以邮件的形式反馈给调查者，从而收集调查资料。

③在线访谈法。调查人员利用Zoom、腾讯会议等网上会议室，针对相关问题组织被调查者进行交流和讨论，从而获取相关信息。

④搜索引擎检索法。利用公开或专用网络的搜索服务功能，输入关键词获取资料，或通过登录政府部门或行业网站收集相关资料和数据。如百度指数就是当前获取数据的一种较为常见的网络调查方式。

网络调查法的优点主要体现在城市敏感问题方面，有助于减少社会合意性偏见，且完成问卷和调查的速度较快，网络问卷视觉效果更好、互动性更强。其主要缺点在于调查对象群体受到限制、网络调查的安全性存在控制难度等方面。

4.6 手机工具调查法

如今在城市社会调查领域，手机不仅是一种通信工具，更成为一种可随身携带的数据获取终端和信息处理平台。传统的数据收集基于问卷、访谈等方式，所得数据可能受到被调查者的回忆准确性、填写态度等影响，且存在调查成本高、样本容量小、数据收集时间长、更新周期慢、调查范围有限等问题。但由于手机工具本身具有持有率高的特点，利用手机获取的调查数据具备了连续、及时、准确等优势，被调查者不能干预手机数据的采集，数据还可以持续更新，调查范围也可以按照需求灵活选择。常见的利用手机工具来获取城市社会调查数据的方法，包括利用手机发放问卷星获取问卷数据的方法，以及通过运营商、软件供应商获取手机数据的方法等。

①在线问卷系统调查法。目前，通过网络在线调查网站或系统进行问卷调查的方法，正在逐步弥补传统问卷法存在的成本高、样本量小等缺陷。常用的问卷系统有问卷星、腾讯问卷、乐调查等。以问卷星为例，该平台是一个可供进行在线问卷调查、考试、测评、投票的平台，能够满足调查人员进行在线设计问卷、采集数据、自定义报表、调查结果分析等调查需求（图4-3）。与传统问卷法相比，问卷星具有快捷、易用、低成本的特点，在城市社会调查领域中被广泛使用。

图4-3 问卷星

②手机数据获取法。手机数据是手机使用者在使用过程中产生的大量位置、时间以及相关用户特征等信息数据。通过手机数据，可以获得某匿名用户在某一时刻的位置，或者随时间发生的移动情况。手机数据根据来源可以分为手机信令数据和应用数据。手机信令数据主要包括计费的话单数据以及非计费的手机开关机、定时位置更新等信息。应用数据主要是指智能手机安装的包含定位信息的应用软件向服务器端发送位置变化的信息，该数据可以从软件供应商处获取。在手机大数据研究中，手机信令数据的应用更为广泛。信令数据覆盖全面、精细程度较高，在城市空间研究中日益受到重视。在城市社会调查中可应用信令数据开展居民行为特征分析、交通特征分析、城市空间结构分析、职住平衡问题分析、城市动态监测和评估、城市空间利用效率评估等。

参考文献

[1] 董海军. 社会调查与统计 [M]. 武汉：武汉大学出版社，2009.

[2] 罗清萍，余芳. 实用社会调查方法与技能训练：从选题到实施的工作过程 [M]. 北京：经济管理出版社，2013.

[3] 风笑天. 现代社会调查方法 [M]. 武汉：华中理工大学出版社，2005.

[4] 陈慧慧，方小教. 社会调查方法 [M]. 合肥：中国科学技术大学出版社，2019.

[5] 范伟达，范冰. 社会调查方法 [M]. 上海：复旦大学出版社，2017.

[6] 张蓉. 社会调查研究方法 [M]. 北京：知识产权出版社，2016.

[7] 聂平平，冯小林，汤舒俊. 社会调查理论与实践 [M]. 南昌：江西人民出版社，2016.

[8] 苏永明，张首芳，白日荣. 简明社会调查方法 [M]. 北京：科学出版社，2017.

[9] 吴增基，吴鹏森，苏振芳. 现代社会调查方法 [M]. 5版. 上海：上海人民出版社，2018.

[10] 陈前虎，武前波，吴一洲，等. 城乡空间社会调查——原理、方法与实践 [M]. 北京：中国建筑工业出版社，2015.

[11] 侯典牧. 社会调查研究方法 [M]. 北京：北京大学出版社，2019.

第 5 章

城市社会调查数据整理

【本章要点】

数据整理主要包括数据审核、编码、录入、清理和结果输出五个部分。

数据审核包括现场审核和系统审核两种方法。

数据编码依据调查资料的形式,分为问卷资料编码和其他资料编码,其中问卷资料编码主要针对封闭式问题、开放式问题和量表应答式问题,而其他资料编码则主要针对文字、图片、录音以及影像等记录材料。

数据录入主要包括人工输入、计算机辅助系统转换和光电输入三种方式。

数据清理主要针对三类数据,即缺失数据、异常数据和重复数据。

常用的缺失数据插补方法包括均值插补法、回归插补法、EM 算法插补和多重插补法,异常数据统计判别方法包括简单统计分析、3σ 原则和格拉布斯准则。

数据的可视化结果输出常以统计图和统计表的形式呈现。

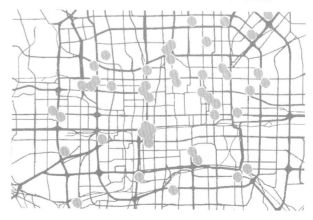

数据整理工作是数据统计分析的基础，是城市社会调查研究阶段工作的正式开始。经城市社会调查所收集的原始资料，往往是粗糙、零碎的，并不能直接作为调查结论的依据，需对其进行检验、整理和统计分析。数据整理就是根据调查研究的目的和任务要求，对收集到的资料进行审核、编码、录入、清理和图表输出等一系列工作，以确保数据的准确、真实和完整，并以图示和表格等方式来反映调查对象总体情况的过程。

5.1 数据审核

数据整理首先是对数据进行审核。审核是指研究者对所得资料进行审查的过程。审核的目的在于通过检查资料，及时发现问题并校正，以确保数据的有效性，为之后的工作奠定良好的基础。

原始数据的审核工作主要是检查其完整性、真实性和准确性。完整性审核主要是检查是否对调查对象全部进行了调查，所填写问卷是否完整，所有的调查项目或指标是否完整；真实性审核主要包括检查数据自身的真实性，通过实地调研的数据也依然会存在虚假信息，研究者必须通过自己的专业判断，辨别数据的真伪，舍弃与生活常理相悖或前后矛盾的数据，以及检查调查数据来源的客观性，即调查数据确实是调查者经调研所得而不是主观杜撰的资料；准确性审核是指检查描述不具体、答案与问题矛盾等数据，调查过程中经常出现错填、笔误等现象，从而导致数据不准确。

除原始数据外，研究者在研究过程中也经常会采用已有的他人的数据，即二手数据。二手数据相比较来说能较容易得到,但二手数据其本身也存在问题,也需要对其进行审核。审核内容主要包括两个方面:一是适用性审核,即所参考的数据是否符合研究的需要,研究者需了解数据的真实来源及有关的背景材料等基本信息;二是时效性审核,即尽可能选择最新的调查数据进行研究,以适合于自己现阶段的研究内容。

数据审核的过程主要包括两个阶段:一是检查调查资料中的问题;二是对发现的问题重新向被调查者核实[1]。对原始数据的审核主要有两种方法:现场审核和系统审核。

5.1.1 现场审核

现场审核是指在实地调研的过程中同步进行数据审核,在完成调查资料后,就对调查数据进行审核,一旦发现存在数据异常或遗落等问题,应及时询问被调查者,核实情况。

例如:在某开放社区开展"公共空间使用情况调查",针对疫情下居民的公共空间活动需求进行问卷调查,该组调查员每天在固定的时间段分赴所选取的调研小区,向被调查者发放问卷,并在其填写完成后收回问卷,此时调查者在现场进行审核工作,查看有无错填、漏填或者其他疑惑的情况,然后及时向被调查者核实,这样在问卷调查结束时,审核工作也全部完成。

现场审核的优点是有利于提高调查数据的准确性,且数据审核较及时,当城市社会调查工作全部结束时,数据审核工作也已完成。但现场审核对于调查员处理各种异常情况的能力要求较高,同时资料收集工作的组织和安排需要特别仔细,且会延长现场调查的时间,在一定程度上会影响收集资料的进度。

5.1.2 系统审核

系统审核是指先将资料全部收回,然后由调查的组织者集中时间进行统一的、集中的审核。主要工作是检查问卷中有无回答错误、调查员是否作弊等问题,如有问题可以通过回访或者电话、信件确认等方式,向被调查者核实情况。

在上述现场审核所介绍的例子中,如需要采用系统审核的方式对问卷资料进行审核,则应该统一发放调查问卷,在被调查者填写完成后,统一收回,并在当天晚上或者尽早在其他时间进行系统审核。

系统审核的优点是研究者可以统一组织资料的审核工作,与现场审核相比,该审核较系统,在统一标准下进行,可在一定程度上提高检查质量。但相应的审核周期也会变长,使得个别数据因时间问题而无法核实[1]。因此,可以在当天调查工作结束后,及时对所收集资料进行整理、审核,以完善调查数据。

在实际的城市社会调查中最好采用现场审核,因为现场审核的成本相对较低,且较容易找到被调查者,如果调查地点较远,则系统审核的可行性是比较低的。有时也常常将两者相结合,以便于提高数据审核的质量[2]。

5.1.3 数据复查

原始数据的复查是指在结束初次调查与审核工作后,对所收集到的资料,按照一定的方法,随机抽取一定比例的个案进行二次调查。复查的目的是检查第一次调查的质量,确保数据的真实、准确。

数据复查的做法为:由研究者或其他调查员,在所收集的资料当中,随机抽取5%~10%的个案进行重新调查。一方面核查调查资料是否由调查员实地调查所得;另一方面可对比前后两次调查结果,以检查第一次调查的质量[2]。在通过临时招聘调查员进行的城市社会调查当中,复查数据的真实性是非常有必要的。

但是需要注意的是,复查工作并非适用于所有的城市社会调查工作,因复查工作是根据被调查者的姓名、性别、家庭(工作)住址等基本信息进行复查的,对于缺少上述基本信息的调查资料,是无法进行复查工作的。为了能顺利进行调查数据的复查,研究者在开始正式调查工作之前,就要考虑到后期的复查工作,需提前准备好便于复查的条件[2]。例如,对某片区居民活动情况的调查,可选择该片区中的某几个小区,并自行记录楼号,将不同小区调查资料区分开,则复查时就可以直接对某小区的居民进行随机抽取,继而进行复查。

5.2 数据编码

在对调查资料进行审核之后,需要将其具体内容转化为计算机语言,便于后期录入计算机进行分析,因此该阶段即是对数据进行编码。编码就是用计算机可识别的数字符号代替调查资料中的信息[1]。编码的过程有利于提高调查资料的录入效果及分析效果,并便于资料的存储和检索。

经城市社会调查所收集到的资料大致可以分为两类:问卷资料和其他资料。问卷资料是通过问卷调查所收集到的调查资料,而其他资料则是以文字、图片、录音以及影像等表达形式呈现的记录材料,主要通过访谈、观察、文献、网络等调查方式所获得。

5.2.1 问卷资料的编码

经问卷法调查所获得的资料大多是数字资料,但也包含一些非数字资料,例如性别、文化程度、婚姻状况等,这时就需要对数据进行编码处理。在对调查数据进行编码之前，必须事先制订好计划和统一的规则。编码工作主要是建立编码表（也称编码手册），编码表是一种代码的说明表格，记录着每一个数字代码的实际意义，在调查数据较多时，会导致数据编码的工作比较繁重，可能需要很多人来共同完成。而编码表的作用就是提供一套完整且标准化的编码程序，编码工作人员按照编码表的要求，对问卷资料中的信息进行统一编码，以减少错误，确保数据的准确。一般在正式调查前，可以通过 50 份左右问卷，在小范围内对编码表进行测试，以方便修正编码表。表 5-1 为编码表的示例。

编码表示例　　　　　　　　表 5-1

栏位（列数）	问卷题号	变量编号	变量名称	变量标签	变量数值	变量数值标签	缺失值
1-4			ID	问卷编号	0000~9999		
5	A1	1	GENDER	性别	1	男	9
					2	女	
6-8	A2	2	AGE	年龄	000~999		999
9	A3	3	INCOME	年收入状况	1	3万以下	9
					2	3万~8万	
					3	8万~15万	
					4	15万以上	
……	……	……	……	……	……	……	……
15	B1	8	DESTINATION	出行目的地	1	公园	9
					2	市场超市	
					3	其他娱乐设施	
16	B2	9	CONDITION	住宿选择条件	1	价格	9
					2	卫生状况	
					3	地理位置	
					4	安全系数	
……	……	……	……	……	……	……	……

表中"栏位"是指某个变量在表格中所占的列数，它根据变量数值的位数确定，假如"问卷编号"变量，有 1000 份问卷，则需要四列，而性别变量的数值只有一位，则一列即可；"问卷题号"是指问卷中各个问题的编号；"变量编号"是指变量按顺序排列的编号。变量编号与问卷题号的排列顺序相同，但不一定完全一致，在调查问卷由几个部分构成时，每个部分的问题分别由 A、B、C 等序号进行顺序排列，而

变量编号则是按前后顺序，从 1 开始排列[3]。

"变量名称"是指所需要分析的变量的名称，变量名称应与问卷的问题一致，以便于研究者通过变量名称了解问题内容，且各变量名称必须根据计算机软件的要求，确定有效的变量名，一般使用英文字母，以便适用于较多的统计软件；"变量标签"是指对变量具体含义的解释说明。

"变量数值"是指赋予每个问题选项的代码，与每个问题的选项一一对应，不能重复或遗漏，这是编码手册中最重要的内容；"变量数值标签"是对变量数值具体含义的解释说明。

"缺失值"是对问卷中出现的未回答情况给出的编码，通常用 9、99 或 999 等数值代表缺失值。在调查过程中要尽量避免出现无回答的情况，以免引发不必要的问题。

根据问卷设问的表现形式，本节将从封闭式问题、开放式问题和量表应答式问题三个方面进行编码的解读：

（1）封闭式问题的编码——预编码

对于封闭式问题的编码，因为该类问题的答案是事先设定好的，则可以在设计问卷的过程中，对每一个问题的答案都指定好其对应的编码值，并列在问卷的右侧或上方，称其为预编码。

该类型问题的编码，只需要将被调查者在问卷中所选择的问题答案对应的数字序号录入计算机即可，便捷有效。当问卷中的答案是数字时，如被调查者的出生年月，则可以直接将答案录入计算机内。

1）单项选择题

单项选择题需要从研究者所提供的众多答案中选择其中的一个，对单项选择题的编码为：一个答案设置一个变量，并以整数设置代码值。如表 5-2 所示，一般是直接根据答案的顺序，以相应的数字作为其代码值，如出现以 A、B、C 等字母表示答案选项时，按照前后顺序对其进行编码即可，为便于编码工作的进行，最好不要用字母表示，可直接用阿拉伯数字表示每一个答案，但需要强调，此类代码值的作用只是作为不同答案的分类标识，不能进行运算。

单项选择题编码示例　　　　　　　　　　　表 5-2

问题	答案	编码
A1. 您的性别是：	（1）男　　√（2）女	2
A2. 您的年龄是：	（1）小于 18 岁　（2）19~35 岁　√（3）36~55 岁　（4）56 岁以上	3
A3. 您的年收入状况是：	（1）5 万以下　（2）5 万 ~10 万（3）10 万 ~18 万　√（4）18 万以上	4

需强调的是，对于"您的年龄是：32周岁"该类填空题来说，可以直接作为单项选择题看待，可直接赋予该答案的值为其编码，即该题年龄的编码为32。

2）多项选择题

多项选择题的编码由该题的备选答案数量来决定，存在多少个备选答案，就有多少个变量，每个备选答案的预编码就是相应变量的代码。多项选择题根据题设的不同分为两种，规定选择个数的题和不规定选择个数的题，被调查者需要根据题目要求，在备选答案中选择相应的答案。不论哪种多项选择题，其编码都有两种形式。

第一种是采用每个答案所对应的数字作为代码值，同上述单项选择题的编码类似，如表5-3中的A4题，选择了"方便居民生活，提高生活水平""提升东四历史街区文化品位"两项，则其对应的编码为1和3。

第二种是采用"0，1"代码进行编码，是通过借鉴社会统计学中虚拟变量的概念对其进行编码。即如果回答者选中了某一项，其代码值则为"1"；没有选中的答案，其代码值为"0"。那么采用该类编码方法，A4题的编码则为"1，0，1，0，0"。

多项选择题编码示例　　　　　　　　　　　　　表 5-3

问题	答案	编码
A4. 您为什么支持上述商业进入东四地区（可多选）：	√（1）方便居民生活，提高生活水平 （2）增强东四历史街区对游客的吸引力 √（3）提升东四历史街区文化品位 （4）提升东四历史街区活力 （5）其他（请说明具体原因）	1，3

上述介绍的这两类编码方法，均适用于多项选择题的编码，但在能确定选择个数的题中，第一种方法更方便一些，在不能够确定个数的题中，第二种方法更便于编码过程的操作。因选择个数不确定，很难确定需要预留的编码位的数量，如直接采用"0，1"的编码形式，则编码位数量即可确定，可直接对其进行编码。

3）排序题

排序题的编码是采用每个答案所对应的数字作为代码值，以表5-3中A4题为例，题中如果要求被调查者选出3项认为商业进入东四历史街区的原因，同时要求其根据选项的重要性进行排序，如果被调查者的回答是"提升东四历史文化街区文化品位；方便居民生活，提高生活水平；提升东四历史街区活力"，则从该题的答案中可知，这三项答案所对应的代码值分别为"3，1，4"，那么这一问题的编码就记为"3，1，4"。

4）矩阵题

矩阵题的编码同单项选择题的编码一样，选择其每个答案所对应的数字作为代码值即可，比较简单。

（2）开放式问题的编码——再编码

开放式问题由于事先并不知道答案，所以需要对其进行"再编码"。"再编码"是对所有回答进行重新归类分组，给每一类回答制定一个代码，将其转变为数字，再录入计算机。

开放式问题的编码，是先对问题选项或答案内容相同、相近的情况，进行归类、合并，再赋予每个答案唯一的编码值。不同的编码值不能表示相近的内容，如1—方便、4—便捷，那么有关"便利性"该答案可以编成1或者4，此时要重新归纳编码表，控制其编码，以便于后期的数据处理以及分析。如表5-4所示，先对答案进行汇总，再将类似的答案进行合并，并记录好次数，最后再按照顺序进行编码。

开放式问题编码示例　　　　　　　　　　表5-4

问题	答案（合并后）	次数	编码
A5.您不想继续在东四历史街区经营的原因是什么？	周边竞争压力大，收益不高	5	1
	受该地区保护规定限制，难以达到经营要求	8	2
	店铺经营类型与该地文化街区不符合	2	3
	个人或家庭情况变动	6	4
	来消费的游客较少	10	5
	游客对该类店铺的需求较低	4	6
	……	……	……

（3）量表应答式问题的编码

量表的编码种类有很多，李克特量表是评分加总式量表最常见的一种，本教材仅以李克特量表为例，其他形式的量表可以类推。李克特量表于1932年由美国社会心理学家李克特提出，是一种心理反应量表。该量表要求被调查者表明对每一个问题同意或不同意的程度，通常有五个等级，也可采用7或9个等级。以五个等级选项为例，包括"非常同意、同意、不一定、不同意、非常不同意"五个回答，分别记为"5，4，3，2，1"（如从非常不同意到非常同意，则分数就记为"1，2，3，4，5"），各题的分数即代表每个被调查者的态度。

李克特量表有正向和反向两种表述方法，正向表述是指分数越高调查者越满意，而反向表述则正好相反，在同一调查中，要尽量保证采用同一表述方法。该类问题的编码宜采用预编码的形式，即提前对问题的答案进行编码，并在设置题设和答案时注意统一其方向，以便后期对其进行计算。例如，表 5-5 中列出的 A6、A7、A8 三个问题，是针对东四历史街区商业开发意愿的部分问题，分为 5 个等级，每行答案分别赋值为"1，2，3，4，5"，则 A6、A7、A8 的编码值分别为"4，3，4"。

量表应答式问题的编码示例　　　　表 5-5

问题	A 非常不同意	B 比较不同意	C 一般	D 比较同意	E 非常同意
A6. 您是否支持对东四地区进行进一步的商业开发？	1	2	3	4√	5
A7. 您是否支持上述类型商业进入东四历史街区？	1	2	3√	4	5
A8. 您是否认可现阶段东四历史街区的商业模式？	1	2	3	4√	5

根据对每个问题答案的代码值，可计算每一个被调查者的所有得分，对其进行加和，就得到了对东四历史街区商业开发的态度得分，分数越高则代表被调查者对东四历史街区的商业开发意愿越强，反之，则表明被调查者不支持东四历史街区进一步开发。

5.2.2 其他资料的编码

针对该类资料，也同样需要对其进行分类、编号，并记录以下几方面信息：①资料的形式（影像、文本、音频等）；②资料的来源（访谈记录、报纸、拍摄图片、录像、录音、音乐、绘画等）；③资料提供者的信息（姓名、性别、年龄等）；④收集资料的信息（时间、地点和情形等）。有关电子资料应该用专门的存储设备（U 盘、硬盘、光盘等）进行储存，而文本资料需进行详细编号、标上页码，并录入计算机内，以文档的形式保存，以便后续的分析工作以及储存。

5.3 数据录入

调查所得资料经编码转换之后，各调查资料都已转化为由 0~9 构成的数据，将这些数据输入计算机，建立数据库的过程即为数据录入。数据录入包括人工输入、计算机辅助系统转换和光电输入三种方法。计算机辅助系统转换和光电输入的录入方式准确性较高，但都需要使用与之配套的设备和软件，成本较高，且使用率较低[1]。人工输入方法比较简单，对设备要求也较低，是录入人员通过键盘打字的方式将编码转换后的数据逐一输入计算机内,其缺点是,当资料较多时录入速度较慢,且错误率较高。这里将重点介绍人工输入的方法,人工输入的方式主要包括两种:直接录入和转录录入。

5.3.1 直接录入

直接录入是将编好码的数据资料直接录入电脑的数据管理软件,通常采用 SPSS、Excel 等。例如,在 SPSS 中,点击"Data View(数据视图)"选项,就会生成一个数据录入窗口,如图 5-1 所示,横行代表各个问卷,纵列代表各个变量,各单元格代表具体内容,按顺序录入数据即可。

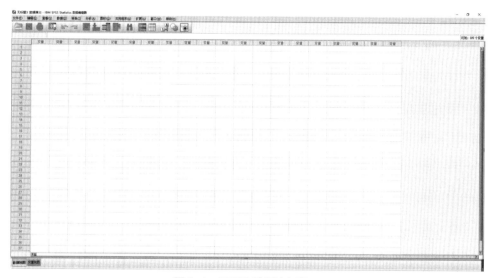

图 5-1　SPSS 数据输入窗口

在正式录入数据之前,研究者要给变量定义,定义变量就是定义变量的属性,把收集到的信息按照 SPSS 的规则,转化为 SPSS 能识别的格式,让录入与处理的每一个数据都有其相应的含义,从而录入 SPSS 软件中。通常,在问卷中所涉及的"性别、年龄"等概念都分别是一个变量,各个变量均具有自身属性。在 SPSS 中,变量的属性有:Name(名称栏)、Type(类型)、Width(宽度栏)、Decimals(小数位)、Label(变量标签)、Value(变量值)、Missing(缺失栏)等(具体各变量属性的含义以及如何定义,详见本书 6.1.2 章节)。具体做法是先点击"Variable View(变量视图)"切换到变量窗口,纵栏"1,2,3……"代表问卷中的每一个变量,横栏代表每一个变量的名称、类型、宽度、小数位数、标签、数值、缺失值等,对所调查问卷中的每一个变量根据其特征进行定义(图 5-2),定义好变量后,回到"数据视图"下,数据窗口(图 5-3)中纵栏的变量已变成刚刚定义好的变量名,如 ID、a1 等。

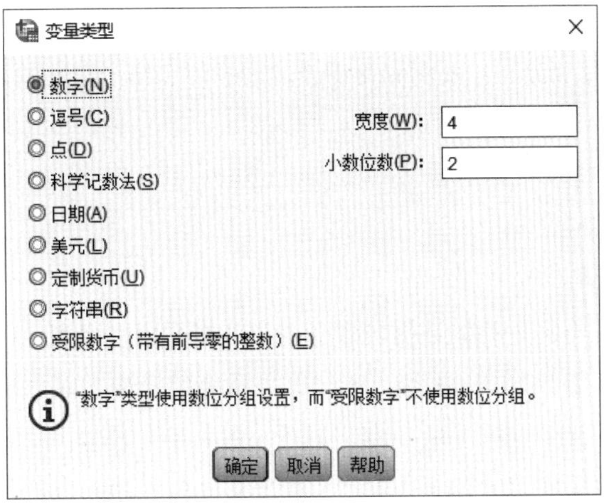

图 5-2 "变量类型"定义窗口

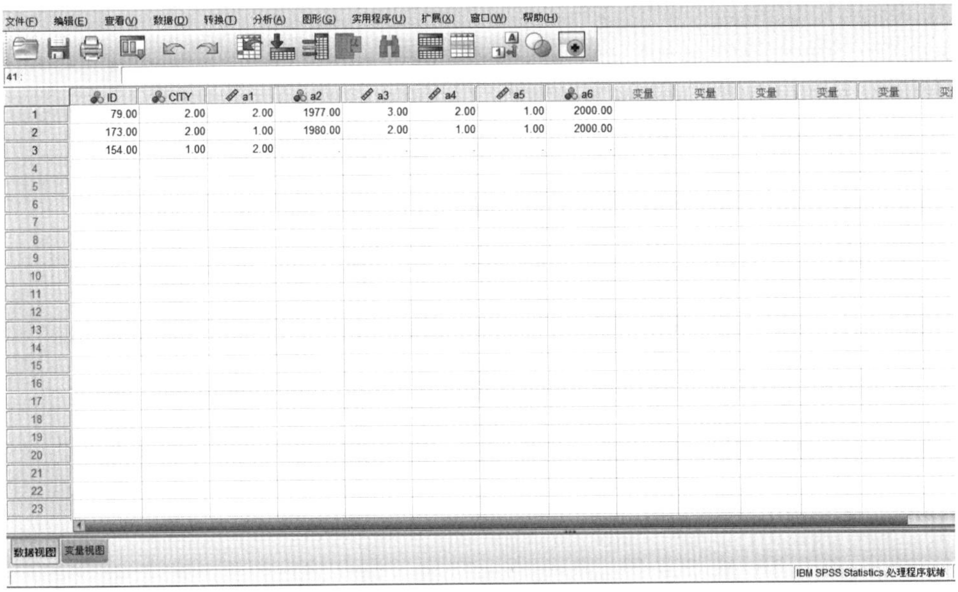

图 5-3 "数据视图"窗口

此时，就可以将问卷中的数据按顺序输入表格中，输入完整后，可进行保存，形成一个完整的数据库，便于后期进行数据分析[1]。

该方法的优点是，可以直接将问卷资料录入计算机，提高工作效率，但不足之处是，在数据录入过程中一定要十分耐心、细致，保证数据录入过程不出错，如果出现错误再返回翻查将会很麻烦。

上述方法是针对纸质版问卷资料等的录入方式，除此之外调查者也常利用问卷星等电子方式进行问卷调查，该方式省略了录入数据的步骤，可通过网络下载 SPSS 格式和 Excel 格式的数据，用于后期的数据清理和分析阶段。两种格式的数据均可用，但 SPSS 格式常出现乱码现象，可选择"按照选项序号下载"导出 Excel 格式数据，再导入 SPSS 进行后期分析。在问卷星中设计问卷时，每个答案的序号最好采用"1，2，3"等阿拉伯数字的形式，而非"A，B，C"字母的形式，这样所导出的数据代码即可以与每个答案所对应的数字一致。

5.3.2 转录录入

转录录入是先将编好码的数据转录到专门的纸质版登录表上，然后再输入计算机内。通用的登录表是每张 80 列、25 行，登录表的横栏为问卷编号及变量名，并给定栏位数，纵栏为不同问卷的数据记录[1]，在填登录表时，只需将问卷在编码表中的代码或数字按顺序填入登录表即可，但当资料较多时可以将所有代码分成若干组，组与组代码之间空一格，将所有代码登录好之后，可以将其按照登录表上的顺序输入计算机，如表 5-6 所示。

数据登录表示例　　　　　　　　　　表 5-6

问卷编号				A1	A2				A3	A4	A5	A6	...
1–4				5	6–9				10	11	12	13	...
0	0	0	1	2	1	9	9	0	1	2	4	3	...
0	0	0	2	1	1	9	8	6	3	1	3	2	...
0	0	0	3	1	1	9	7	6	3	2	4	2	...
...	...	...	...	...	...	...	...	...	...	...	...	...	...
0	0	1	1	1	1	9	8	7	4	1	1	1	...
0	0	1	2	1	1	9	8	5	2	2	1	2	...
0	0	1	3	2	1	9	8	8	2	1	2	1	...
...	...	...	...	...	...	...	...	...	...	...	...	...	...

该方法的优点是，将问卷上的数据填入登录表后，再进行转录会比较容易，如果转录过程中发生差错，再进行核对也较方便。但缺点是在正式录入计算机前多了一个步骤，增加了出错的概率。

5.4　数据清理

数据资料录入之后，形成了数据集，而录入过程中，势必会出现一些差错，如数据本身的缺失、人为导致的编码或录入过程出现的错误等。因此，在数据分析之前，需要清理数据，即在计算机的帮助下，对缺失数据、异常数据、重复数据进行清理，以修复有误数据，降低数据的出错率。

5.4.1 缺失数据处理方法

出现缺失数据的原因较多,可能包括:数据本身无法获取,导致一部分空值出现;因机器出现故障,导致数据收集不全;除客观原因外,还包括人为导致的数据缺失,如被调查者故意隐瞒或录入人员疏忽等。数据的缺失在很大程度上会影响分析结果的准确度,因此,采用恰当的方法处理缺失数据,可提高分析结果的准确性,进而达到预期研究的目的。

清理缺失值主要有个案剔除和可能值插补两种方法。

(1)个案剔除法

个案剔除法是处理缺失值最直接的方法,但在部分情况下并不适合采用该方法,原因在于:一是在缺失数据占比较大时,如超过10%,删除缺失数据将会严重扭曲数据样本特征,从而影响结论的可靠性;二是缺失数据集中分布于某一类或几类数据中时,删除缺失值即意味着该类中的数据样本特征消失,导致数据分类不准确,后期分析可能会出现较大误差。

(2)可能值插补

插补即通过某种适宜的方法,为缺失值找出一个合理的替代值,来补全数据集,减少因数据缺失所带来的误差,从而确保分析结果的真实性[4]。相对于直接删除缺失值而言,可能值插补是更加常用的缺失值处理方式,可保存数据中的重要信息,避免直接删除对数据造成的损失。基于不同数据缺失率条件的限制,有以下四种插补方法:

1)均值插补法

均值插补属于单一插补,即针对每一个缺失值只产生一个合理的插补值,并构成一个完整的数据集,再进行相应的统计分析。均值插补是依据所获取样本数据的平均值或众数来插补缺失数据[4]。

均值插补存在两种不同的形式,第一,缺失数据的属性是分类型数据时,用众数插补;第二,缺失数据的属性是数值型数据时,则用平均数插补,公式如下:

$$\bar{y}_1 = \frac{\sum_{i=1}^{n} a_i y_i}{n_1} \quad (1)$$

式中,$\bar{y}_1$ 为样本数据的均值,a_i 表示数据是否缺失,$a_i=0$ 代表数据缺失,$a_i=1$ 代表数据未缺失;y_i 为样本中各数值,n 为样本数据集的容量,n_1 为样本数据集中未缺失的容量[5]。

均值插补法在总体特征方面基本满足了估计量无偏的要求[5],运用均值插补处理缺失数据,提供了缺失值的良好估计,但由于该方法是运用均值替代缺失值,导致研究者人为提高了均值的概率,使其过于集中,导致方差和标准差均变小,样本分布扭曲。因此,在缺失率较低的情况下,均值插补仅适用于简单描述的研究,而对于精度要求高的需要方差估计的复杂研究来说并不适用[6][7]。

2）回归插补法

回归插补法也属于单一插补，它是以已存在变量为自变量 X_i，缺失变量为因变量 Y，以此来建立两者的回归方程如下：

$$y_k = \alpha_0 + \sum_{i=1}^{m} \alpha_i X_{ik} + \varepsilon_k \tag{2}$$

式中，α_0 表示该方程的截距，α_i 表示自变量对于因变量的回归系数。

在回归方程中，对于相同的自变量 X_i，通过回归插补法得出的估计值与均值插补的结果一致，即可能存在样本分布扭曲的问题，为了尽可能减少误差，需要在回归过程中给插补值增加一个随机因素 ε，对 ε 构建数据集。常用的做法为，根据方程（2）中的辅助变量 X_{ik} 对样本单位进行分层，计算各层中数据与均值的离差构成数据集 ε_k[4][6]。

运用回归插补法，可充分利用已存在的数据。且该方法适用于以下两种情况：样本数据集中各变量之间的回归关系显著时、回归方程中因变量与自变量高度相关时[4]，在这两种情况下，回归插补的效果最好。

3）EM 算法插补[4]

EM 算法是在 1977 年由 Dempster、Laind 和 Rubin 三人所提出，这是一种计算参数极大似然估计方法，也称最大似然估计法。该算法的原理是先将不完整数据补全，再进行估计，找到最合适的替代值。具体有两个步骤，E 步是求期望，是在已存在数据和参数条件下，求出缺失数据的条件期望，再利用该条件期望对缺失数据进行插补，得到完整数据集；M 步是极大化估计，在完整数据集下对参数进行极大似然估计。设定下列条件，便于分析[6]：

$P(\theta/Y)$ 表示参数 θ 基于已存在数据的后验分布；

$P(\theta/Y, Z)$ 表示添加数据 Z 后的关于 θ 的添加后验分布；

$P(Z/\theta, Y)$ 表示在参数 θ 和已存在数据 Y 一定时，数据 Z 的条件分布。

假设第 t 次迭代之后的后验分布参数 θ 的估计值为 $\theta^{(t)}$，则第（t+1）次迭代的两步为：

E 步：计算第 t+1 次迭代的期望，公式如下：

$$Q(\theta/\theta^{(t)}, Y) = E(\log p(\theta/Y, Z)/\theta^{(t)}, Z) = \int \log p(\theta/Y, Z) \cdot p(Z/\theta^{(t)}, Y) d_z \tag{3}$$

M 步：在上述迭代的 θ 中寻找一个值 $\theta^{(t+1)}$，使得下式成立：

$$Q(\theta^{(t+1)}/\theta^{(t)}, Y) = \max Q(\theta/\theta^{(t)}, Y) \tag{4}$$

反复循环 E 步和 M 步，直至 $\|\theta^{(t+1)} - \theta^{(t)}\|$ 或者 $\|Q(\theta^{(t+1)}/\theta^{(t)}, Y) - Q(\theta^{(t)}/\theta^{(t)}, Y)\|$ 充分小而停止循环。

EM 算法可充分利用已知数据，稳定、可靠地找到最合适的估计值。该方法适合于样本数据较大、计算难度较大时，且比较稳定，随着缺失数据占比的增大，估计值越接近真实值。

4）多重插补法[4]

多重插补是在1987年由美国哈佛大学统计系的Rubin教授提出，由单一插补发展而来，通过构建多个可能的替代值，来反映缺失值的不确定性。多重插补是一种用来插补进行复杂研究的缺失数据的方法。

多重插补具体有三个步骤：第一步，插补。为每个缺失值都构造 m 个可能的替代值（$m \geq 20$），从而产生 m 个完整的数据集；第二步，分析。用同样的方法分析每个完整的数据集，从而得到 m 个分析结果；第三步，综合。将得到的 m 个分析结果综合起来得到最终的替代值[6]。

具体方法如下：设 Y 是 $n \times m$ 矩阵，含有 m 个变量。Y 中已存在部分为 Y_{obs}，缺失部分为 Y_{mis}，则 $Y=(Y_{obs}, Y_{mis})$，Y 服从 (μ, ε) m 维正态分布，其中 $\mu=(\mu_1, \mu_2, \cdots, \mu_m)$，$\varepsilon=(\sigma_{JM})$。

①从待估参数向量 θ 中随机抽取向量 θ^*；

②在条件分布 $P(Y^*_{i(mis)}/Y^*_{i(obs)}, \theta^*)$ 中得 $Y^*_{i(mis)}$；

③设待估参数为 α，依据所构造的完整数据集 $(Y_{obs}, Y^*_{(mis)})$ 可得：

$$\hat{\alpha} = \hat{\alpha}(Y) = \hat{\alpha}(Y_{obs}, Y^*_{(mis)}) \tag{5}$$

插补间的方差 $U=var(\hat{\alpha})$

④重复上述3个步骤 M 次，得 $\hat{\alpha}_{(j)}$，$\hat{U}_{(j)}$，其中 $j=1, 2, \cdots, M$。

⑤综合以上结果，得多重插补参数 α 的估计值为：

$$\bar{\alpha} = \frac{1}{M}\sum_{j=1}^{M}\hat{\alpha}_{(j)} \tag{6}$$

插补内方差为：

$$U_1 = \frac{1}{M}\sum_{j=1}^{M}\hat{U}_{(j)} \tag{7}$$

插补间方差为：

$$U_2 = \frac{1}{M-1}\sum_{j=1}^{M}(\hat{\alpha}_{(j)}-\bar{\alpha})(\hat{\alpha}_{(j)}-\bar{\alpha})^T \tag{8}$$

则总方差为：

$$U_Z = U_1 + (1+\frac{1}{M})U_2 \tag{9}$$

⑥$F_0 = (\hat{\alpha}_{(j)}-\bar{\alpha})^T U_z^{-\frac{1}{2}}(\hat{\alpha}_{(j)}-\bar{\alpha})$，若假设参数 α 缺失数据中包含的信息量相同，则 F_0 分布近似于 F 分布。参数 α 的95%置信区间估计近似 t 分布。其中：

$$d=(M-1)\left[1+\frac{U_1}{1+M^{-1}U_{12}}\right]^2 \qquad (10)$$

⑦同时可以得到参数 a 缺失部分信息的估计 λ 为:

$$\lambda=\frac{\gamma+2/(d+3)}{\gamma+1} \qquad (11)$$

式中，γ 表示缺失数据导致的方差相对增量 $\gamma=\frac{(1+1/M)U_2}{U_1}$。

多重插补方法与其他插补方法相比，能尽可能地利用已存在的数据构建多个替代值，来反映缺失值的不确定性，同时能更贴近真实数据分布。

上述介绍的四类插补方法，每一种处理方法都有自身的优势和劣势，都存在一定的局限性。均值插补是所有方法中最容易实现的，操作非常简单，但无论单变量缺失还是双变量缺失，都是四种方法中插补效果最差的；回归插补法的效果则随着缺失率的增高而逐渐变低；EM算法插补在不同缺失率下都较稳定，缺失率越高效果越真实；而多重插补是四种方法中运算最难的，也是效果最好的，更适合于复杂的分析，如多变量、高缺失率时，且缺失率越高，估计值越接近真实值[6]（表5-7）。

在实际的调查工作中，研究者应根据缺失数据的属性，在多种插补方法中选用最适宜、最有效果的方法，同时，既可以单独使用某一方法，也可以综合使用某几个方法。

不同情况下四种插补方法比较　　　　　　　　表5-7

不同情况	方法
单变量、低缺失率	回归插补法、EM算法插补
单变量、高缺失率	多重插补法、EM算法插补
双变量、低缺失率	多重插补法、EM算法插补、回归插补法
双变量、高缺失率	多重插补法、EM算法插补

（3）不处理

除上述介绍的几种常见处理方法外，还有很多对缺失值的处理方法，但每一种方法都有其不足之处，那么研究者也可以选择对包含缺失值的数据直接进行分析，这样既节省了时间又减轻了工作量。因为有些数据分析或模型可以接受部分缺失值的存在。这类模型包括KNN（缺失值可以不参与距离计算）、各种决策树及其变体、随机森林、神经网络和朴素贝叶斯、基于值的距离所作的计算DBSCAN等[8]。但这种方法必然也不会是完美的，也存在其本身的缺点，当上述个案剔除法和可能值插补法都不是很实用的情况下，可以考虑使用"不处理"的方法。

5.4.2 异常数据处理方法

异常数据又称异常值，异常值是指数据集中存在不合理的值，又称离群点，常常是指一组数据里的个别值明显偏离该组数据的区域或范围。产生异常值的原因很多，可能是由于数据本身、人为录入失误等。异常值的存在，在一定程度上会降低该数据集的质量，进而导致最终的分析结果准确度降低，偏离正确结论。因此有必要找出异常值，分析其出现的具体原因，并对其采用适合的处理方法。如不能准确判定某数据为异常值，则不能轻易将其剔除，因为其很有可能是数据自身问题，具有典型的代表性，且具有重要意义，因此对该类异常数据应谨慎处理。

（1）判定异常值

处理异常值之前，需要通过一定方法找出存在异常的数据。判定异常值有两种方法：物理判别法和统计判别法。物理判别法是在已知数据异常的缘由下，根据自身认知查找并判断出由于人为导致或外界干扰等造成的异常数据。而统计判别法则是在物理判别难以判断时采用，且是在未知异常原因的情况下进行的一种判断，通过判断，超过随机误差范围的即被视为异常值[9]。统计判别法有以下三种：

1）第一种是简单统计分析，即对属性值进行描述性统计分析（常见限定范围），进而判定偏离规定范围的数值。例如，对"性别"属性进行异常值检测，规定性别的编码范围在 1 和 2，如果样本的性别编码不在该范围内，例如出现 5 这个值，则该样本判定为异常值，或者使用散点图也可以很清楚地观察到是否存在异常值。

2）第二种判定方法是依据 3σ 原则（拉依达准则），σ 是根据贝塞尔公式所求得的实验标准偏差[9]。从图 5-4 中可得知，距离平均值小于一个标准差范围内的数值，占比为 68.2%，而小于两个标准差范围内的概率为 95.4%，小于三个标准差范围内的概率为 99.7%。

该方法适用于服从正态分布的数据，根据正态分布定义可知，分布在平均值 3σ 以外的概率 $P \leq 0.003$，这种概率是非常低的，因此认定不会出现该类情况，即如果某样本分布在距离平均值 3σ 以外的范围，则可判定其为异常值。

具体方法为：计算已观测数据的平均值 $\bar{X}$ 和标准偏差 $\sigma = \sqrt{\frac{\sum_{i=1}^{n}(x_i - \bar{x})^2}{n-1}}$，将位于距离平均值 3σ 以外的数据剔除，剔除之后，再继续对剩余的数据重复上述步骤，直到所有数据均位于距离平均值 3σ 以内的范围[9]。

如若样本数据不服从正态分布，则可根据距离平均值 n 倍的标准差进行判定，n 的取值则视情况而定。

3）第三种方法是根据格拉布斯准则[9]，其也需要符合正态分布，当 $3 < n < 50$ 时，该准则的剔除效果最好。如表 5-8 所示，在概率 P 为 0.95 或 0.99 时，也即是在显著性水平 α 为 0.05 和 0.01 的情况下，检验数据 n 所对应的临界值。

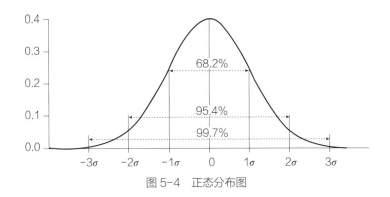

图 5-4 正态分布图

具体剔除方法为：计算已观测数据的平均值 $\overline{X}$、标准偏差 $\sigma=\sqrt{\dfrac{\sum_{i=1}^{n}(x_i-\bar{x})^2}{n-1}}$、残差 $d=|X_i-\overline{X}|$，残差最大值所对应的原始数据值即为可疑值 X_d，在显著性水平 α 为 0.05 或者 0.01 的情况下，如果符合该公式 $\dfrac{|X_d-\overline{X}|}{\sigma} \geq G(\alpha, n)$，则该可疑值被判定为异常值，在剔除之后，继续重复上述操作，直到不符合该准则时，说明该组数据已不存在异常值。

格拉布斯表——临界值 $G(\alpha, n)$　　　　　　表 5-8

n	α(0.05)	α(0.01)	n	α(0.05)	α(0.01)	n	α(0.05)	α(0.01)
3	1.135	1.155	13	2.331	2.607	23	2.624	2.963
4	1.463	1.492	14	2.371	2.659	24	2.644	2.987
5	1.672	1.749	15	2.409	2.705	25	2.663	3.009
6	1.822	1.944	16	2.443	2.747	30	2.745	3.103
7	1.938	2.097	17	2.475	2.785	35	2.811	3.178
8	2.032	2.231	18	2.504	2.821	40	2.866	3.240
9	2.110	2.323	19	2.532	2.854	45	2.914	3.292
10	2.176	2.410	20	2.557	2.884	50	2.956	3.336
11	2.234	2.485	21	2.580	2.912			
12	2.285	2.550	22	2.603	2.939			

方法总结：3σ 原则法比较简单，针对调查所得的数据 n 较多（n > 50）或者对数据处理要求不是很高时常用，当 n 小于 10 时，该方法并不适宜。格拉布斯准则适用于检验样本相对较少的数据量，在 3 < n < 50 时，并且在只存在单个异常值时，格拉布斯准则的剔除法是效果最好的[9]。

（2）异常值的处理方法

1）删除含有异常值的记录

删除异常值是最为方便的处理方法，但是要较为慎重。判定异常值时，通常会混合使用上述方法，在得出同样结论时，可对其异常数据进行删除，但在出现不同结论时，一般要保留该数据，以免删除具有重要意义的数据。

2）将异常值视为缺失值来处理

该方法的优势是可以充分利用现有变量数据，对异常值进行填补，以最大程度保证数据的真实性。

3）不处理

针对异常数据，也可以选择不处理。有些数据分析或模型可以容忍一定异常值的存在，例如，在数据挖掘中，决策树是其中常用的方法，而异常值本身可作为一种分裂节点，对数据分析结果并无影响。

5.4.3 重复数据处理方法

（1）判断重复值

在两种情况下会出现重复数据。一是多条数据的记录完全相同。例如，在某街道人口信息统计表中，"姓名"变量为"李辉"的两条记录除了"出生日期"变量不同外，其他变量完全相同，因此可以判定此两条记录为完全重复记录。二是数据主体相同，但匹配到的唯一属性值不同。例如，表中"姓名"变量为"王玉涵"和"王雨涵"的两条记录，名字和出生日期、工作地点稍有不同，但实则是指同一个人，则可以认为是相似重复记录[10]。

（2）删除重复值

针对重复值，主要处理方法是对其进行删除，以保留唯一的同一数据特征的记录。

5.5 结果输出

在数据经过审核、编码、录入、清理之后，得到了相对完整、高质量的数据集。下一阶段便是对数据资料进行分组、汇总、统计，将统计数据进行可视化结果输出。一般以统计图和统计表的方式来呈现，通过更加直观的方式来表述想要呈现的信息、观点和建议。

分组是指研究者根据研究目的，将数据资料按照一定的类别，分为若干有区别但又有联系的组。其目的就是合并同一性质类数据且分开相异性质类数据，最终使各组内性质相同、组与组之间性质相异。数据分组应遵循两个原则：一是"穷尽原则"，样本数据中的所有数据均可归属到各组，没有无组可归的情况；二是"互斥原则",样本数据中的每一个个体只能归于其中一组。

分组可以使资料更加系统化,并且分组的优劣程度也会决定研究结果的成败。数据分组的作用有两个:一是划分类型,例如,居民按城镇、农村划分,职工按就业领域划分,企业按地理位置划分等,表示说明不同属性的特征;二是反映总体的内部各部分之间的差别和联系,表明其内部结构。通过分组,可以计算出各部分所占的比重,从而反映事物或现象内部的构成状况和发展变化规律。

统计数据被划分为分类型数据和定量型数据,分类型数据是用标签和名称来识别的类型,用以描述某类事物的性质或属性特征,它反映的是总体单位在性质上的差异,并不能用数值来体现;而定量型数据是表示多少或大小的数值,直接反映事物的数量特征。不同类型的数据,应该采用不同的分组方法,针对分类型数据主要是做分类整理,对定量型数据则是做分组整理。

5.5.1 分类型数据

(1)数据分组和汇总

分类型数据的分组可以按照事物的性质或类别进行,如按照调查对象的活动时间、地点和出行方式等特征进行分组。分类型数据的分组比较简单,研究者只需要确定好分组标志,相应就可以确定组名、组数和组间的界限。如按照学历分组,就可以将调查对象分成高职、本科、研究生三个组。

(2)计算各类别的频数

频数又称"次数",指样本数据中代表某种性质的单位出现的次数。具体做法为,根据分组,按照大小顺序排列,统计出归属于各个组的单位数目,如表5-9所示。

频数与总次数的比则称为频率,即某一类别数据的频数占样本总体的比重。频数(频率)的大小可以反映该组数值对于整体的影响程度。频数(频率)越大表明该组数值对整体的影响程度也越大,而频数(频率)越小,则对整体的影响程度也越小。

三个街道各类别公共服务设施分布情况(个) 表5-9

设施类别	安定门	建国门	东直门
商业服务	56	119	81
基础教育	10	55	23
医疗服务	16	7	10
市政公用	10	17	14
金融邮电	3	3	5
合计	95	201	133

（3）制作频数分布表

频数分布表，即指样本总体中各个组的频数分布情况表，包括组名、各组个数（即频数）、频率三方面，如表5-10所示。

三个街道各类别公共服务设施分布情况　　　　表5-10

设施类别	安定门		建国门		东直门	
	个数（个）	频率（%）	个数（个）	频率（%）	个数（个）	频率（%）
商业服务	56	58.95	119	59.21	81	60.90
基础教育	10	10.53	55	27.36	23	17.29
医疗服务	16	16.84	7	3.48	10	7.52
市政公用	10	10.53	17	8.46	14	10.53
金融邮电	3	3.15	3	1.49	5	3.76
合计	95	100.00	201	100.00	133	100.00

频数分布表有以下两个作用：一是简化功能，通过对样本总体进行分组、汇总，以各个组的形式呈现在表格中，简化了复杂的原始数据，达到清晰明了的目的；二是认识功能，频数分布表可以反映样本数据内部的结构、差异以及发展变化情况。频数分布的两个重要特征分别为：集中趋势和离散趋势。集中趋势是指大多数数值向某一代表值集中的趋势，即反映了样本总体的平均数；而离散趋势是指偏离该代表值位置的趋势，反映了数据的分散程度，用来补充说明该代表值的代表性如何[11]。

（4）可视化表达

可视化表达即通过恰当或适宜的描述方式将整理好的统计数据更加直观、简洁地表现出来，常见的表达方式有表格法和图形法。统计表和统计图可以对数据资料进行综合、描述和展示，节约了大量的文字描述过程，给人以强烈的视觉信息。使用图表可以清晰地表达复杂的数据关系，也便于对比分析和积累[12]。

1）表格法

①统计表的定义与结构

统计表是以二维表格的形式呈现数据整理结果的一种表现形式，可以将研究变量与被说明事物之间的关系以数字化的形式呈现出来。广义的统计表是指在调查工作中所使用的调查表、整理表、汇总表等各类表格[13]。而狭义的统计表是指由横行、纵列交叉而成的表格来统计数据汇总结果。

统计表的构成既可以从形式方面认识，也可以从内容方面认识。从形式方面看，统计表主要是由总标题、横行标题、纵列标题和数字资料四个基本要素构成[13]，基本格式如表5-11所示。

表 5-11　三个街道各类别公共服务设施分布情况

设施类别	安定门		建国门		东直门	
	个数（个）	频率（%）	个数（个）	频率（%）	个数（个）	频率（%）
商业服务	56	58.95	119	59.21	81	60.90
基础教育	10	10.53	55	27.36	23	17.29
医疗服务	16	16.84	7	3.48	10	7.52
市政公用	10	10.53	17	8.46	14	10.53
金融邮电	3	3.15	3	1.49	5	3.76
合计	95	100.00	201	100.00	133	100.00

资料来源：调研统计编制而成

（表格标注：总标题、表号、纵列标题、数字资料、横行标题、资料来源）

a. 总标题是统计表的名称，一般置于表格的顶端，有时需注明时间、地点，用最简短的语言文字将整个表格的基本内容描述出来，表号位于表的右上角；

b. 横行标题是总体和各组的名称，位于表格的左方，表示被说明事物的主要标志；

c. 纵列标题是纵栏各指标内容的名称，位于表格的上方（有时为了阅读方便、编排合理，横行标题和纵列标题可以根据实际情况互换位置）；

d. 数字资料是各指标的具体数值，位于横纵栏的围合区域，具体数值由每一横行和纵列所限定。数字填写格式要统一，包括统一小数位数、对齐小数点、用"—"表示无数字、用数字"0"直接表示"0"等，数据单位如若相同则可以在整个表格的左上角注明，如若不相同时，则可在纵列标题的表格中注明。

除以上四个基本构成要素外，还应包括"备注"和"附注"部分，用来表示不包含在统计表中的补充说明。另外，有必要时，需要在表的下端添加附加内容，包括资料来源、注释等。资料来源是在引用他人数据或资料成果时，需说明其具体来源，注释是表中内容有需要解释说明的一些事项，需要使用注释。

从内容方面看，统计表由主词和宾词两部分构成。主词通常是指总体和各组的名称，位于统计表的左侧，表现为横行标题。宾词通常是指各指标名称以及各指标的具体数值，表现为纵列标题和数字资料[13]。

②统计表的种类

A. 按照表的总体分组情况划分：

a. 简单表：指未对样本进行任何分组，只按照一定顺序进行简单排列，通常是在初步整理原始资料时使用。简单表可以反映社会现象的发展过程，也可对样本各部分情况进行对比，如表5-12所示。

三个街道公共服务设施分布表（个）　　　表 5-12

街道	个数
安定门	95
建国门	201
东直门	133

b. 分组表：指对样本按照某一种标志进行分组。分组表可以揭示样本的内部构成及其相互关系等，如表 5-13 所示。

建国门街道的公共服务设施按类别分组　　　表 5-13

设施类别	个数（个）	频率（%）
商业服务	119	59.21
基础教育	55	27.36
医疗服务	7	3.48
市政公用	17	8.46
金融邮电	3	1.49

c. 复合表：指对样本按照两个及两个以上的标志进行分组。复合表可以展现组与组之间的关系，从不同角度深入地反映现象内部的特征和规律，如表 5-14 所示。但需注意，组数并不是越多越好，为了能更好更清晰地反映现象的规律，选择合适的组数即可[13]。

三个街道各类别公共服务设施分布情况（个）　　　表 5-14

设施类别	安定门	建国门	东直门
商业服务	56	119	81
基础教育	10	55	23
医疗服务	16	7	10
市政公用	10	17	14
金融邮电	3	3	5
合计	95	201	133

B. 按照表格用途划分[14]：

a. 调查表：主要用来在调查工作中收集和登记数据的表格。

b.汇总表：也称为整理表，在数据整理过程中，用来汇总和呈现汇总结果的表格。

c.分析表：在数据分析过程中，用于对汇总结果进行定量分析的表格。

③统计表的制作要求

统计表制作的总要求为：科学、简练、规范、美观且实用，具体如下：

a.在正式制作统计表之前，应该通盘考虑。结合研究目的，对表中所需的材料、分组情况等有大体的掌握。

b.统计表的总标题应该采用简练的文字，将表格中的基本内容充分表达，使人一目了然，同时还需要注明统计材料所属的时间和地点。

c.通常统计表的格式为横式或纵式的长方形，表上下端的横线要用粗线绘制，在一些比较明显需要分隔的部分也尽量用粗线表现出来，其他则可以用细线。在横行与合计栏、纵列栏之间要画分割线，且统计表的左右端应为开口形式。

d.统计表的主词和宾词应该根据时间先后、数量大小或空间顺序等进行排列。一般是采用先局部后整体的原则，先将各个单位列出，最后合计，当然也可以先将总体列出，再列出各个单位。

2）图形法

统计图是研究者比较常用的各种分析输出结果之一，可以用来简化和反映调查资料。与统计表相比，统计图可以更加形象或者直接地表达、反映数据分析的结果，能有效地传达数据信息，将其清楚明了地展示出来。

①统计图的定义与结构

统计图是根据调查资料，用几何图形、事物具体的形象或地图等绘制而成的图形，其优点是直观具体、形象生动。统计图偏重于展现总体中各组成部分之间的关系，包括其内部构成、具体分布状况和变化情况等，缺乏对各组成部分具体数值的表现[15]，只显示现象之间的某种依存关系。

②统计图的种类[13]

根据统计图的作用和形式，可以将统计图分为不同的类型，具体包括几何图、象形图和统计地图三种。

A.几何图：即利用点、线、面等几何形状表示数据资料的图形，主要包括条形图、饼图、直方图和折线图等，该类统计图是以图形的大小、高低或折线变化来表示数量特征的，如图5-5所示。

B.象形图：即根据调查对象自身的形象来表示研究对象特点的图形。象形图也可以通过图形的大小、长短或面积多少来表示研究对象的特征，优点是形象、生动，容易理解。

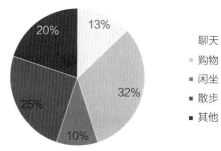

图5-5 某街道人群行为活动比例

图 5-6 是通过描绘活动场地内的现象,来反映居民的休闲娱乐活动情况。

C. 统计地图:常以地图为底图,通过点、线、面等要素或事物的具体形象来表现研究对象的特征,包括底纹统计地图和象形统计地图两种。图 5-7 为底纹统计地图,利用点和线在百度地图中展示研究对象,即垃圾箱,在特定范围内的分布情况。

图 5-6 某社区居民活动情况统计图

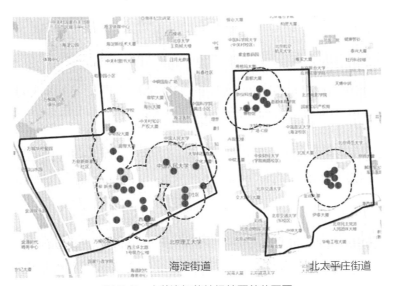

图 5-7 小黄狗智能垃圾箱覆盖范围图

③统计图的制作要求

统计图的绘制应该遵循科学美观、方便易懂、便于对比的原则,绘制统计图一般有以下几点要求:

a. 绘图之前需要明确自己的研究目的,并结合所获取资料本身的特征,选择正确的图形,从而对研究内容进行恰当的表达。如展现内部各组成部分的结构特征和对比多个街区的差别时,就不能选用相同的统计图。

b. 绘制统计图所选择的资料一定要符合绘图的目的,如需要展现某活动场所一周内每天的人流量情况,数据资料一定要是连续、完整的。

c. 统计图和统计表一样,需要注明时间、地点、单位,并在统计图的下方注明附加内容,包括资料来源和其他必要的说明,有些统计图还需要注明图例等。

d. 统计图中不要加入不必要的元素,如物体图片、画像等,以免数据显示干扰过多,不清楚。

④分类型数据的统计图示

统计图种类非常多，但各有各的适用条件和适用对象，一般适用于分类型数据的统计图主要包括：饼图、环形图、条形图（柱形图）、帕累托图等。

A. 饼图

饼图也称扇形图，用来展示总体中各个部分所占的比重。它是根据各部分所占的百分比来决定圆内不同的扇形面积，整个圆代表总体100%。

如图5-8所示，根据表5-10可以绘制三个饼图，分别反映安定门、建国门、东直门三个街道地区各类别公共服务设施的占比情况。

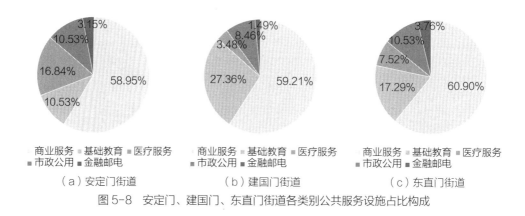

图5-8 安定门、建国门、东直门街道各类别公共服务设施占比构成

饼图的优点是简单、明了，可以清楚展示事物内部的构成状况。针对分类型数据，饼图可以描绘其相对频数和百分数频数分布，且在研究结构性问题方面很突出。缺点是一个饼图只能表示同一整体中各组成部分的占比，不能对比不属于同一整体的各部分数据信息[16]。

B. 环形图

因一个饼图只能表示同一个整体各部分的占比，而在需要对比这三个街道各类别公共服务设施的分布情况时，则必须绘制三个饼图，且并不便于比较，此时则可以选择绘制环形图。即把两个或两个以上大小不一样的饼图叠在一起，挖去中间部分构成环形图，各样本的顺序依次从内环到外环排列[17]，如图5-9所示。

与饼图相比。环形图在形式上，中间是空的。在内容上，环形图一个环表示一个样本，环中的每一段表示样本中各个部分。环形图可以同时表示多个样本，而饼图只能表示其中一个，环形图更利于进行不同样本之间各部分构成的比较研究。

C. 条形图

条形图是比较常用的一种图形，它是以一系列宽度相等的矩形高度或长度来表示数据分布多少或数据大小的情况，既可以是水平的，也可以是垂直的（垂直的又叫柱形图），如图5-10和图5-11所示。

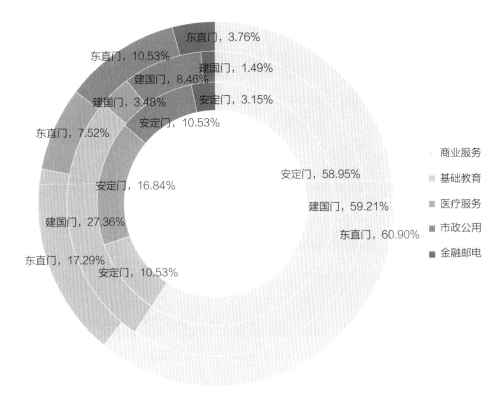

图 5-9　安定门、建国门、东直门街道各类别公共服务设施占比环形对比图

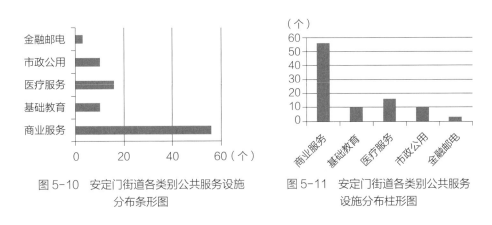

图 5-10　安定门街道各类别公共服务设施分布条形图　　图 5-11　安定门街道各类别公共服务设施分布柱形图

　　条形图中矩形的宽度是不存在任何意义的，只代表一类，高度或长度代表频数或具体数值。条形图通常可以用来表示研究对象的具体数值、内部构成或动态变化等情况，或者用来比较性质相似的两个或两个以上的指标（不同时间或者不同条件），观察数据的分布或对比各项信息等。

　　根据绘制变量的多少，条形图还分为简单条形图和复合条形图两种。简单条形图是指只有一组对象，而复合条形图则包含两组或两组以上的对象，除了能显示内部的结构外，还能比较不同样本，它既可以对比组与组之间的数据，也可以对比各组内的同类数据，如图 5-12 所示。

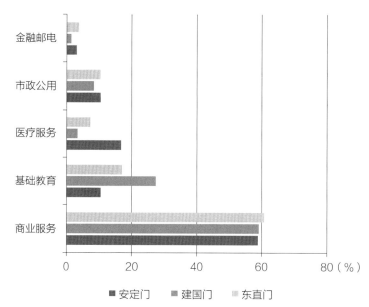

图 5-12　安定门、建国门、东直门三个街道各类别公共服务设施分布对比的条形图

D. 帕累托图

帕累托图又称为排列图,是根据各部分频数的多少,按照从大到小的顺序从左到右进行排序后绘制而成,以意大利经济学家 V.Pareto 的名字命名。帕累托图是按照降序排列的,能够很清晰地看出哪些类别出现的频率较高,哪些类别出现的频率较低[18],如图 5-13 所示。

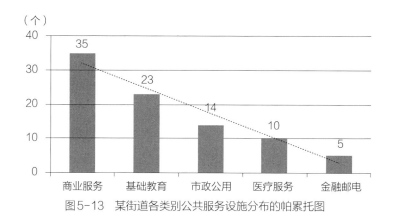

图 5-13　某街道各类别公共服务设施分布的帕累托图

5.5.2　定量型数据

(1) 数据分组和汇总

定量型数据一般是依据事物或现象的数量特征进行分组,如按照年龄、时间、距离等进行分组。根据总体各单位数值变动范围的大小,定量型数据分组方法包括单项式分组和组距式分组两种,单项式分组即按照每一个变量值进行分组,

适用于离散变量，在变量值变动范围较小时采用[13]。例如，居民家庭按代分组，如表 5-15 所示。

某街区家庭按代划分的户数统计表　　　　　　表 5-15

家庭规模	户数（户）	占总户数的比重（%）
一代户	3434	34.18
二代户	4805	47.82
三代户	1739	17.31
四代户	69	0.69
合计	10047	100.00

组距式分组是指将样本总体划分为若干区间，将落在各个区间的变量值作为一组。该分组适用于连续型变量，或者在离散型变量且变量值变动范围较大时采用，合并邻近的数值，以减少组的数量[13]，如表 5-16 所示。

专家对某街道空间适宜性打分结果统计表　　　　　　表 5-16

分数	人数（人）	百分比（%）
60 分及以下	5	8.33
60~70	10	16.67
70~80	13	21.67
80~90	24	40.00
90 分及以上	8	13.33
合计	60	100.00

定量型数据分组的步骤如下：

1）确定分组标志。数据分组通常是依据数据自身特征、数据的多少和研究目的等因素确定。如表 5-16 所示，对某街道的适宜性进行调查研究，通过专家打分的方式，得到各专家对该街道适应性评价的分值，在将分值按大小顺序排列后，依据数量因素对其进行划分。常见的分组标志包括质量、数量、时间、空间等。

2）确定组数。为了清晰展示数据分布的特征和规律，组数应当适中，如若分组过少，则会导致数据分布过于集中，分组过多，则数据分布将会过于分散。通常，一组数据的组数应该在 5~8 组。

3）确定组距。组距是一个组的上限与下限的差。组距与组数的关系可用该表达式表示：组距 =（最大值 − 最小值）/ 组数，在数值变动范围一定时，组数越多、组距越小，组数越少、组距就越大，且一般采用5、10、100等整数来表示组距，因为整数更便于后期绘制频数分布表。确定组距的具体做法为：首先大概确定组距，再进行详细计算得出组数，最后进行适当调整，确定合适的组距。例如，通过计算得出组距为9.28，可以取整，调整为10。

在组距分组中，有以下两种情况：各组组距相等时，称其为等距分组；各组组距不相等时，称其为不等距分组。在分组选择时是采用等距分组还是不等距分组，取决于研究对象自身的特征，在数值变动范围较小的情况下适合采用等距分组，相反，在数值变动范围较大时适宜采用不等距分组[13]。在实际的调查研究中，大多数情况下是采用等距分组。

4）规定每一组的组限。组限即分组的数量界限，包括上限和下限。上限是各组的最大数值，下限是各组的最小数值，也即每组的起点。对于连续型变量，一般上一组的上限是下一组的下限。确定组限一般遵循"上限不在内"的原则，即某值与相邻两组的上下限一致时，要将该数值落于下限的组内[19]，如30这一数值，不应落于"20~30"组内，而应落于"30~40"组内。

组限包括封闭组和开口组两种形式，封闭组即上限和下限都确定的形式，即"XX~XX"，相反，开口组即只有一个上组限或下组限的形式，常见的是第一组和最后一组采用"XX以下"或者"XX以上"开口组的形式。在样本数据最大值和最小值与其他数据相差较多时，常采用开口组的形式。

（2）计算各类别的频数

定量型数据的频数计算方法和分类型数据一致，除频数外还可以计算累计频数，累计频数是指将各类别或各组的频数按顺序累加所得到的频数，累计方法有两种：一是从数值小的一方向大的一方累加，称为向上累计；二是从数值大的一方向小的一方累加，称为向下累计。例如，调查居民对街道条件的功能评价分布，如表5-17所示。

某街区居民对街道条件的功能评价分布表　　　　表5-17

	人数（人）	向上累计频数	向下累计频数
非常不满意	8	8	142
比较不满意	30	38	134
无意见	50	88	104
比较满意	48	136	54
非常满意	6	142	6

（3）制作频数分布表

定量型数据的频数分布表除包括组名、各组个数（即频数）、频率三方面外，还可以统计累计频数分布，通过累计频数分布可以清晰地了解某一类别以上或以下的频数之和，如表5-18所示。

某街区居民对街道条件的功能评价分布表 表5-18

	人数（人）	频率（%）	向上累计频数	频率（%）	向下累计频数	频率（%）
非常不满意	8	5.63	8	5.63	142	100.00
比较不满意	30	21.13	38	26.76	134	94.37
无意见	50	35.21	88	61.97	104	73.24
比较满意	48	33.80	136	95.77	54	38.03
非常满意	6	4.23	142	100.00	6	4.23
合计	142	100.00	—	—	—	—

（4）可视化表达

1）表格法

定量型数据统计表的相关内容和要求与分类型数据相同，可参考5.5.1的内容。

2）图形法

用于定量型数据的统计图包括直方图、箱线图、茎叶图等，针对不同的样本和不同的变量有不同表达方式的图形。通常用来描述数据分布特征的图形主要有直方图、箱形图、茎叶图，描述变量间关系的图形主要有散点图和气泡图，描述数据随时间变化的图形主要有趋势线、折线图等。

①直方图

直方图是指用矩形的宽度和高度来表示频数分布的图形。通过直方图可以观察到数据分布的状态，分布状态有三种：左偏，即图形的尾部向左延伸一些；右偏，即图形的尾部向右延伸一些；对称，即左尾和右尾的形状相同，如图5-14所示。

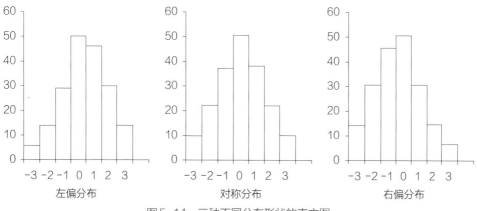

图5-14 三种不同分布形状的直方图

绘制直方图时，横轴表示数据的分组区间，纵轴表示各组的频数，由于数据分组是连续的，因此直方图横轴上的数据需连续排列，中间无间隙。具体画法为：以表5-15中数据为例，该街区居民对街道条件的功能评价"非常不满意、比较不满意、无意见、比较满意、非常满意"所对应的分值分别为"-2、-1、0、1、2"，取值分布是均匀的。如需要对数据资料进行重新分组，应当将其分为同样宽度的组，以确保直方图每个组的宽度是一样的，且组数应该适当，避免出现一组内值数过多，其他组较少的情况，同

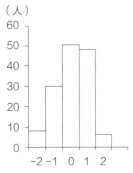

图5-15 某街区居民对街道条件的功能评价分布图

样也需要避免出现各组均匀分布，导致不能有效地观察数据的分布特征。组数分好后，根据所计算的频数分布表即可绘制出直方图，如图5-15所示，该街区居民对街道条件的功能评价呈右偏分布，即是较为满意的。

②箱形图[18]

箱形图（Box-plot）又称为盒须图或箱线图，是在1977年，由美国著名统计学家约翰·图基发明，因形状像箱子而命名。箱形图是显示数据分布状态的一种图形，如是否分布对称、是否存在异常值，另外还可以对比多组数据分布的特征。

箱形图主要包含6个数据节点，具体计算方法是：首先是将一组数据从小到大排列，然后分别计算出其上边缘、上四分位数Q3、中位数、下四分位数Q1、下边缘和异常值。具体含义如下：

上边缘：除异常值以外的数据中的最大值；

上四分位数Q3：从小到大排列的数据中排在第75%位置的数值；

中位数：从小到大排列的数据中排在第50%位置的数值；

下四分位数Q1：从小到大排列的数据中排在第25%位置的数值；

下边缘：除异常值以外的数据中的最小值；

异常值：小于Q1-1.5IQR或大于Q3+1.5IQR的值；

四分位距：IQR，等于Q3-Q1，用来衡量数据的离散程度。

箱形图的重点是对相关数据节点的计算，具体绘制步骤如下：

第1步，画数轴：数轴的起点小于最小值，一般从0开始，长度要大于该数据组的全距。

第2步，画矩形盒：通过上下两个四分位数（Q3、Q1），画出箱子，两端边的位置分别对应Q3、Q1，并画出中位数在矩形盒中的位置，用一条线段表示，记为中位线。

第3步，计算内围栏，并画出虚线：内围栏是与Q3、Q1的距离等于1.5倍四分位差IQR的两个点，其中Q1-1.5×IQR称为下内围栏，Q3+1.5×IQR称为上内围栏，

在其两点处画两条与中位线一样的线段,称其为异常值截断点,上下内围栏处这两条线段一般不在箱形图中显示,处于内围栏之外的点都是异常值。

除此之外,也可以设定 3 倍的四分位差作为外围栏,其中 Q1−3×IQR 称为下外围栏,Q3+3×IQR 称为上外围栏,外围栏也不在箱形图中显示,外围栏以外的点被称为极端的异常值,而处于内围栏与外围栏之间的异常值被称为温和的异常值。

第 4 步,找到相邻值,画出虚线:处于上下内围栏之间的最大值和最小值为相邻值,也即是非异常值的最大值和最小值,其中大于 Q1−1.5×IQR 的最小值称为下相邻值,小于 Q3+1.5×IQR 的最大值称为上相邻值,用虚线将上下相邻值分别与箱子连接,称为虚线,来表示该数据集正常值的分布区间。

第 5 步,最后将处于内围栏之外的点找出来,即异常值:内外围栏之间的温和的异常值,在图中用"。"表示,外围栏之外的极端的异常值用"*"表示,需注意相同数值的点要并列标出,不可省略,箱形图即绘制完成,如图 5-16 所示。

箱形图和直方图均是显示数据分布特征的图形,和直方图同样,箱形图也有大概三种分布状态,如图 5-17 所示:左偏分布,即中位数靠近于上四分位数 Q3 的位置,下相邻值距离箱子的距离多于上相邻值,且异常值大多位于下内围栏之外;右偏分

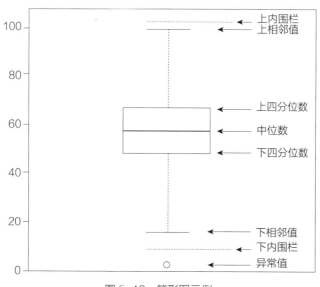

图 5-16 箱形图示例

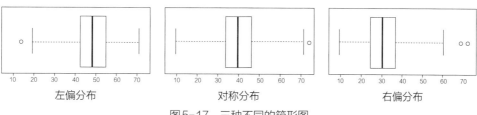

图 5-17 三种不同的箱形图

布，即中位数靠近下四分位数 Q1 的位置，上相邻值距离箱子多于下相邻值，异常值大多位于上内围栏之外；对称分布，即中位数在箱子中间，上相邻值距离箱子与下相邻值一样，异常值均匀分布在上下内围栏之外。

③茎叶图

茎叶图也称为"枝叶图"，在 20 世纪早期，由英国统计学家阿瑟·鲍利设计。在数据较多的情况，大多图形虽然可以直观地反映数据的分布情况，但通常会导致原始数据在图中无法显示，有关数据内部的结构特征被隐藏，而茎叶图则可以在保留原始数据信息的同时也可以展示数据的分布状况，是一种显示数据的顺序排列和分布特征的图形。

茎叶图由数字组成，包括"茎"和"叶"两部分，左边是茎，右边是叶。"叶"是每个数值的个位数，从左到右依次由小到大排列，"茎"是除"叶"以外的高位数，从上到下依次由小到大或由大到小排列。如图 5-18 所示，茎和叶共同组成每一数值。

```
    2    5 | 33
   11    6 | 113577999
 (10)    7 | 0014556789
   19    8 | 01111245677789
    5    9 | 01145
```

图5-18 茎叶分布图示例

图 5-18 中 5|33 表示茎为 5，叶为 3，3，共两个叶值，代表数据集中有两个 53。图中最左侧一列表示数据的深度，数据深度是指，将数据按照顺序排列，一个数据的深度是在该数据升序或降序的过程中顺序的最小者，以图中为例，79 从小到大排列是位于第 21 位，从大到小排列时位于第 20 位，则该数的深度为 20，在茎叶图最左侧列出每一行数据的最大深度，茎为 7 的行最大深度出现在 78 和 79（深度都是 20）两个数值，因此该行的深度为 20，在中位数所在的行，其深度位置应该用括号括起来，但括号中的数不是表示深度而是指该行数据的个数，根据数据的深度值，就可以计算出数据的个数[18]。

茎叶图适宜的行数一般不会超过 $L=[10 \times \log n]$，n 代表数据的个数，方括号表示最后取值括号中数据的整数，具体行数需要根据该标准并结合数据自身的多少以及分布状况确定[18]。

④散点图

散点图是指由两个变量所构成的坐标点在平面直角坐标系上的分布图，是对两个变量之间关系的表述，描述了因变量随着自变量变化而变化的趋势。

坐标横轴代表变量 X，纵轴代表变量 Y，每组数据 (X, Y) 代表坐标系中的点。利用散点图可以判断两个变量间是否存在相关关系，以及关系的相关程度[17]。从图 5-19 中，可以看出各数据点分布呈一条直线，表明活跃度和整体印象两个变量间具有较为明显的正线性关系。

在需要同时比较多个变量两两间的相关关系时，则可以如图 5-20 所示，绘制多个散点图，呈矩阵状，便于对比[18]。

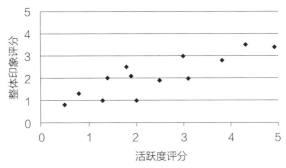

图5-19　对步行商业街界面活跃度评分与整体印象分值的散点图

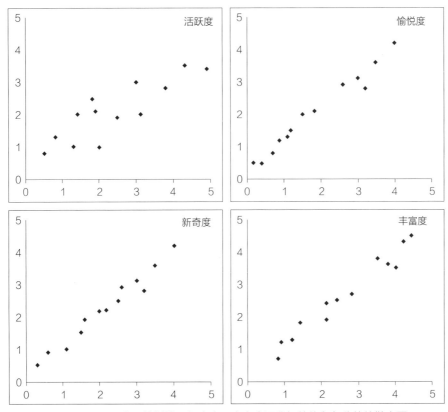

图5-20　活跃度、愉悦性、新奇度、丰富度评分与整体印象分值的散点图

⑤气泡图

气泡图是可以用来表示三个变量间相关关系的分布图,其中坐标横轴表示一个变量,纵轴代表另一个变量,而圆的大小表示第三个变量[17]。如图5-21所示,展示了活跃度、丰富度与整体印象三者之间的关系,首先活跃度和整体印象分值基本呈一条直线分布,即两者呈正线性关系,而丰富度评分即气泡的大小是逐渐变大的,表示随着活跃度和整体印象的提升其丰富度也较高,即三者之间是存在线性关系的。气泡图与散点图的区别即在于,气泡图可以以二维的方式同时表示三个变量,而散

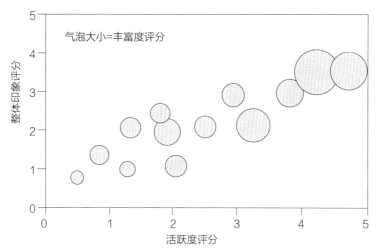

图 5-21　活跃度、丰富度评分与整体印象分值的气泡图

点图只能表示两个变量间的关系。

⑥趋势线

趋势线是显示相关性近似程度的直线，如图 5-22 所示，以年份为横坐标，规模以上工业总产值为纵坐标，反映了规模以上工业总产值随年份的变化情况，由图可知，北京市规模以上工业总产值在 2006 年至 2018 年间，呈稳定增长。

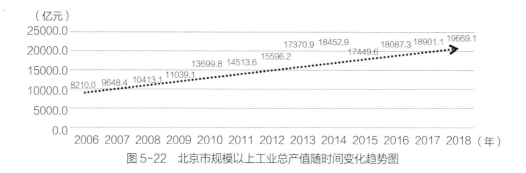

图 5-22　北京市规模以上工业总产值随时间变化趋势图

⑦折线图

折线图又称曲线图，是通过折线的升降变化来表示研究对象随时间的变化过程，不仅可以表示具体的数值，还可以反映其随年份的变化情况。折线图包括单式折线图和复式折线图两种，单式折线图即图中只有一条折线，复式折线图即图中含有两条及以上的折线[16]。将图 5-22 改绘成折线图，如图 5-23 所示，图中为一条单线，即为单式折线图，从图中也可以看出规模以上工业总产值随年份增长的具体变化情况，整体看是处于不断增长状态。

折线图的横轴一般表示时间刻度，其纵轴表示度量的变量，用线段依次连接各坐标点，整个折线图描绘了某变量在不同时间的结果，以及随时间变化的情况。折

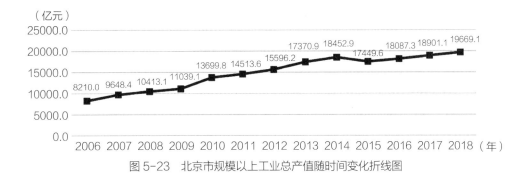

图 5-23　北京市规模以上工业总产值随时间变化折线图

线图主要用于表现现象间的对比关系，说明其整体形态，在固定时间范围内是随时间上升还是下降，以及观察有无显著偏离整体发展趋势的现象等。在绘制折线图时需要注意横轴和纵轴所标示的刻度，检查有无被刻意拉大或压缩来制造特定效果[16]。

参考文献

[1]　风笑天. 社会调查原理与方法 [M]. 4 版. 北京：首都经济贸易大学出版社，2019.

[2]　风笑天. 社会调查方法 [M]. 3 版. 北京：中国人民大学出版社，2019.

[3]　郝大海. 社会调查研究方法 [M]. 4 版. 北京：中国人民大学出版社，2019.

[4]　李圣瑜. 调查数据缺失值的多重插补研究 [D]. 石家庄：河北经贸大学，2015.

[5]　杨晓倩. 缺失数据插补方法的选择研究 [D]. 兰州：兰州财经大学，2016.

[6]　冯丽红. 调查数据缺失值常用插补方法比较的实证分析 [D]. 石家庄：河北经贸大学，2014.

[7]　庞新生. 缺失数据插补处理方法的比较研究 [J]. 统计与决策，2012（24）：18-22.

[8]　吴敬锐. 数据清洗全面解析：缺失值、异常值和重复值的处理 [R/OL]. 2019-07-24. http：//www.360doc.com/content/19/0724/17/32762466_850777541.shtml.

[9]　王小凯，朱小文. 计量检定中 3 种判别和剔除异常值的统计方法 [J]. 中国测试，2018，44（S1）：41-44.

[10]　鲁均云. 重复和不完整数据的清理方法研究及应用 [D]. 镇江：江苏大学，2009.

[11]　赵淑兰. 社会调查方法 [M]. 2 版. 北京：机械工业出版社，2019.

[12]　陈兆荣，吴杨. 统计学 [M]. 2 版. 合肥：安徽大学出版社，2019.

[13]　唐志锋，何娜，林江珠. 应用统计学 [M]. 武汉：华中科技大学出版社，2019.

[14]　卢黎霞，董洪清. 统计学 [M]. 3 版. 成都：西南财经大学出版社，2016.

[15]　周孝正，王朝中. 社会调查研究 [M]. 2 版. 北京：国家开放大学出版社，2018.

[16]　赵勤. 社会调查方法 [M]. 3 版. 北京：电子工业出版社，2018.

[17]　相广萍，陆川. 应用统计学——基于 Excel（微课版）[M]. 北京：北京理工大学出版社，2020.

[18]　贾俊平. 统计学——基于 R [M]. 3 版. 北京：中国人民大学出版社，2019.

[19]　侯典牧. 社会调查研究方法 [M]. 北京：北京大学出版社，2019.

第 6 章

城市社会调查数据分析
——基于 SPSS 分析软件的应用

【本章要点】

运用 SPSS 软件进行数据分析包括录入数据建立数据库、评估数据、变换数据、分析数据、得出结论五个步骤。

SPSS 中的数据变换包括重新编码和生成新变量。

基于 SPSS 的单变量数据分析根据数据类型可分为频数分析和描述性分析。

基于 SPSS 的双变量数据分析包括相关分析和回归分析，回归分析是相关分析的递进，是在两个变量存在相关分析的基础上所进行的线性判断分析。

基于 SPSS 并针对不同数据类型，可采用卡方检验法、t 检验法、方差分析等假设检验方法。

SPSS AU 为"在线网页版 SPSS"，适用于因子分析法、AHP 层次分析法、熵值法等城市社会调查常见数据分析方法。

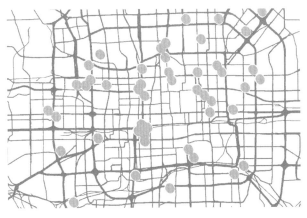

经过整理的数据资料，在通过合理的分析过程后才能得出科学的结论。数据分析是指运用科学的方法对数据进行分析，提取其中有用的信息并将它们加以细化研究和进行客观的归纳总结。通过发挥数据本身的作用，可以有效挖掘出所研究对象的自身规律和特征，从而为相关研究提供科学、有力的量化支撑。城市社会调查中的数据分析亦是如此，精准的数据分析可帮助研究者作出正确的判断，以便采取适当的行动。

数据分析的目的在于揭示事物内在的相互关系、规律和发展趋势。数据分析具有以下作用：一是对资料进一步简化；二是对变量间的关系进行描述分析；三是通过样本资料推断总体的状况；四是帮助人们探索和预测社会现象的发展趋势[1]。

本章所介绍的是 SPSS 统计分析软件在城市社会调查数据分析中的应用，主要内容包括基于城市社会调查中的不同数据类型（即分类型数据和定量型数据）所进行的单变量数据分析、双变量数据分析和一些其他常用的数据分析方法。

6.1 SPSS 统计分析软件应用

SPSS 是当下最常用也是最便捷的数据统计分析软件之一，在 SPSS 11.0 以前的版本中，它的英文全称是 "Statatistical Package for Social Science"，即 "社会科学统计软件包"。但是，随着 SPSS 产品的更新换代，其功能也不断升级和拓展，其不仅可以应用于社会调查研究领域，还被广泛应用于市场研究、电信、银行、金融、制造业等其他领域。

本章所涉及的 SPSS 软件，采用的版本为 IBM SPSS Statistics 25，是一个多国语言版本，本章将以 SPSS Statistics 25 中文版来介绍其有关的使用方法。

6.1.1 SPSS 数据分析程序

借助 SPSS 进行统计分析，一般按以下步骤进行：

第一步：录入数据，建立数据库。录入数据可在 SPSS 电子表格中进行，也可在 SPSS 规定的软件（如 Excel、Foxbase）中进行，然后转换为 SPSS 数据类型文件，详细步骤见 5.3.1 章节。

第二步：评估数据，通过执行有关命令如 Explore 等，对数据整体分布态势及其状况作出评估。

第三步：变换数据，依据研究的目的要求，对原有的数据按照研究预期进行必要的处理。如使用 SPSS 有关程序对数据进行变换，包括重新编码和生成新变量。

第四步：分析数据，包括单变量数据分析、双变量数据分析、数据的假设检验等。其中具体包括单变量的描述统计和频数分布、双变量的相关分析、回归分析以及不同类型数据的检验方法等。

第五步，在完成数据分析后，需要读懂 SPSS 输出结果中的各项数值，明白其统计分析的含义，并需要结合客观事实以及相关专业知识来作出切合实际的科学解释。

6.1.2 SPSS 中变量定义

本节将对 SPSS 软件中变量视图界面的各个栏目的意义及功能进行详细介绍，打开 SPSS 25，单击窗口左下方的"变量视图"（VariableView）标签，可以切换到变量视图的窗口界面，如图 6-1 所示。

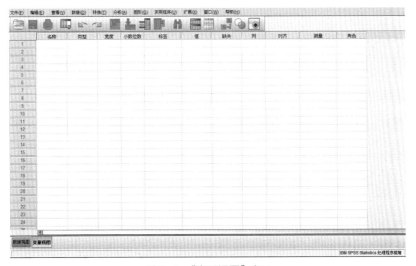

图 6-1 "变量视图"窗口

①名称（Name）栏：用于设定变量名，SPSS 早期版本中变量名长度应在 8 个英文字母（或四个汉字）以内。从 SPSS 12 版本开始，变量名最多可以达到 64 个字符。不过变量名的定义存在一些限制，例如不能以数字、空格开头，变量名称的中间不能含有空格符，一个文件中不能有相同的变量名等。

②类型（Type）栏：该栏主要用于设置变量类型，SPSS 中会提供一系列的变量类型选择，一般情况下按默认的数值型即可。

③宽度（Width）栏：主要用于设置变量运算宽度，运算宽度是指该变量的长度，即该变量具有多少位。例如，收入为 1868.56 元，这是七个单位的宽度，其中小数点也算一个宽度单位，可根据实际需要进行更改。

④小数位数（Decimals）栏：用于设置小数位，默认为 2 位。若需要系统默认小数位为 0，则可以在编辑（E）栏中的选项（N）中进行相关设置。

⑤标签（Label）栏：用于定义变量名标签，该标签会在结果中输出，其统筹的是问卷中封闭型问题的题目。其作用是对目标变量进行解释说明，可以输入多个字符，在输出结果中使变量更方便阅读及理解。

⑥值（Value）栏：该栏用于设置变量值的标签，即定义问卷中封闭型问题的选项及其代码。以"性别"变量为例，单击"值（Value）"框右半部分的省略号后会出现变量"值标签"对话框（图 6-2）。它的最上部分的"值（U）"文本框为变量值（即选项的代码）输入框，其下边的"标签（L）"文本框为变量值标签（即选项）输入框。例如，输

图 6-2 "值标签"对话框

入"1"和"男"，即用数字 1 来代表男性，再单击下方的"添加（A）"按钮，该变量值的标签就会被加入下方的标签框内[2]。同理，可以定义"2"为"女"，最后单击"确定"按钮，变量值标签的设置就完成了，在之后的相关数据分析和结果输出中就会出现相应的标签。

⑦缺失（Missing）栏：该栏用于设置变量缺失值，在 SPSS 中默认缺失值用"."表示。需要注意的是，对于字符型变量的缺失值必须经过定义处理，因为 SPSS 系统会默认将"."当作为一个字符型变量的值，而不把它看成缺失值。对于数值型的变量，其默认的缺失值为 0。

⑧列（Columns）栏：该栏用于设置窗口界面中的显示列宽，实际上其并不常用，因为改变列宽最简便的方法就是将鼠标放在数据窗口中两个变量名的中间直接拖动。

⑨对齐（Align）栏：该栏用于设置显示对齐的方式，有左、中、右三种，数值型变量默认的是右对齐。

⑩测量（Measure）栏：该栏用于设置变量的测量尺度，从而对变量的测量水平进行准确定义，在一些分析方法和绘制交互式统计图等方面有较大的作用。

⑪角色（Role）栏：是 SPSS 的新增功能，主要用于 SPSS 的数据类挖掘软件，如在 SPSS Modler（原 SPSS Clementine）进行数据上的衔接，其中的"输入"就相当于自变量，"目标"就相当于因变量，一般对于该栏的设定在 SPSS 中默认即可。

6.1.3 SPSS 中数据变换

（1）重新编码

在前期已经完成了对所收集数据的整理工作，而不同的研究者在进行数据整理时，对数据的分组数量存在差异。同样的指标数据，有的人喜欢将组数划分得多一些，有的人喜欢划分得少一些[3]。例如居民的收入情况，有的人偏向于用具体的数据，有的人偏向于划分为几组，甚至有的人划分成十多组。为此，在进行数据分析前，为了完善研究，研究者需要根据研究目的对原始数据进行重新编码，以便于后期进行数据分析，得出正确的研究结论。

数据的重新编码是指将原变量按照某种对应关系重新编码，直接替换原有的变量值，可根据实际需求赋予新值，将原变量生成新的变量，例如：需要将《城市居民职住特征情况调查》中的社区所处地段租金变量生成新变量——价格区间，当地段月租金处于 1000~2000 元时取值为 1，2001~4000 元时取值为 2，4001~6000 元时取值为 3，6000 元以上时取值为 4。

具体操作步骤是：选择在菜单栏中点击"转换（T）"→"重新编码为不同变量（R）"出现对话框（图 6-3），并将地段租金选出至"数字变量→输出变量"框，然后在"名称（N）"文本框中输出新变量名，即价格区间，并单击下方"变化量"按钮，可见原来的"地段租金→？"变成了"地段租金→价格区间"。然后单击"旧值和新值（O）"，系统弹出对话框（图 6-4）。需要特别说明的是，所有范围都是包含了端点值的，选择"范围"，在其上、下侧输入 1000、2000，然后在右上方的"新值"框中输入 1000~2000 所对应数值 1，此时再按下方的"添加（A）"即可，"旧→新（D）"

图 6-3 "重新编码为不同变量"对话框

图 6-4 "重新编码为不同变量：旧值和新值"对话框

框中就会加入"1000 thru 2000 → 1"。同理，依次输入其他的数值然后重复上述操作即可得到生成新变量即价格区间，从而实现数据分组。

（2）生成新变量

利用 SPSS 进行数据分析时，有时候会发现，现有的数据无法满足实际分析研究的需求，这时就需要在原始数据的基础上作进一步的运算处理，这一过程被称为生成新变量。

生成新变量与重新编码不同，其本质是在于原来的某一或某些变量在依据实际需求的基础上做一些计算，从而变成新变量的过程。例如可以把原始分数统一加一个分数，也可以把各科分数求总和，或做其他运算。而重新编码则是将原始变量按照特定要求将其变成一个新的数值。例如现有的数据（原始变量）为年龄和分数，则可以通过重新编码将其变为年龄段，将原始分数变量重新编码为优、良和差的等级。

SPSS 中生成新变量的方法是"转换（T）"主菜单的"计算变量（C）"子菜单。该菜单可用于对目标变量进行赋值，从而生成新变量。需要说明的是，前面介绍的重新编码子菜单的主要功能是对原始资料重新编码，新变量与原变量反映的是同一属性。而通过"转换（T）"主菜单的"计算变量（C）"子菜单生成新变量，是需要使用一些运算方法的。生成新变量在 SPSS 软件中较为简单，具体操作步骤如下：

第一步，单击菜单栏中的"转换（T）→计算变量（C）"，会出现对话框（图6-5）。

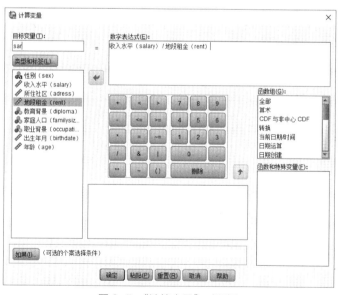

图6-5 "计算变量"对话框

第二步，基于数据分析的需求，将已有数据根据需求进行四则运算，并组合放入右侧的"数字表达式"中，再单击"确定"按钮即可，系统就会在"数据视图"的最右边生成新变量。

6.2 基于 SPSS 的单变量数据分析

在正式进行 SPSS 数据分析之前，应当对所收集到的样本数据进行处理，以便于更全面地了解样本数据的基本情况和特征。通过对样本数据进行特征情况单变量数据分析，可以获取现有样本数据中各项变量的频数、百分比和平均值等关键数据信息，从而了解样本数据的基本分布态势和相关特征，以便于作出初步的评估。

基于 SPSS 软件的单变量数据分析是指对某单一变量进行描述统计，主要包含了两个部分即频数分析与描述性分析。其目的在于对样本数据的基本特征、现状与具体分布情况进行深入分析。在多数情况下为计算样本数据中各题、各选项的频数或百分比。从数据类型上来区分，分类型数据通常使用频数分析，定量型数据通常使用描述性分析。本章节将从这两方面详细介绍在 SPSS 中的具体操作。

6.2.1 分类型数据——频数分析

频数分析是针对于样本数据中的分类型数据，进行样本特征和基本情况的分析。频数分析作为问卷分析中最基础的一项分析，通过对问卷中的题或选项进行频数和百分比统计，从而客观、直接地反映出样本数据的分布情况，了解其基本分布态势，同时也可以通过统计图的形式更为直观地查看样本数据的基本分布形态。以"对《城市居民职住特征情况调查》中'性别'变量进行频数分析"为例，其在 SPSS 中的具体操作如下所示：

第一步，在窗口上方的菜单栏中依次单击"分析（A）"→"描述统计（E）"→"频率（F）"（图 6-6）。

第二步，在"频率（F）"对话框中（图 6-7），将性别变量放置到"频率（F）"对话框中的"变量（V）"的列表框中，其他按钮选择默认。

图 6-6 "频率"选择命令

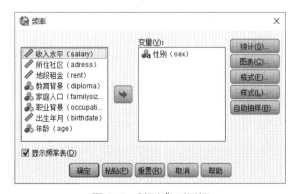

图 6-7 "频率"对话框

第三步，点击"确定"按钮后，系统会输出关于"性别"变量的男女性别频数、百分比、有效百分比和累加百分比的频数分析。

当然也可以一次性放入所有需要进行分析的变量，如果还需要将其生成图表，那么也可以点击对话框中的"图表（C）"按钮进行设置，最后单击"确定"按钮即可完成对应变量的频数分析。

6.2.2 定量型数据——描述性分析

描述性分析是针对样本数据中的定量型数据，通过平均值来表示样本的整体特征情况，该分析方法通常是用于对量表题或排序题进行分析。除平均值外，当然也可以得到众数、标准差、方差等标准化变量。描述性分析在 SPSS 软件中的具体操作如下所示：

第一步，在窗口上方的菜单栏中依次选择"分析（A）"→"描述统计（E）"→"描述（D）"（图 6-8）。

第二步，把需要分析的变量移入右侧的"变量 V"框里，其他按钮默认，随后单击"确定"按钮，系统就会输出描述统计表，该表中所输出的相关变量信息自左至右依次分别为该单一变量的频数、最小值、最大值、均值和标准差。

如果需要生成标准化变量，那么需要勾选选择框中的"将标准化得分另存为变量"选项，单击"确定"按钮（图 6-9），此时在"数据视图"的最后几行会出现以"Z"开头的变量名称，即通过该操作成功生成了标准化变量。另外，如果多次重复上述操作（即勾选"将标准化值另存为变量"的描述性分析），就可以重复生成标准化变量，直接删除重复多余的标准化变量即可。

图 6-8 "描述"选择命令

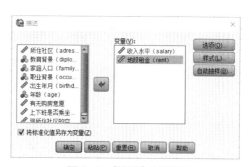

图 6-9 "描述"对话框

严格意义上说，该对话框是不能用来处理分类型数据的。因为对于分类型数据，相邻两个选项的间隔是不确定的，因此不能进行加减乘除，这样也就不能计算均值或标准差了。所以，对于分类型数据的单一变量，描述它的最好方法是使用"频率（F）"子菜单进行频数分析。

本节所讲述的单变量的描述统计在 SPSS 软件中的相关应用，也是城市社会调查数据分析中最为常用的单变量数据分析方法。

6.3 基于 SPSS 的双变量数据分析

通常情况下，城市社会调查研究中的数据分析往往不止是对单一变量的分析。虽然单变量数据分析有助于研究者了解样本数据中各个单一变量的基本特征与情况，但对于各变量之间更深层次的联系，需要进行双变量的数据分析，才可以了解变量之间的两两相互关系。其中包括最常用的相关分析与回归分析，两者都是研究变量间相互关系的数据分析方法，并且都可以判断变量之间是否具有统计相关性，但二者存在形式和本质上的区别。相关分析是进行回归分析的基础，换而言之，变量间只有在具有相关关系的前提下进行回归分析才具备科学意义，而回归分析的本质是认识变量之间相关程度的具体形式。本章节将着重介绍双变量之间的相关分析与回归分析。

6.3.1 相关分析

在进行城市社会调查时，城市社会现象之间的关系是复杂的，彼此联系、相互影响、相互依存，这种现象在统计分析中就构成了变量关系。变量关系从不同的角度分析，可以有不同的类型。从数量上看，变量关系可以分为两个变量之间的关系和多个变量之间的关系；从性质上看，变量关系可以分为相关关系和因果关系；从形态上看，变量关系可以分为直线关系和曲线关系等[4]。在通常情况下，多个变量之间的关系更为复杂，可以通过将其分解为若干个双变量之间的关系从而进行逐一的判断。本节主要介绍两个变量之间的相关关系。

（1）相关分析的基础概念

1）相关关系的概念

所谓相关关系，是指两个变量之间具有不可确定的相互依存关系，即当其中一个变量的数值发生变化时，另一个变量的数值也相应地发生变化。相关关系具有对称性，即当其中一个变量发生变化时，另一个变量也随之发生变化，反过来也一样[4]。例如，人们的社会地位与收入水平之间通常具有相关性，即当人们的社会地位相同时，其收入水平也大致相同，反之亦然。因此，可以说这两个变量之间存在着某种相关关系。用假设的语言表达，就是"人们的社会地位"（变量 X）与"人们的收入水平"（变量 Y）之间存在着相关关系。

这种相关关系一般表示为：$X \leftrightarrow Y$。

相关关系通常是指在统计上相关的两个变量之间，实质上也存在相互影响的关系。对于相关关系的判定一般存在两个概念,即统计相关和真实相关。在科学的统计条件下,统计相关能够较准确地反映事物之间的真实相关,但二者之间不能简单等同。两个在统计上相关的变量,在实际上可能有三种情况:无关、有关和因果关系[3]。对于两个变量存在统计相关而实际上却无关的情况被称为虚假相关,只有存在统计相关并且在实际上也相关的变量关系才是真正的相关关系。

2) 相关关系的强度

相关关系的强度是指两个变量之间联系程度的强弱或大小。在双变量的统计分析中,相关分析就是用科学的统计分析方法测量和比较变量之间相关程度的强弱,并将其用数值表示出来,在统计学上称为相关系数。相关关系可分为完全相关、不完全相关和零相关三种类型。相关系数 r 的取值范围一般都在 -1 到 $+1$ 之间 ($-1 \leq r \leq 1$),或者在 0 与 1 之间 ($0 \leq r \leq 1$)。这里的正负号表示的是相关关系的方向,即变量之间正相关和负相关,而该数值的大小则可以表示变量之间相关关系的强弱。相关系数的值越接近 0,意味着两个变量的相关程度越弱,而相关系数的值越接近 1 (或 -1),则意味着两个变量之间的相关程度越强。

一般来说在城市社会问题研究中不存在完全的正相关或负相关。相关系数只是用来表示两个变量之间相关程度经过量化后的指标,并不能进行算术计算。例如,不能认为 0.40 的相关系数是 0.20 相关系数的两倍,只能说相关系数为 0.40 的两个变量之间的关系程度比相关系数为 0.20 的两个变量之间的关系程度更密切[5]。

3) 相关关系的类型

从变量变化的形式上来说,常见的相关关系分为直线相关和曲线相关。所谓直线相关,指的是当变量 X 值发生变动时,变量 Y 的值也随之发生大致均等的变动,二者之间的整体变动是有规律可循的,并且每对 X、Y 的值所对应的点在直角坐标系中的分布呈直线状趋势,即二者之间存在线性关系。而曲线相关亦可以称为"非线性相关",指两个变量未能形成直线关系,即当变量 X 的值发生变化时,变量 Y 的值发生的变动是无特定规律的,但 X、Y 的值所对应的点散布于某条曲线附近,二者之间的相关现象近似于某种曲线的关系[6]。具体相关关系类型如图 6-10 所示。

(2) 相关分析在 SPSS 中的具体运用

相关性分析用于研究两个变量(X 与 Y)之间的相关关系,而相关性分析的衡量标准为相关系数,常见的有三种,分别是皮尔逊相关系数、斯皮尔曼相关系数和肯德尔相关系数。在常见的问卷调查研究中一般使用皮尔逊相关系数,斯皮尔曼相关系数与肯德尔相关系数通常适用于等级相关即顺序数据之间的相关,即两个变量之间是有特殊要求的,只有在变量数据是成对的等级数据且总体分布处于非正态的情况下才适用,在这里不进行过多阐述。

本节将以适用皮尔逊相关系数衡量变量间相关性为例。在进行相关性分析时,

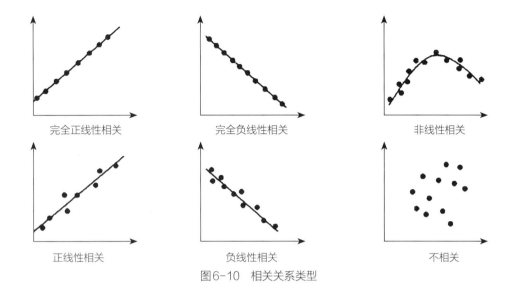

图6-10 相关关系类型

一般对变量本身的数据类型并没有要求,但对分类型和定量型两种不同类型的数据进行双变量相关性分析时,在 SPSS 中的相关操作步骤亦有差异,具体如下所示:

1) 相关分析——分类型数据

当两个变量都属于分类型数据或一个变量属于分类型数据,另一个变量属于定量型数据时,开展其相关性分析时,通常会采用列联表(也称为交互分类表)的方法[3],它是指两个分类型数据在统计表的主项和宾项两个方向上都进行分组的一种统计表,可直观地描述两个分类型数据变量之间的关系分布,并显示其内在结构,其对于计算两个变量间的关系强度有重要的辅助作用。在这里以"性别"和"职业背景"两个分类型数据为例,在 SPSS 中进行相关分析,具体步骤如下:

第一步,进入数据视图后,在菜单栏中依次点击"分析(A)"→"描述统计(E)"→"交叉表(C)"(图6-11)。

第二步,将"性别"和"职业背景"两个变量分别拖入右侧标有"行(O)"和"列(C)"的方框中,然后单击该对话框右侧的"统计(S)"按钮,得到如图 6-12 所示的对话框。由于交叉表适用于分析两个分类型变量之间的相关性,则一般选择对话框中"名义"复选框中的"Phi 和克莱姆 V",单击"继续(C)"按钮,然后单击"确定"按钮,系统会输出两个表格,一个是两个分类型变量的交叉表,另一个是对称性测量克莱姆 V 系数表。交叉表中描述了两个变量的基本信息,而判断两个变量相关性的强弱,一般直接看对称性测量克莱姆 V 系数表中的近似值 Sig.,即 P 值,在统计学中 P 值即概率,显著性检验 P 值是用来反映某一事件发生的可能性大小,即从统计学的角度来衡量事件发生的概率大小。一般当 $P < 0.05$ 时,代表有样本数据存在统计学差异,$P < 0.01$ 时代表有显著统计学差异,而当 $P < 0.001$ 时,代表存在着极其显著的统计学差异,通常情况下将 P 值的临界判定值取为 0.05 即可。

图6-11 "交叉表"对话框　　　　图6-12 "交叉表：统计"对话框

通常情况下，对于两个分类型变量的相关性分析，还可以选择"名义"复选框中的"列联系数（O）"也称为列联相关系数，其值介于0~1，该值越大则表明变量之间的相关性越强。

2）相关分析——定量型数据

当两个变量都属于定量型数据时，研究它们之间的相关关系，可以略过交叉分析，直接进入到相关性分析，通过生成两个变量的相关性表，可以更为直观地判断二者间是否相关或相关强度的强弱。在这里以"年龄"和"收入水平"两个定量型数据为例，进行相关分析，在SPSS中的具体操作步骤如下：

第一步，依次点击菜单栏中的"分析（A）"→"相关（C）"→"双变量（B）"（图6-13）。

第二步，在弹出的"双变量相关性"对话框中（图6-14），将"年龄"和"收入水平"两个变量放入到"变量（V）"列表框中。在对话框"相关系数"框中，包括

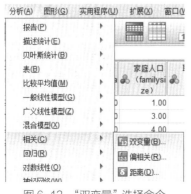

图6-13 "双变量"选择命令

图6-14 "双变量相关性"对话框

三个相关系数，皮尔逊复选框是系统默认的选项，也是最常用的相关系数，其值介于 –1~1。其他两个是等级相关系数，适用于等级资料的处理。

在对话框"显著性检验"框中，包括"双尾（T）"和"单尾（L）"，简单来说双尾或单尾的选择需要基于专业知识来判断。需要说明的是二者的目的不同，双尾检验是检验抽样样本平均数和总体平均数，或者检验样本统计量之间是否有显著差异，而单尾检验则只注重于检验样本所取自的总体参数值是否大于或小于某个特定值。若是想判断两个数据的均值是否不同，则需要用双尾检验，若仅是想知道某一个数据的均值是否高于（或低于）另一个数据时则采用单尾检验。一般情况下，系统默认的是"双尾（T）"。

当然，SPSS 软件中默认选择的是皮尔逊相关系数，如果在相关性分析中确需使用斯皮尔曼相关系数，那么直接勾选上述对话框中的"Spearman（斯皮尔曼）"复选框即可。不论是皮尔逊相关系数还是斯皮尔曼相关系数，其衡量标准基本一致，只不过在一般研究中基本上会使用皮尔逊相关系数，只有当数据属于顺序数据或不服从正态分布时，使用斯皮尔曼相关系数更为合适。

6.3.2 回归分析

通过对两个变量进行相关分析，可以有效了解两个变量之间的关系强度，而回归分析是在确定两变量之间存在相关关系之后，处理两个及以上变量之间线性依存关系的分析方法。它的前提是两个变量必须存在相关关系，且需要确定两个变量中哪一个为自变量，哪一个为因变量。回归分析的实质是把两个变量之间的变动关系用数学模型来呈现，通过建立回归方程，将变量之间的相关关系用函数的形式表达出来，从而近似地表达变量之间的平均变化关系，依据回归方程可以对未知情况进行科学的预估和判断[5]。回归分析对于变量间的因果性有了判断和认知，同时又具有预测的功能，因此它对于两个变量之间关系的判断比相关分析更进了一步，有着更强的功能作用。

回归分析一般归纳为两大类，即 Logisitic 回归和线性回归。在两种不同回归分析方法的选择上也有明显的区别，如果因变量 Y 是定量型数据，那么应该使用线性回归分析，如果因变量 Y 是分类型数据，那么应该使用 Logisitic 回归分析。

（1）Logistic 回归分析——分类型数据

常见的 Logisitic 回归分析可以划分为 3 种，分别是二元 Logisitic 回归分析、多元无序 Logisitic 回归分析和多元有序 Logisitic 回归分析。当 Y 仅有两个选项时，如"有"和"无"，则适用于二元 Logisitic 回归分析；如果 Y 的选项有多个，并且选项之间没有大小对比关系，则可以选择多元无序 Logisitic 回归分析；如果 Y 的选项有多个，并且选项之间可以对比大小，例如，Y 有 3 个选项，分别是"愿意""无所谓"和"不愿意"，且选项之间具有对比意义，则可以使用多元有序 Logisitic 回归分析。

在本章节将对城市社会问卷调查研究中使用频率最高的二元 Logisitic 回归分析进行详细介绍，其在 SPSS 软件中的操作步骤如下：

第一步，选择菜单栏中的"分析（A）"→"回归（R）"→"二元 Logisitic"（图 6-15）。

第二步，在弹出的"Logistic 回归"对话框中的"协变量"列表框和"因变量"文本框中，对应地放入需要分析的变量并进行设置，然后单击"确定"按钮。

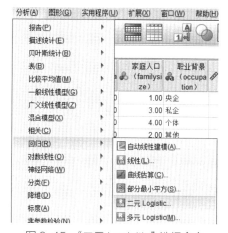

图 6-15 "二元 Logisitic"选择命令

需要注意的是，上述的"协变量"即为自变量，并且在做二元 Logisitic 回归分析前，需要将分类型数据进行数字化的编码，该类型的数据编码有两种方式：一种是在数据前期处理时，按照本教材 5.2 章节中的相关操作对分类型数据进行编码；另一种是在 Logisitic 回归分析中对分类型变量进行虚拟变量处理。

分类型数据的虚拟变量处理，具体操作如下，以"性别"和"职业背景"两个分类型数据为例：单击 Logisitic 回归分析对话框中的"分类（G）"按钮，在弹出的对话框中（图 6-16），将分类型数据拖入"分类协变量（T）"框中即可，让 SPSS 软件进行虚拟变量处理。例如用数字 1 代表"男性"，数字 2 代表"女性"，此步骤类似于前面内容所提及的重新编码设置，SPSS 软件最后会将分析结果与编码结果一并输出。

第三步，单击 Logisitic 回归分析框中的"选项"按钮，在弹出的对话框中勾选"Hosmer-Lemeshow（即霍斯默—莱梅肖拟合优度）拟合优度（H）"复选框（图 6-17），然后单击"继续"按钮即可。

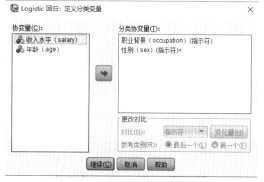

图 6-16 "Logisitic 回归：定义分类变量"对话框

图 6-17 "Logisitic 回归：选项"对话框

回到 Logisitic 回归分析框，单击"确定"按钮后，SPSS 软件会输出多个表格，其中最有意义的分别是"因变量编码"表格、"分类变量编码"表格、"霍斯默—莱梅肖检验"表格、"分类表"和"方程中的变量"表格。

图 6-18 "因变量编码表"截屏示意图

"因变量编码"表格，展示的是因变量的编码情况（图 6-18）。例如本例中"是否有购房意愿"，1 代表"是"，0 代表"否"。如果需要其他的编码形式，研究者也可以提前对因变量进行虚拟变量的编码处理。

"分类变量编码"表格，展示的是对上述分类型数据进行的虚拟变量处理结果（图 6-19），其具体内容为：个体户职业对应的数字编码为（1），其他职业对应的数字编码为（2），在私企类职业对应的数字编码为（3），而央企类职业对应的数字编码全部为（0），该分类说明是以央企类职业为参照项，对于不同性别的编码亦是如此。

		分类变量编码			
				参数编码	
		频率	-1	-2	-3
职业背景 (occupation)	个体	4	1.000	.000	.000
	其他	4	.000	1.000	.000
	私企	6	.000	.000	1.000
	央企	6	.000	.000	.000
性别 (sex)	男	10	1.000		
	女	10	.000		

图 6-19 "分类变量编码表"截屏示意图

"霍斯默—莱梅肖检验"表格（图 6-20），输出的信息只需要关注其中的显著性值（即 P 值，其他版本的 SPSS 软件中也常表示为 Sig.），如果 P 值小于 0.05，那么说明真实数据情况与模型拟合程度不一致，反之，则拟合程度具有一致性。

"分类表"可以体现模型拟合情况，并且会根据因变量，选择"是/否"提供相应的预测率和对于整体样本数据的预测准确率（图 6-21）。本例中选择"否"

霍斯默-莱梅肖检验			
步骤	卡方	自由度	显著性
1	8.503	8	.386

图 6-20 "霍斯默—莱梅肖检验表"截屏示意图

的预测正确率为 62.5%，选择"是"的预测正确率为 83.3%，而整体的预测正确率为 75%。

"方程中的变量"表格中展示了自变量的显著性情况（图 6-22）。对于变量的显著性情况，直接读取 P 值即可。例如，职业背景（1）即个体户职业的显著性 P 值为 0.608，大于 0.05，说明个体户职业的人员对于因变量"是否有购房意愿"没有影响，该表中的 B 值，适用于自变量之间相对比较。例如，央企类职业（职业背景）

分类表[a]

实测			预测		
			是否有购房意愿		正确百分比
			否	是	
步骤 1	是否有购房意愿	否	5	3	62.5
		是	2	10	83.3
	总体百分比				75.0

a. 分界值为 .500

图 6-21 "分类表"截屏示意图

方程中的变量

		B	标准误差	瓦尔德	自由度	显著性	Exp(B)
步骤 1[a]	收入水平（salary）	.000	.000	1.003	1	.317	1.000
	年龄（age）	.083	.100	.682	1	.409	.920
	职业背景（occupation）			.679	3	.878	
	职业背景（occupation）(1)	.778	1.517	.263	1	.608	2.178
	职业背景（occupation）(2)	.136	2.018	.317	1	.573	.321
	职业背景（occupation）(3)	.031	1.603	.000	1	.985	.969
	性别（sex）(1)	.701	1.704	2.512	1	.113	14.900
	常量	.144	3.552	.783	1	.376	23.193

a. 在步骤 1 输入的变量：收入水平（salary），年龄（age），职业背景（occupation），性别（sex）。

图 6-22 "方程中的变量表"截屏示意图

由于作为参照项，其 B 值无法输出，但是其他职业（职业背景（2））的 B 值为 –0.136，二者之间进行两两对比，说明其他职业的人员相对于央企类职业人员的购房意愿更低。

除二元 Logisitic 回归分析外，在 SPSS 的"分析（A）"菜单栏"回归（R）"中，还可以选择"多项 Logisitic"，即进行多元无序回归分析，选择"有序"即代表进行多元有序回归分析。只不过多元无序 Logisitic 回归分析和多元有序 Logisitic 回归分析在城市社会调查研究的数据分析中使用频率相对较低，并且在 SPSS 中的操作和分析步骤基本上与二元 Logisitic 回归分析类似，在此处不再进行详细步骤介绍。

（2）线性回归分析——定量型数据

线性回归分析用于研究定量型变量之间的影响关系，需要关注的指标较多。线性回归分析通常可以分为一元线性回归分析和多元回归分析，但二者在 SPSS 软件中操作步骤与判定标准基本一致。本节将以一元线性回归为例，对样本数据中的住房租金与年龄、收入水平进行线性回归分析，操作步骤如下：

第一步，选择"分析（A）"→"回归（R）"→"线性（L）"（图 6-23）。

第二步，在弹出的"线性回归"对话框中将自变量"年龄"和"收入水平"放入自变量列表框中，将因变量"住房租金"放入因变量文本框中（图 6-24）。线性回归分析默认选择的方法是"输入"。

第三步，设置相关选项，点击对话框右侧的"统计（S）"，在弹出的对话框（图6-25）中，勾选"德宾—沃森（U）"（在其他版本SPSS中也称为"Durbin-Waston"）和"共线性诊断"，然后单击"继续"。

回到线性回归选框，单击"确定"按钮后，SPSS软件会输出多个表格，其中有3个较为重要的表格，分别是"模型摘要"表格、"ANOVA"表格和"系数"表格。

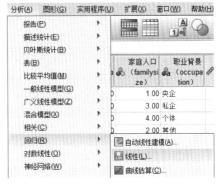

图6-23 "线性回归"选择命令

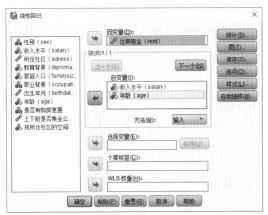

图6-24 "线性回归"对话框

图6-25 "线性回归：统计"对话框

"模型摘要"表格（图6-26），R^2值是复相关系数，其取值范围为0~1，可以理解为这个系数值越大，自变量对因变量的解释就越大，在该例子中，R^2值为0.147，也就是说该值代表着所有自变量X都可以解释因变量Y值变化的14.7%原因，即Y值变化的原因中有14.7%是由自变量X所导致的。德宾-沃森值（也可称为D-W值）为1.603，趋近于数值2，说明样本之间基本没有影响关系。

模型摘要[b]

模型	R	R方	调整后R方	标准估算的错误	德宾-沃森
1	.384[a]	.147	-.421	1887.45604	1.603

a. 预测变量：（常量），年龄（age），收入水平（salary）
b. 因变量：住房租金（rent）

图6-26 "模型摘要表"截屏示意图

"ANOVA"表格（图6-27），研究者一般只需要关注其中的显著性值。在本例中，显著性 P 值为 0.787，大于 0.05 的临界值，说明所有自变量中差异性不明显，基本属于相互之间无相关或无影响的关系。

模型		平方和	自由度	均方	F	显著性
1	回归	1845862.411	2	922931.206	.259	.787b
	残差	10687470.922	3	3562490.307		
	总计	12533333.333	5			

a. 因变量：住房租金（rent）
b. 预测变量：(常量)，年龄（age），收入水平（salary）

图6-27 "ANOVA 表"截屏示意图

"系数"表格（图6-28）显示自变量的显著性，例如，在本例的两个自变量中，收入水平的回归系数显著性 P 值为 0.802，大于 0.05，说明收入水平并不会对因变量 Y（住房租金）产生影响。

模型		未标准化系数		标准化系数	t	显著性	共线性统计	
		B	标准误差	Beta			容差	VIF
1	(常量)	6025.470	5207.963		1.157	.331		
	收入水平（salary）	.047	.170	.149	.274	.802	.962	1.040
	年龄（age）	-80.157	133.836	-.326	-.599	.591	.962	1.040

a. 因变量：住房租金（rent）

图6-28 "系数表"截屏示意图

6.4 基于 SPSS 的假设检验

假设检验亦称"显著性检验"，是用来判断样本之间或样本与总体之间所存在的差异是由抽样误差引起还是其本质差别造成的基本统计推断方法。作为统计推断的一个重要方法，其基本原理是先对总体参数的特征提出某种假设，然后通过抽样的推断方法对该假设进行检验，从而判断该假设应该被拒绝还是接受。但是，必须明确，对于有误的假设检验的研究结论，其解释或适用范围是不同的，不经过假设检验的研究结论，只能适用于已调查的对象或样本（在普通调查中不存在假设检验，因为样本等于总体），而不能推断总体[7]。只有在样本统计量的基础上经过假设检验之后，才能说明样本中发现的现象或规律有多大把握在总体中存在或不存在。由此可见，假设检验在城市社会调查研究中具有非常重要的作用。

关于研究假设和虚无假设，前者是研究者提出的假设，是研究者根据研究后提出的一种有待证实的可能性结论，一般用 H_1 表示；后者是针对研究假设提出一种对立或相反的假设，也称其为原假设或零假设。一般假设检验需要证明的不是研究假设，而是虚无假设，可使用反证法的原理，即在证明虚无假设无法成立时，相对应地说明了研究假设能够成立。一般用 H_0 代表虚无假设，即假设认定两个变量之间不相关或无差异[8]。通常只需认定虚无假设是关于两个变量之间"不存在相互影响"的假设，就能针对不同的研究问题设立正确的虚无假设，虚无假设建立后，研究假设也就相应地形成了。

假设检验的过程是以检验虚无假设 H_0 为中心展开的。检验的结果分为两种情况：一是接受虚无假设 H_0，即检验结果表明，样本中出现的现象或变量之间的关系在总体中不存在，样本中之所以会出现这样的情况是由于抽样误差所导致的；二是拒绝虚无假设 H_0，即接受研究假设，通过检验结果表明，样本中出现的情况在总体中同样存在，因而可以用样本来推断总体[8]。关于虚无假设 H_0 的设立和接受与否的判定，其具体的应用将会在接下的内容中提及。

常用的假设检验方法有卡方（x^2）检验法、t 检验法、F 检验法（方差分析）、Z 检验法及 U 检验法等。本节主要介绍常用的卡方检验、t 检验法和方差分析，且针对不同类型的数据，所需使用的假设检验方法也是有区别的，其中分类–分类型数据常用卡方检验，分类–定量型数据常用 t 检验和方差分析。

6.4.1 分类–分类型数据检验方法

在进行数据假设检验时，如果需要研究的两个或多个变量都属于分类型数据时，一般使用卡方检验。卡方检验作为一种常用的假设检验方法，它的虚无假设 H_0 是实际观测频数与期望频数没有差别。

卡方检验的基本原理是判断实际观测频数与期望推断值之间的偏离程度，实际观测频数与期望推断值之间的偏离程度就决定了卡方值的大小。即卡方值越大，二者之间偏离程度越大；卡方值越小，偏离程度越小；若二者完全相等时，卡方值就为 0，表明二者之间完全吻合。

卡方分析一般可以分为单选题卡方分析和多选题卡方分析，在城市社会调查研究中，一般情况下以使用单选题卡方分析为主，因此本节主要介绍单选题卡方分析。以《某市社区公共空间品质调查》样本数据为例，对"空间的使用时间"与"性别"两个变量进行卡方分析，其中"空间使用时间"是根据人们在社区公共空间活动时间的长短进行分类评价的数据，其在 SPSS 软件中的操作步骤如下：

第一步，在窗口上方的菜单栏中选择"分析（A）"→"描述统计（E）"→"交叉表（C）"（图 6-29）。

第二步，在弹出的"交叉表"对话框将分析变量放入相应的列表框（图 6-30）。将需要分析的变量拖入右侧的"行（O）"与"列（C）"列表框中。

图 6-29 "交叉表"选择命令　　图 6-30 "交叉表"对话框

第三步,点击上述对话框的"统计(S)"按钮,在弹出的"交叉表:统计"对话框中勾选卡方复选框(图 6-31),单击"继续"按钮,继续单击"单元格(E)"按钮,在弹出的"交叉表:单元格显示"中勾选百分比复选框中的"列(C)"(图 6-32)。

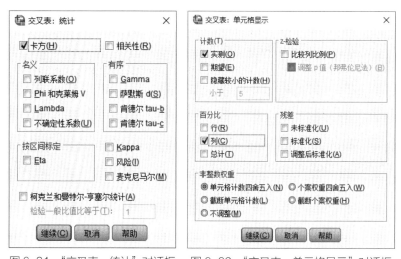

图 6-31 "交叉表:统计"对话框　　图 6-32 "交叉表:单元格显示"对话框

单选题卡方分析共输出两个核心表格,分别是"交叉表"表格和"卡方检验"表格(图 6-33、图 6-34)。

"交叉表"表格列出了各个选项的频数和百分数,样本数据分布态势较为直观。"卡方检验"表格列出皮尔逊卡方值和显著性 P 值,本例中皮尔逊卡方为 4.946,对应的 P 值为 0.551,大于 0.05,说明不同性别的样本对于活动空间的数量上有着相同的态度。

空间使用时间 * 性别 交叉表					
			性别		总计
			男	女	
空间使用时间		计数	4	22	28	54
		占 性别 的百分比	100.0%	45.8%	53.8%	51.9%
	短	计数	0	6	4	10
		占 性别 的百分比	0.0%	12.5%	7.7%	9.6%
	适中	计数	0	14	13	27
		占 性别 的百分比	0.0%	29.2%	25.0%	26.0%
	长	计数	0	6	7	13
		占 性别 的百分比	0.0%	12.5%	13.5%	12.5%
总计		计数	4	48	52	104
		占 性别 的百分比	100.0%	100.0%	100.0%	100.0%

图 6-33 "交叉表" 截屏示意图

单选题的卡方分析是城市社会调查研究中常需要使用的卡方分析,而多选题的卡方分析适用于研究分类型数据与某个多选题之间的交叉关系,其在SPSS 中操作步骤更为繁杂,且使用频率较低。

卡方检验			
	值	自由度	渐进显著性(双侧)
皮尔逊卡方	4.946[a]	6	.551
似然比	6.470	6	.373
有效个案数	104		

a. 5 个单元格 (41.7%) 的期望计数小于 5。最小期望计数为 .38。

图 6-34 "卡方检验表" 截屏示意图

6.4.2 分类-定量型数据检验方法

在进行数据假设检验时,如果需要研究的自变量属于分类型数据,而因变量属于定量型数据,此时在研究这两种变量间的差异性时,一般使用 t 检验法和方差分析法。

(1) t 检验法

t 检验分为独立样本 t 检验、配对样本 t 检验和单样本 t 检验。其中,独立样本 t 检验和配对样本 t 检验只能对两组数据的均值进行对比。但是两者之间也存在区别,在对两组数据的平均值进行差异对比时应该使用独立样本 t 检验,如对比男女对社区环境的满意度有无差异。而在对比实验前和实验后的数据之间是否存在差异时,应选择配对样本 t 检验,如调查社区环境改造前后的居民满意度时,可采用配对样本 t 检验。单样本 t 检验是用来研究数据是否等于某个数值,如样本的平均身高是否为 1.60 米。一般来说,城市社会调查问卷研究中通常对数据进行两两对比的频率较高,独立样本 t 检验即可实现其样本检验与对总体的推断。因此,本节将着重介绍独立样本 t 检验,以《某市社区公共空间品质调查》样本数据中的"空间品质"与"进出管控""消毒卫生"为例,具体操作如下:

第一步，在 SPSS 菜单栏中选择："分析（A）"→"比较平均值（M）"，此时会出现子菜单（图 6-35）。主要包括四个用于计量资料均值间的比较过程，为了进一步区分各个选项的不同功能，对其进行简单介绍：

图 6-35 "独立样本 t 检验"选择命令

"平均值（M）"过程：该过程主要是对样本的描述统计，也可直接进行比较；

"单样本 T 检验（S）"过程：对样本均值与已知总体参数的均值进行差异比较；

"独立样本 T 检验（T）"过程：进行两样本均值差别的比较；

"成对样本 T 检验（P）"过程：进行配对资料的均值比较。

第二步，点击"独立样本 T 检验（T）"，弹出的"独立样本 T 检验"对话框，在该例中，"空间品质"为分类型数据，"进出管控"与"消毒卫生"为定量型数据，所以将"空间品质"放入"分组变量（G）"文本框，将"进出管控"与"消毒卫生"放入"检验变量（T）"列表框（图 6-36）。

第三步，单击"定义组"按钮进入下一步，由于独立样本 t 检验仅能对比两组数据，因此需要在 SPSS 软件中设置对应关系。在弹出的"定义组"中设置指定值，例如这里对比的空间品质样本的差异性，使用 1 代表"好"，使用 2 代表"不好"（图 6-37），点击"继续"按钮，再单击"确定"按钮。

图 6-36 "独立样本 t 检验"对话框

图 6-37 "定义组"对话框

在进行独立样本 t 检验时，会输出两个表格，分别是"组统计量"表格和"独立样本检验"表格。"组统计量"表格输出个案数、平均值、标准差等指标，"独立样本检验"表格输出 t 值和 P 值等指标。

SPSS 的输出结果表格中列出了个案数、平均值和标准差（图 6-38）。

"独立样本检验"表格（图 6-39），主要观察独立样本检验表格中的"莱文方差等同性检验"对应的 P 值，如果此值大于 0.05，那么独立样本 t 检验最终的 t 值和 P

组统计

空间品质		个案数	平均值	标准 偏差	标准 误差平均值
进出管控	1	38	3.5789	1.13021	.18334
	2	30	3.3333	.95893	.17508
消毒卫生	1	38	2.9211	.74911	.12152
	2	30	3.2667	.73968	.13505

图 6-38 "组统计量表"截屏示意图

独立样本检验

		莱文方差等同性检验		平均值等同性 t 检验					
								差值 95% 置信区间	
		F	显著性	t	自由度	Sig.（双尾）	平均值差值	标准误差差值	下限	上限
进出管控	假定等方差	1.933	.169	.950	66	.345	.24561	.25849	-.27047	.76170
	不假定等方差			.969	65.624	.336	.24561	.25351	-.26059	.75181
消毒卫生	假定等方差	.835	.364	-.900	66	.062	-.34561	.18195	-.70889	.01766
	不假定等方差			-1.902	62.738	.062	-.34561	.18167	-.70869	.01746

图 6-39 "独立样本检验表"截屏示意图

值应该以假设方差相等时对应的 t 值和 P 值为准，反之则应该以假设方差不相等时对应的 t 值和 P 值为准。例如，在本例的表中，消毒卫生对应的 F 值为 0.835，P 值为 0.364，那么该变量的独立样本 t 检验最终的 t 值应为 -0.900，P 值为 0.062。

（2）方差分析

方差分析与 t 检验一样，均适用于研究分类型数据和定量型数据之间的差异关系。方差分析包括单因素方差分析和多因素方差分析。这两类方差分析方法的区别在于对于自变量 X 的个数要求存在差异，单因素方差分析中对自变量 X 的要求仅为 1 组，多因素方差分析要求自变量 X 个数多于 1 组。

1) 单因素方差分析

单因素方差分析用于研究单组分类型数据与定量型数据之间的差异关系。如果分类型数据超过两组，则需要分别将各组分类型数据与定量型数据进行单因素方差分析，再根据分析结果对比两两数据变量之间的差异情况。本节使用《某市社区公共空间品质调查》中的数据，对样本数据中的分类型数据"空间品质"与"治安管控""进出管控""消毒卫生"这三项定量型数据进行单因素方差分析，其在 SPSS 中的具体操作如下：

第一步，选择菜单栏中的"分析（A）"→"比较均值"→"单因素 ANOVA"（图 6-40）。

第二步，在弹出的"单因素方差分析"对话框中，将定量型数据放入"因变量列表（E）"，将分类型数据放入"因子（F）"框中（图 6-41）。不过在这之前已经对分类型数据"空间品质"进行了重新变量分组，其中数值 1 代表"好"，数值 2 代表"不好"，数值 3 代表着"一般"。

第三步，在上述对话框中点击"事后比较（H）"，"事后比较"在 SPSS 软件中即为数据变量间的两两比较，在其对话框中勾选"LSD"复选框（图 6-42）；然后单

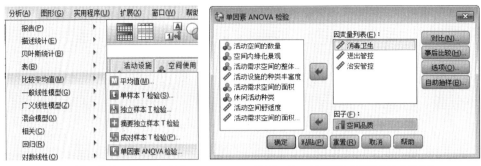

图 6-40 选择"单因素 ANOVA"   图 6-41 "单因素方差分析"对话框

击"继续"按钮,选择单因素 ANOVA 检验对话框中的"选项(O)"按钮,在弹出的对话框中勾选"描述(D)""方差齐性检验(H)"和"平均值图(M)"(图 6-43),目的是确保 SPSS 软件后续的数据分析输出更为全面。单击"继续"按钮,回到单因素 ANOVA 检验对话框,点击"确定"按钮。

图 6-42 "事后比较"对话框   图 6-43 "单因素方差分析"选项对话框

经过上述设定,SPSS 软件会输出 4 个有效表格,分别是"描述"表格、"方差齐性检验"表格、"单因素方差"表格和"多重比较"表格。

"描述"表格包括每个组别的个案数、平均值和标准差等内容(图 6-44)。

在"方差齐性检验"表格中,一般仅需要查看显著性值(即 P 值或 Sig. 值),如果此值大于 0.05,则代表着不同组别的数据波动情况趋于一致,即方差齐性;反之数据波动存在明显差异,则说明方差不齐性(图 6-45)。

"单因素方差分析"表格中列出了 F 值、显著性值(P 值)等指标。在本例中,治安管控项的 P 值为 0.890,大于 0.05,说明空间品质与治安管控之间没有显著差异,

描述									
		个案数	平均值	标准 偏差	标准 错误	平均值的 95% 置信区间		最小值	最大值
						下限	上限		
进出管控	1	38	3.5789	1.13021	.18334	3.2075	3.9504	1.00	5.00
	2	30	3.3333	.95893	.17508	2.9753	3.6914	1.00	5.00
	3	31	3.5161	1.02862	.18475	3.1388	3.8934	1.00	5.00
	总计	99	3.4848	1.04358	.10488	3.2767	3.6930	1.00	5.00
治安管控	1	38	2.9474	.95712	.15526	2.6328	3.2620	1.00	4.00
	2	30	2.8667	1.04166	.19018	2.4777	3.2556	1.00	5.00
	3	31	2.8387	.93441	.16782	2.4960	3.1815	1.00	5.00
	总计	99	2.8889	.96773	.09726	2.6959	3.0819	1.00	5.00
消毒卫生	1	38	2.9211	.74911	.12152	2.6748	3.1673	1.00	4.00
	2	30	3.2667	.73968	.13505	2.9905	3.5429	2.00	5.00
	3	31	3.1935	.74919	.13456	2.9187	3.4684	2.00	4.00
	总计	99	3.1111	.75443	.07582	2.9606	3.2616	1.00	5.00

图 6-44 "描述表"截屏示意图

方差齐性检验					
		莱文统计	自由度 1	自由度 2	显著性
进出管控	基于平均值	1.076	2	96	.345
	基于中位数	1.402	2	96	.251
	基于中位数并具有调整后自由度	1.402	2	95.856	.251
	基于剪除后平均值	1.053	2	96	.353
治安管控	基于平均值	.316	2	96	.730
	基于中位数	.590	2	96	.556
	基于中位数并具有调整后自由度	.590	2	90.652	.557
	基于剪除后平均值	.248	2	96	.781
消毒卫生	基于平均值	.797	2	96	.454
	基于中位数	.501	2	96	.607
	基于中位数并具有调整后自由度	.501	2	93.992	.607
	基于剪除后平均值	1.166	2	96	.316

图 6-45 "方差齐性检验表"截屏示意图

二者之间几乎无相互影响（图 6-46）。

"多重比较"表格详细列出了两两组别之间的对比结果，根据显著性值（P 值），研究者就可以直接得出两组之间的对比分析是否有显著性差异（图 6-47）。

在一般情况下，城市社会调查问卷研究并不需要进行事后检验，即多重比较，如果确有需要可以将其整理到调查研究报告之中。

2）多因素方差分析

多因素方差分析是用于研究多个分类型变量（通常是两个）对因变量的影响差异关系。本节将使用《某市社区公共空间品质调研》中的数据，探究样本数据中的

ANOVA

		平方和	自由度	均方	F	显著性
进出管控	组间	1.056	2	.528	.479	.621
	组内	105.672	96	1.101		
	总计	106.727	98			
治安管控	组间	.223	2	.111	.117	.890
	组内	91.555	96	.954		
	总计	91.778	98			
消毒卫生	组间	2.309	2	1.155	2.073	.131
	组内	53.469	96	.557		
	总计	55.778	98			

图6-46 "单因素方差AVOVA分析表"截屏示意图

多重比较

LSD

因变量			平均值差值(I-J)	标准 错误	显著性	95% 置信区间 下限	上限
进出管控	1	2	.24561	.25624	.340	-.2630	.7542
		3	.06282	.25392	.805	-.4412	.5668
	2	1	-.24561	.25624	.340	-.7542	.2630
		3	-.18280	.26870	.498	-.7162	.3506
	3	1	-.06282	.25392	.805	-.5668	.4412
		2	.18280	.26870	.498	-.3506	.7162
治安管控	1	2	.08070	.23851	.736	-.3927	.5541
		3	.10866	.23635	.647	-.3605	.5778
	2	1	-.08070	.23851	.736	-.5541	.3927
		3	.02796	.25011	.911	-.4685	.5244
	3	1	-.10866	.23635	.647	-.5778	.3605
		2	-.02796	.25011	.911	-.5244	.4685
消毒卫生	1	2	-.34561	.18227	.061	-.7074	.0162
		3	-.27250	.18062	.135	-.6310	.0860
	2	1	.34561	.18227	.061	-.0162	.7074
		3	.07312	.19113	.703	-.3063	.4525
	3	1	.27250	.18062	.135	-.0860	.6310
		2	-.07312	.19113	.703	-.4525	.3063

图6-47 "多重比较分析表"截屏示意图

两个分类型数据"性别"和"休闲活动种类"对"活动空间舒适度"这一定量型数据的影响差异关系，在SPSS软件中的具体操作如下所示：

第一步，选择"分析（A）"→"一般线性模型（G）"→"单变量（U）"命令（图6-48）。

第二步，在弹出的"单变量"对话框中将属于自变量的两个分类型数据放入"固定因子"列表框中，将定量型数据这一因变量放入"因变量"文本框（图6-49）。

接下来单击"图（T）"选项，对"单变量：轮廓图"对话框进行设置（图6-50），其目的是输出交互图，单击"继续"按钮，返回"单变量"对话框，再单击"确定"按钮。

图6-48 选择"单变量"命令

图6-49 "单变量"对话框

图6-50 "单变量：轮廓图"对话框

如果需要输出方差齐性检验结果，那么在"单变量"对话框中的"选项（O）"按钮，勾选复选框中的"齐性检验（H）"即可。

多因素方差共输出3个有用的表格，分别是"主体间因子"表格、"误差方差的莱文等同性检验"表格和"主体间效应检验"表格。

"主体间因子"表格列出了分类变量对应评价选项及其样本量个数（图6-51）。

"误差方差的莱文等同性检验"表格输出方差齐性检验的结果，P值为0.809，大于0.05，说明数据满足方差齐性（图6-52）。

"主体间效应检验"表格为数据间差异对比的重要表格，该表的核心信息分为两个分类变量的P值和二者交互项的P值。本例中休闲活动种类对应的显著性P值为0.037，性别对应的显著性P值0.984，二者交互项（休闲活动种类*性别）的显著性P值为0.353，以上分类变量中休

主体间因子		
		个案数
休闲活动种类	1	11
	2	22
	3	43
	3	1
	4	22
性别	男	48
	女	51

图6-51 "主体间因子表"截屏示意图

误差方差的莱文等同性检验[a,b]

		莱文统计	自由度 1	自由度 2	显著性
活动空间舒适度	基于平均值	.531	7	90	.809
	基于中位数	.460	7	90	.861
	基于中位数并具有调整后自由度	.460	7	82.436	.861
	基于剪除后平均值	.466	7	90	.856

检验"各个组中的因变量误差方差相等"这一原假设。
a. 因变量：活动空间舒适度
b. 设计：截距 + 休闲活动种类 + 性别 + 休闲活动种类 * 性别

图 6-52 "误差方差的莱文等同性检验表"截屏示意图

主体间效应检验

因变量：

源	III 类平方和	自由度	均方	F	显著性
修正模型	14.248[a]	8	1.781	1.877	.073
截距	384.620	1	384.620	405.297	.000
休闲活动种类	10.148	4	2.537	2.673	.037
性别	.000	1	.000	.000	.984
休闲活动种类 * 性别	3.133	3	1.044	1.100	.353
误差	85.408	90	.949		
总计	1193.000	99			
修正后总计	99.657	98			

a. R 方 = .143（调整后 R 方 = .067）

图 6-53 "主体间效应检验表"截屏示意图

闲活动种类对应的 P 值为 0.037，说明休闲活动种类与活动空间舒适度这二者之间存在相互影响关系，而性别和交互项的显著性 P 值均大于 0.05，没有呈现出差异性，说明性别和交互项与活动空间舒适度之间无相互影响（图 6-53）。

6.5 基于 SPSS 的其他数据分析方法

本章节主要介绍几种在城市社会调查数据分析中常见的数据分析方法，包括因子分析法、AHP 层次分析法、熵值法。其中因子分析法的介绍仍基于 SPSS 软件，但是由于 SPSS 软件的局限性，其他的数据分析方法则是基于 SPSS AU 进行介绍，SPSS AU 即"在线网页版 SPSS"，与 SPSS 软件相比，该网页具有操作简单、易于上手、分析智能化且学习成本较低的特点。

6.5.1 因子分析法

因子分析共有 3 种功能，分别是探索因子、效度分析和权重计算，这 3 种功能在 SPSS 软件中的具体操作及步骤基本一致，只是存在细微的区别。对于城市社会调查的数据分析，最常使用的是因子分析中的权重计算功能，因此本节以介绍因子分析的权重计算功能为主。

使用因子分析进行权重计算的目的是计算各因子的权重系数。需要注意的是，当使用因子分析的权重计算功能时，需要在 SPSS 软件输出结果的基础上自行计算，才能得到各因子的权重系数。其在 SPSS 软件中的操作步骤如下所示：

第一步，在窗口上方的菜单栏中依次选择"分析（A）"→"降维（D）"→"因子分析（F）"（图 6-54）。

图 6-54 选择"因子分析"命令

第二步，在弹出的"因子分析"对话框中将所要分析的量标题放入"变量"列表框中（图 6-55）。

第三步，设置相关选项，即按照分析需求来勾选"因子分析"对话框右侧的选项："描述（D）""提取（E）""旋转（T）""得分（S）"和"选项（O）"。

（1）设置"描述（D）"选项。单击"描述（D）"按钮，在弹出的对话框中勾选"KMO 和巴特利特球形度检验"（图 6-56）。

（2）设置"提取（E）"选项。其目的是设置因子数量。研究人员在确认了变量数量的基础上，需主动设置需要探索因子数量[9]，通常情况下在城市社会调查中，可以根据预期维度来确定因子数量，例如，20 个量表题项可以分成几个方面问题，从而可以确定需要提取的因子个数。当然此步骤也可以选择默认 SPSS 中的设定，设

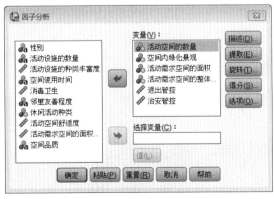

图 6-55 "因子分析"对话框

图 6-56 "因子分析：描述"对话框

定的本质是SPSS软件会自动按照特征值大于1的默认原则来提取因子个数，但在大多数情况下，该步骤需要自行设置要探索的因子数量。单击"提取（E）"按钮，在弹出来的对话框中勾选"因子的固定数目（N）"单选框，在下方的"要提取的因子数（T）"中根据需求输入需要探索的因子数量（图6-57）。

（3）设置"旋转（T）"选项。该选项的目的是在数据处理中借助方差分析法进行因子处理。单击"旋转（T）"按钮，其目的是判断最后具体的变量属于哪一个因子。在弹出的窗口中勾选"最大方差法"复选框（图6-58）。

图6-57 "因子分析：抽取"对话框　　图6-58 "因子分析：旋转"对话框

（4）设置"得分（S）"选项。该步骤可以在SPSS的输出结果中得到因子得分系数矩阵和保存因子得分。单击"得分（S）"按钮，在弹出的对话框中勾选"保存为变量"和"显示因子得分系数矩阵"（图6-59）。

（5）设置"选项（O）"选项。其目的是设置SPSS软件输出结果的格式，并且符合旋转成分矩阵的显示格式。单击"选项（O）"按钮，勾选系数显示格式复选框中的"按大小排序（S）"和"排除小系数（U）"，并且一般情况下将下方的绝对值设置为0.4（图6-60）。

图6-59 "因子分析：因子得分"对话框　　图6-60 "因子分析：选项"对话框

经上述逐步设置操作后，则可以进行因子分析，SPSS 软件会在输出结果窗口中给出一系列的数据分析表格，其中核心内容为"成分得分系数矩阵"表。该表所示的数据即为通过因子分析法对目标变量进行权重功能分析后得出的各个因子所占权重。

6.5.2 AHP 层次分析法

在城市社会调查研究中，如果涉及专家打分，尤其是量表类问卷调查，则可以使用 AHP 层次分析法进行分析。例如，某个问卷调查研究中涉及了 20 个量表题，则先要在 20 个量表题中进行有效归纳和提取，得出 4 个因子，然后找寻若干位专家对这 4 个因子的两两相对重要性进行打分，经过整理后可以得到 4 个因子的判断矩阵，即可进行权重计算，那么这个计算过程称之为 AHP 层次分析法。

AHP 层次分析法可分为四步，分别是确定标度、构建判断矩阵、一致性检验和确定权重。引用上述的 4 个因子，将其名称分别定义为因子 1、因子 2、因子 3 和因子 4，专家对这 4 个因子的两两相对重要性进行打分。本节以上述 4 个因子为例，将 AHP 层次分析法在 SPSS AU 中的操作步骤说明如下：

第一步，确定标度。标度是指相对重要性的分值度量。常见标度可以分为 5 分标识即 1~5 分标度法、7 分标识即 1~7 分标度法和 9 分标识即 1~9 分标度法。例如，在本例中采用 1~5 分标度法，如果因子 1 相对于因子 2 非常重要，记为 5 分，若因子 2 相对于因子 1 非常不重要，记为 1/5 分。

第二步，构建判断矩阵。本例中共有 4 个因子，通过专家对这 4 个因子两两之间的相对重要性逐个进行打分，将所有打分分数整理到一个表格，即为判断矩阵。本例中共有 4 个因子，因此该表格为 4 阶判断矩阵，如表 6-1 所示。通常情况下判断矩阵表格不会超过 10 阶。

判断矩阵格式　　　　　　　　　　　　　表 6-1

	因子 1	因子 2	因子 3	因子 4
因子 1	1	a_{12}	a_{13}	a_{14}
因子 2	a_{21}	1	a_{23}	a_{24}
因子 3	a_{31}	a_{32}	1	a_{34}
因子 4	a_{41}	a_{42}	a_{43}	1

上表中的数字 1 表示的原因是由于因子本身相对于因子本身的相对重要性程度一致，记为数字 1。而 a_{13} 则表示因子 1 相对于因子 3 的相对重要性程度。a_{13} 和 a_{31} 二者的数值一定是倒数的关系，其他因子间的关系亦是如此。

本例中共有 6 位专家进行打分，通过计算专家的打分平均值，构建出 4 个因子的判断矩阵，如表 6-2 所示。

判断矩阵　　　　　　　　　　　　　　　　　　　表 6-2

	因子 1	因子 2	因子 3	因子 4
因子 1	1	1/2	1/3	1/5
因子 2	2	1	1/3	1/4
因子 3	3	3	1	1/2
因子 4	5	4	2	1

根据表 6-2 中的显示，可以得知因子 1 相对于因子 2 略微不重要，分值为 1/2；因子 1 相对于因子 3 比较不重要，分值为 1/3；因子 1 相对于因子 4 非常不重要，分值为 1/5。对于表中其他分值所代表的相对重要性解读亦是如此。

第三步，一致性检验。此步骤主要目的是分析判断矩阵是否存在逻辑问题。需要对上面表格进行主观逻辑上的判断，例如，因子 1 相对于因子 2 略微不重要是 1/2 分，因子 1 相对于因子 4 非常不重要是 1/5 分。显然,因子 4 相对于因子 2 应该更重要一点，但是如果在判断矩阵中出现因子 4 相对于因子 2 的打分，即 a_{42} 的打分为 1/2，表示因子 4 相对于因子 2 不重要，则会出现逻辑错误，则意味着没有通过一致性检验，说明该判断矩阵出现了问题，需要进行修改。

第四步，确定权重。在完成层次分析法的前期工作后，接下来就要使用 SPSS AU 软件进行操作。AHP 层次分析法在 SPSS AU 软件中的操作如下所示：

首先，选择"综合评价"→"AHP 层次分析"（图 6-61）。

其次，录入表 6-2 所示判断矩阵数据中的各个分值，单击"开始分析"按钮（图 6-62）。

图 6-61　AHP 层次分析选择命令　　　　图 6-62　判断矩阵

由于在本例中有 4 个因子，因此判断矩阵为 4 阶判断矩阵，上面已经提到过，判断矩阵的阶数一般不超过 10 阶，因为阶数过多处理起来会变得更为复杂，容易出现逻辑错误导致不能通过一致性检验，在选择好判断矩阵阶数后，SPSS AU 软件中会生成判断矩阵表格，依次录入相关数值，然后单击"开始分析"按钮，即可得出相应的分析结果。SPSS AU 软件会输出两个表格，分别为"权重结果"表格和"一致性检验结果"表格，如表 6-3 和表 6-4 所示。

权重结果　　　　　　　　　　　　　　　表 6-3

项	特征向量	权重值	最大特征值
因子 1	0.343	8.58%	
因子 2	0.519	12.96%	4.057
因子 3	1.155	28.87%	
因子 4	1.983	49.59%	

根据上表可以得出 4 个因子的权重值，并且因子 4 的权重值最高，为 49.59%；因子 1 的权重值最低，为 8.58%。

一致性检验结果　　　　　　　　　　　　表 6-4

最大特征根植	CI 值	RI 值	CR 值	一致性检验结果
4.057	0.019	0.9	0.021	通过

上表展示了 AHP 层次分析法的一致性检验结果。这里只需要对 CR 值进行判断即可，CR 值也称为临界比值，在判断矩阵中用来表示该矩阵的一致性是否可以被接受。在数值关系上 $CR=CI/RI$。通常情况下，如果 CR 值小于 0.1，则说明判断矩阵可以通过一致性检验；如果 CR 值大于 0.1，则表明判断矩阵不能通过一致性检验。

6.5.3　熵值法

在上一节的内容中，已经阐述了专家打分是如何使用 AHP 层次分析法计算权重的，本节所阐述的熵值法则用于计算城市社会调查问卷中每个量表题的权重。通常情况下，熵值法可以和 AHP 层次分析法组合使用，以构建权重体系。例如，城市社会调查研究中对城市公共空间的满意度调查由 5 个因子和 30 个量表题表示，首先可以使用 AHP 层次分析法计算得到 5 个因子各自的权重值，然后使用熵值法计算得到表示每个因子相关量表题的权重值，最后结合 5 个因子的权重值和它涵盖的具体量表题权重值，构建出权重体系[4]。

熵值法从本质上来是说一种对数据的客观赋权法，也是当下常用的权重计算方法。从信息论的层面而言，熵是对不确定性的数学度量，也是随机性的度量，换而言之，当所得到数据越混乱时，其离散性越强，随机性越强，则其不确定性也就越强，其所对应的熵值也就越大，对于该数据所赋予的权重就应该越小；反之，数据有序，离散性弱，随机性弱，则其不确定性就越弱，其所对应的熵值也就越小，对其赋予的权重应该越大。因此，熵值法根据熵值的计算原理，结合数据的离散程度进行计算，并且对各个分析项赋予权重[9]。以计算《某市社区公共空间品质调研》中"社区物质空间"评价体系下"活动空间的数量""活动设施种类丰富度"和"空间内绿化景观"这三项指标的权重比例为例，介绍熵值法在 SPSS AU 软件中的操作步骤。

第一步，选择"综合评价"→"熵值法"（图 6-63）。

第二步，将要分析的指标拖到右侧列表框中，单击"开始分析"按钮（图 6-64）。

单击"开始分析"按钮后，SPSS AU 软件会输出"权重结果表格"，如表 6-5 所示。该输出表格中还列出了其他三项重要指标即信息熵值 e、信息效用值 d 和权重系数 w。其中，信息熵值 e 与权重系数 w 是成反比关系，而信息效用值 $d=1-$ 信息熵值 e，因此信息熵值 e 越大，信息效用值 d 越小。具体分析时，可以参考 SPSS AU 中提供的分析建议和相关结果。

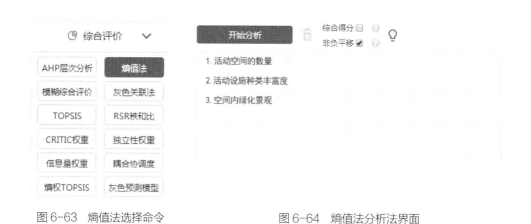

图 6-63 熵值法选择命令　　图 6-64 熵值法分析法界面

熵值法的权重结果　　表 6-5

项	信息熵值 e	信息效用值 d	权重系数 w
1. 活动空间的数量	0.9417	0.0583	32.84%
2. 活动设施种类丰富度	0.9905	0.0095	36.34%
3. 空间内绿化景观	0.9923	0.0077	30.82%

参考文献

[1] 罗清萍，余芳.实用社会调查方法与技能训练从选题到实施的工作过程[M].北京：经济管理出版社，2013.

[2] 张文彤，闫洁.SPSS统计分析基础教程[M].北京：高等教育出版社，2004.

[3] 吴增基，吴鹏森，苏振芳.现代社会调查方法[M].5版.上海：上海人民出版社，2018.

[4] 吴增基，吴鹏森，苏振芳.现代社会调查方法[M].2版.上海：上海人民出版社，2003.

[5] 风笑天.现代社会调查方法[M].5版.武汉：华中科技大学出版社，2014.

[6] 陈慧慧，方小教.社会调查方法[M].合肥：中国科学技术大学出版社，2019.

[7] 毕凌岚.城乡规划方法导论[M].北京：中国建筑工业出版社，2018.

[8] 江立华，水延凯.社会调查教程[M].7版.北京：中国人民大学出版社，2018.

[9] 周俊.问卷数据分析——破解SPSS的六类分析思路[M].北京：电子工业出版社，2017.

第 7 章

城市社会调查报告撰写

【本章要点】

城市社会调查报告可根据研究目的、性质功能、内容广度等分为多种类型。

城市社会调查报告撰写步骤包括：确立主题、取舍材料、拟定提纲、撰写报告、修改与补充调查等。

报告撰写环节的重点内容是使用材料和主题论证，其关键原则是材料的选用和观点的展开必须联系密切。

城市社会调查报告的结构包括：标题、导言或摘要、主体、结尾，以及注释、参考文献、后记、附录等部分。

城市社会调查报告主体结构包括纵向结构式、横向结构式、纵横结合式三种形式。

城市社会调查报告撰写需要注意报告行文严谨性，遵守学术道德，符合学术规范要求。

城市社会调查报告是呈现城市社会调查过程、集中展现城市社会调查研究成果的一种书面总结。调查报告一般是通过文字、数字、图表等形式，告知相关读者研究某个城市社会问题时所运用的研究方法、获得的研究结果，并说明该结果在认识和解决这一城市社会问题时所产生的实际意义等。一份城市社会调查报告的好坏，将决定社会调查能否实现较高的成果质量，发挥有效的社会价值和作用。

7.1 城市社会调查报告的类型

调查报告是对调查结果的整理和总结。在撰写调查报告前，首先需要考虑清楚的就是调查报告的类型，这将决定调查报告撰写的侧重点。

城市社会调查报告的分类有多种形式。根据调查报告所要实现的调查目的不同，报告一般有应用性报告和学术性报告两种；而根据调查成果呈现形式的不同，报告可分为描述性报告和解释性报告等，在这种分类方式下，调查报告的性质功能会有所差异；此外，根据调查报告内容广度的差异性，调查报告还可细分为综合性报告和专题性报告。

7.1.1 以研究目的分类

调查报告是实现调查目的的重要环节，也是调查目的向社会政策转化的一个重要环节[1]。不同的调查研究有不同的调查目的，其所总结呈现的调查报告也因此被分为多种类型，如应用性城市社会调查报告是以解决城市实际问题为主要目的，学术性城市社会调查报告的目的则是揭示城市社会现象的本质、发展规律,这种分类方式是较为常见的一种。

(1) 应用性城市社会调查报告

应用性城市社会调查报告往往是用于总结了解城市社会现实情况,为最终解决实际社会问题提供参考的一类调查报告形式。它的读者多为政府决策者或基层工作者,有比较强的实效性并需要一定的通俗性。因此,为了满足实际工作需要,这类报告在整体行文上比较灵活,不拘泥于固定的格式,对于整体研究过程的描述比较简略,在结果的呈现上使用直观的统计图表,其中根据研究结果所提出的政策建议部分则会被着重论述。

应用性城市社会调查报告主要有以下四种类型的报告——认识城市社会情况的报告、针对政策进行研究的报告、总结经验的报告、揭露城市问题的报告。这四类报告将分别为认识和掌握城市社会现象、制定和执行政策、总结和推广先进经验、提供解决城市问题的依据等服务。

(2) 学术性城市社会调查报告

学术性城市社会调查报告以学科研究为出发点,主要读者为相关领域学者,从理论探讨或实证研究的层面解析城市社会现象,分析各种城市社会现象之间存在的关系,并通过对调查资料的获取、统计与分析,最终达到检验假设、实证理论或建立理论的目的[2],也用于揭示某一城市现象的本质和发展规律。这类报告的专业性和理论性比较强,因此在行文上更加讲究用词精准、格式严整;而在研究方法的说明上,相较应用性调查报告,学术性调查报告需要进行更加详细的论述,如在样本抽取、资料收集环节采用了怎样的方法,工作是如何开展的等;在资料分析部分,则有更强的逻辑性,对结果的讨论部分相对于应用性城市调查报告而言有更强的理论引申性,但同时论述的过程也会更加严谨。

应用性城市社会调查报告和学术性城市社会调查报告的主要差异如表7-1所示。

应用性与学术性城市社会调查报告的差异对比　　表7-1

	撰写目的	读者对象	行文要求
应用性城市社会调查报告	以了解城市社会现实情况,解决城市社会实际问题为出发点	政府决策者或基层工作者	对于整体研究过程的描述比较简略,在结果的呈现上使用直观的统计图表,政策建议部分着重强调
学术性城市社会调查报告	以学科研究为出发点	相关领域学者、研究人员	在行文结构上需要有摘要,主体比应用性调查报告更详细,需要在研究方法上进行详尽说明,结尾有时需要对结果进行深层内涵的讨论

需要注意的是，应用性城市社会调查报告和学术性城市社会研究报告的分类并不是绝对的[1]，这是因为任何实际建议都是在深度理论研究的基础上得到的，任何理论研究也必须落实到一定的实际指导意义上，但在撰写时还是要有所倾向。此外，由于在这种分类方式下调查报告背后的研究目的不同，使得这两种调查报告在导言、摘要、主体、结尾等部分的行文要求上也具有一定差异。

7.1.2 以性质功能分类

根据调查报告在性质、功能或者说是内容层次上的不同，城市社会调查报告可分为回答了"是什么""怎么样"的描述性调查报告，以及既回答了"是什么""怎么样"且着重又回答了"为什么""怎么办"的解释性调查报告[3]。

（1）描述性城市社会调查报告

描述性城市社会调查报告对所研究对象的描述是系统完整，甚至是面面俱到的，可以向读者展示某一种城市现象的主要特点、发展趋势等。由于力求客观，这类报告只会得出一些描述性的结论，不需要引入一些无关的理论进行深层原因和规律的探讨。因此，这种调查报告类型比较适用于仅以了解城市社会现实情况为主的描述性研究中。

（2）解释性城市社会调查报告

解释性城市社会调查报告着眼于解释城市现象或城市问题的成因，例如可以针对某种城市现象进行影响因素的实证研究。这类调查报告也要先进行现象描述，但不需要非常全面和详细，报告的重点在于挖掘现象背后的深层原因、各影响因素间的关系等，从而获知社会现象的本质。在写法上，解释性城市社会调查报告必须体现以事实说话的特点，并且需要注意，这里的事实主要是指能够体现研究对象某种量化关系的数据，而并不是不加处理的简单调查结果，或者是从这种简短分析中就直接找到的某种关系或原因。要得出这种深层次的量化关系，往往还需要结合对特定的计算工具的说明[4]。

描述性城市社会调查报告和解释性城市社会调查报告的主要差异如表7-2所示。

描述性与解释性城市社会调查报告的差异对比   表7-2

	撰写功能	撰写要求
描述性城市社会调查报告	向读者展示某一种城市现象的主要性质、特征、构成状况等	需要对现象的描述面面俱到，注重描述环节的全面性、系统性
解释性城市社会调查报告	挖掘某类城市社会现象背后的深层原因或内在、外在的关系，得出合理且深刻的结论	需要通过对现象的描述，进一步解释现象产生的深层原因，具有针对性和实证性

需要说明的是，界定调查报告中的某一个段落是描述性的还是解释性的其实比较困难，一段话中可能既有对调查结果的描述，又有对调查结果所涉及的各种因素的深入分析，以更好地引入现象背后的原因、规律等，所以这时的调查报告可以被称之为描述和解释混合型的调查报告[4]，这也是调查报告中很常见的一种情形。此外，需要关注的是，由于任何的调查研究都需要对现状有一定的指导意义，因此，无论是描述性还是解释性的调查报告，都可以提出一定的建议和展望，前者侧重对现象的测评结果提出建议，后者侧重对现象的深层原因提出根本性的对策。

7.1.3 以内容广度分类

（1）综合性城市社会调查报告

综合性城市社会调查报告，是一种针对城市社会调查对象的基本情况、问题本质得到一系列系统性结论的调查报告。这类报告所得结论，其依据的材料丰富且覆盖面广，对调查对象的总体状况有比较完整的阐述和分析，涵盖地理、人口、阶层、政治、经济、文化等多维度，探讨各维度下的共性问题，提出具有普遍意义的建议，指导性比较强。因此，报告撰写人员会用较大的篇幅对调查数据的统计分析进行客观说明，全面呈现与研究主题相关的所有内容[2]。而为了能够更好地梳理庞大的调查背景材料以及相关数据，往往会构思一条主线来帮助归纳，例如会针对某个城市社会问题的整体发展变化情况，分别进行横向和纵向的梳理分析，从而串联起庞杂的材料，使整篇报告体系清晰。

由于研究范围广，综合性城市社会调查报告的读者群相对也比较广，因此在内容的选择和语言的组织上，除了要考虑相关领域的研究人员外，还要照顾各级领导、相关应用部门的执行人员以及一般大众人群，不宜过于专业，要避免因为读者读不懂而导致报告的研究价值和社会应用性被削弱。与此同时，即使报告涉及的角度多样，其内容也不能过于追求面面俱到，应注意突出调查的主题，避免显得琐碎[5]。

（2）专题性城市社会调查报告

专题性城市社会调查报告，是针对某一特定的城市社会现象或城市社会问题的某一方面进行调查成果整理而形成的报告[1]。这类调查报告内容专一、问题集中、篇幅短小。虽然它讨论的内容不及综合性调查报告广泛，但对于它专门研究的问题，其讨论的广度和深度是非常完整和深刻的。该类报告运用多层面、多视角的研究框架，所得结论比综合性调查报告更加明晰，提出的对策建议更加具体。因此，能够对症下药地帮助有关部门及时了解城市问题并快速治理。

综合性城市社会调查报告和专题性城市社会调查报告的主要差异如表7-3所示。

综合性与专题性城市社会调查报告的差异对比　　　　表7-3

	撰写内容	撰写要求	撰写方法
综合性城市社会调查报告	针对调查对象的基本情况、问题本质，得到一系列系统性结论的调查报告	需要用较大篇幅对调查数据的统计分析进行客观说明，全面呈现与研究主题相关的内容	用一条主线串联起整篇报告，可以进行横向对比或纵向脉络梳理等
专题性城市社会调查报告	专门针对某一特定的城市社会现象或某一侧面的城市社会问题，而进行调查成果整理的一种调查报告形式	问题集中，篇幅短小，结论鲜明，以及提供具体的对策和建议	根据专题问题本身的逻辑进行行文逻辑的架构

需要注意，综合性与专题性这两种调查报告的类型可以从不同的层面来界定，例如，专题性城市社会调查报告是从调查对象的专一性而言的，但若从对调查对象所研究的调查内容的广度和全面性来看，则又同时可以属于综合性城市社会调查报告，因此需要报告撰写者有所把握。

7.2　城市社会调查报告的撰写步骤及原则

7.2.1　确立主题

（1）主题确立的基本原则

首先，主题宜集中鲜明。调查报告的主题确定，要抓住社会问题的主要矛盾；调查报告的撰写，不能停留在对表象的描述上。因此，只有确立小而集中的主题，才能避免对调查问题泛泛而谈，从而能够真正反映事物的本质。调查报告的主题只有鲜明准确，才能便于引出直截了当的观点，从而最终呈现出一篇材料扎实、建议务实的调查报告。

其次，主题应注意时效性。调查报告在很多情况下需要反映城市社会中正迫切需要被解决的问题，因此，调查报告的生成及主题的确立必须注意保证时效性，以求能够及时、准确地呈现调查研究的进展或成果，最大限度地实现调查研究的指导作用和社会意义，也要有时代眼光，站在一定的时代高度上，寻找新颖独特的角度，以便获得新的思考和发展。

（2）主题提炼的基本方法

一般而言，调查报告所要表达的主要问题就是整个调查的中心问题，在这种情况下，调查报告的主题在调查开始时就已经被选定，提炼主题相对比较容易，只要与调查主题取得一致即可。但在另一些情况下，由于调查内容多、范围广，报告无法在原有主题内将其全部容纳，就需要针对经过取舍之后的调查内容，进行主题的细化调整。此外，有时在调查结束后，可能在某些因素的影响下，所获得的调查结果与最初的调查目标、研究假设产生偏差，这时也需要报告撰写者进行主题的调整。

7.2.2 取舍材料

一份调查报告是否达到了"言必有据"的基本要求，取决于是否获取和筛选了能够足够支撑观点的材料。

（1）材料取舍的基本原则

调查和分析后获得的调查资料很多，要注意取舍。只有经过取舍后的调查资料才可以被称之为"材料"。调查报告所用的材料主要包括客观材料和主观材料两大类，两者相互联系、相互依赖。前者是指从调查中所得到的各种数据、文字、图表、录音等形式的材料；后者是通过对客观材料的深入分析、讨论，进一步获得的观点和认识。

取舍的第一个基本原则是选取与主题有关的材料。在完成"确立主题"的步骤后，一方面，注意去掉与主题无关的材料，使主题更加集中突出，切忌引申太多、材料堆砌，避免冲淡主题、失去主旨；另一方面，注意调查报告的主题可能只是整个调查的某一细化问题，材料必须经过相应筛选。取舍材料还需要满足精炼、典型、全面的原则。被筛选出来的材料应具有代表性和针对性，精选材料时既不能遗漏关键性材料，又能让这些关键性材料发挥最大的价值。因此，如何选择合适的材料、如何合理安排材料，都是材料取舍过程中需要考虑的问题。

（2）材料精选的基本方法

为充分论证报告主题，需要精选以下类型的材料：典型材料，即最能反映调查对象本质、说明和深化主题的材料，其有助于增强论据说服力，体现了材料深度；综合材料，即能说明调查对象整体状况的材料，体现了材料广度；对比材料，即一组具有可比性的材料，通过对比使报告主题更加突出。而精选材料的基本方法是：选择能深刻地说明问题的本质材料，而不只是图解表象。将相关近似材料加以比较后，选择更符合标准的材料，对于可用可不用的材料，也要敢于舍弃。

与此同时，需要注意的是，主题和材料之间是相辅相成的，材料是主题形成的基础，而在主题确立后，主题又是取舍和组织材料的依据。因此，认真审读和取舍材料至关重要。

7.2.3 拟定提纲

在正式动手撰写报告前，需要先拟好调查报告的思路，并将这种思路逐渐转化为具体的写作提纲，为报告的实际写作打下基础。拟定提纲的主要作用是梳理脉络，确定调查报告写作层次，安排好调查报告的整体结构[6]，明确好报告内容的内在逻辑联系。

(1) 提纲拟定的基本原则

内容质量高的写作提纲，应满足以下四条基本原则：

一是突出报告主题。写作提纲的拟定，没有固定不变的模式，但必须要围绕报告主题科学安排结构层次，以便于在写作时充分突出主题。

二是阐明基本观点。即需要根据主题阐明相应观点，或能够回答现实生活中需要解决的实际问题[7]。

三是观点和材料统一。即基本观点与材料要吻合，保证观点是能够通过材料充分论证的[7]。

四是符合内在逻辑。写作提纲的拟定要实现科学阐明主题观点的目的，并符合客观事物发展的内在逻辑。

(2) 提纲构思的基本方法

写作提纲的撰写并没有固定不变的模式。首先，不同的撰写者会有不同的写作习惯，此外，不同的调查主题、调查目的也会带来不同的提纲组织形式。因此，拟定提纲的具体方法是，首先将调查报告的主题进行分解，确定好报告有几个方面或分项后再充实详列，形成细提纲[1]，即"先粗后细"。在这个环节，一般需要形成标题、观点句、内容纲要等几个部分的内容。在提纲的写法上，一般包括条目提纲、观点提纲两种，前者是将各层标题逐级列出，后者则可以被视为在条目提纲基础上的一种深入，如果调查报告最后会给出多层面建议、理论时，则最好拟定一份观点提纲[9]。要注意，提纲的构思不是观点和资料的简单罗列，而是设计一个逻辑框架，这个框架需要能够让观点和材料被放置在其中最恰当的位置[8]，使得最终得出的调查结论最具有可靠性。

7.2.4 撰写报告

(1) 报告撰写环节的基本原则

调查报告的结构要合理。调查报告一般包括三个部分：导言或摘要部分，简要说明调查对象、调查背景、研究意义、调查方法及过程；正文部分，即按照一定逻辑关系陈述调查材料，并给予相应分析，最终可以得出有价值的结论，这是整篇调查报告的核心；结尾部分包含对研究的总结、结论与建议，可长可短。这三个部分可以根据调查的目的及报告用途的不同，合理分配写作重点与篇幅，但调查报告结构必须层次分明、逻辑连贯，结构中平行的部分，其内容必须是同层次的，而不能上下层次互相混淆。

调查报告撰写应注意行文规范，要求行文用语简明、恰当，阐释观点要开门见山，段落叙述要删繁就简，数据的引用要准确可靠，使用概念、术语、名称等在文章前后要保证统一，论理要用通俗的文风深入浅出。此外，还需要关注学术写作上的基本格式规范、文体特点等。

调查报告撰写应保证材料使用的真实性。调查报告不同于一般论文的显著特点就是需要大量使用调查材料，这是撰写时的关键环节。材料是客观事实的反映，若要保证调查报告所引用的真实性，使用材料时不可任意添加、删改，也不能夸大或缩小，避免以偏概全。尽量多使用一手资料，这对于结果的论证会更具说服力。经过取舍后的材料少而精，使用时也应力争以最简明的方式进行表达，凡是以统计表形式描述的数据，在文字表述中切忌再简单重复，而应该着重说明和概括这些数据所反映的内涵或意义[9]。

（2）报告撰写环节的内容重点

调查报告的撰写思路、材料内容、写作框架在正式撰写调查报告前已经基本成型，而报告撰写环节中的内容重点是使用材料和主题论证[9]。

使用材料，即在拟好调查报告提纲后，按照提纲的纲目对材料进行"去粗存精"的环节。第一，主观材料和客观材料需要结合使用。第二，既要结合典型的事例来论证观点，也要有完整的分类资料进行多角度分析，如果需反映调查对象的整体面貌还要结合综合材料的使用。第三，需要恰当处理图表表达与文字表述的关系，阐述每一个信息都尽量选择最恰当的表达方式，文字、数字、图表等要灵活运用。图示化表达所蕴含的意义往往是需要借助文字来进一步总结的，确保对图表解读能力高低不一的读者都能很好地理解图表。而尤其需要注意的是，在撰写过程中，应该避免用文字将图表中的统计数字重新叙述一遍的简单做法[10]。第四，需要学会以材料为基础提炼观点，用观点统率全文，避免在调查报告的观点、结论中出现统计数字、统计图表等调查材料的简单罗列与堆砌。

主题论证，即用材料来论证主题。使用材料与主题论证是相互依存的关系。主题的引入和深化首先需要根据调查研究方法的不同，而采用不同的论证方式。城市社会调查一般是定量与定性分析相结合，因此在撰写报告时，也需要将定量资料和定性资料结合使用。此外，演绎论证法、归纳论证法也可以帮助论证，前者侧重推理，一般适用于定性研究，如果前提正确、论证符合逻辑，那么结论就正确；后者主要用于定量研究，不讨论结果的对与错，只讨论论证是充分还是不充分，而调查资料的充分程度将会影响论证的充分程度。最后，最重要的一点是主题、观点必须要与事实相符合，即保证客观性。具体的方法是所有的主题、观点的输出都要以事实为基础，并且注意保持事实和论证的适当比例，避免出现只有事实叙述而缺少论证，或只有论证而没有事实。

由此可知，报告撰写的重点是材料和观点的展开必须两者联系密切。如何能够让调查报告的论点得到清晰论证,如何让材料能够更好地支撑论点,是报告撰写最关键的问题。因此,处理论点与论据之间的关系是撰写调查报告最重要的学问,要求研究者选好材料,并且合理配置材料。

7.2.5 修改、补充调查

为保证质量,在"公开亮相"之前,撰写完毕的调查报告需要进行仔细检查。从经验来看,修改报告比撰写报告更加困难。修改的过程就是反复锤炼的过程,删除不必要的重复,加入新的材料和思考,调整已有内容下的报告结构,精简文字内容等,需要尽可能提高报告质量。此外,在撰写、修改调查报告时,往往会对内容进行填充、完善,在发现缺少对某项资料的调查时,就需要做到"边写边研究"[1],及时进行补充调查。补充调查的任务,一般都是收集少量的典型资料进行补充论证,或者是补充核实和验证原调查资料的可信度[1]。事实上,研究工作通常贯穿了整个城市社会调查报告撰写工作的始终,调查过程以及报告撰写时的再研究是极为关键的环节,需要随时检查、判断资料的准确性和真实性,并可以进一步深化认识[1]。

7.3 城市社会调查报告的结构及各组成部分的撰写方法

7.3.1 标题

标题可以使读者基本了解报告的核心观点、引起阅读兴趣等,因此报告的撰写者需要重视标题的拟定。

(1)标题类型及形式

标题有单标题和复标题两种。从目前大量的调查报告标题总结来看,单标题有以下几种书写形式:陈述式,即在标题中表明调查对象,主题突出但也稍显平淡,因此在学术性城市社会调查报告中经常被采用;判断式,即在标题中表现出对调查对象的判断及态度,多用于讨论新兴的事件对象;提问式,作者在标题中设问,但不给出调查结论,引发读者思考,因此多会用在探讨问题本质的一些调查报告中。而使用复标题时,主标题负责表明作者的观点,副标题负责补充说明调查地区及对象范围等,使用复标题的形式会对调查报告的主题有一定加强作用[1]。

(2)拟定标题的注意事项

无论哪种形式,一般都要注意:标题要高度凝练,要与报告主题相吻合;标题要尽可能醒目,有新鲜感、有吸引力,但不能为了增强标题的吸引力而使用夸大范围、夸大事件程度或者脱离主题的标题;标题的文字要简短,一目了然;标题以能够表明作者思想的倾向性为宜。达到以上几点,才能算是"有效"的标题。

（3）标题拟定的实例

实例1：《"狗不理"的背后——小黄狗智能垃圾分类回收机使用情况与运营现状调查》

实例2：《行途有景，与君相逢——文化可持续理念下北京轨道交通站点空间设计调研》

实例3：《分级诊疗背景下的社区卫生服务机构使用情况调查》

上述前两个实例采用了复标题的形式。实例1的研究对象为"小黄狗智能垃圾分类回收机"，因此标题采用了吸引力很强的"狗不理"的表述，揭露问题，暗含调查对象所存在的使用率低、运营现状不佳等情况；副标题则详细说明了研究对象、研究内容，整个标题醒目且富有新鲜感，贴合调查报告内容。

实例2在主标题中采用的是一种抒情式的表达，表达了作者的态度，即对于"北京轨道交通站点空间设计"的未来愿景，但难以完全说明报告的内容，在副标题中则对此进行了准确的表达，也是一个有效的调查报告标题。

实例3是一种单标题的形式，陈述式的单标题表达直接以调查对象作为标题，主题鲜明、突出，利用限定词"分级诊疗背景下的"说明了调查的限定范围及背景缘起。

7.3.2　导言或摘要

"导言或摘要"部分的主要目的，是通过对调查研究进行简要介绍，让读者能够快速了解调查的整体内容。而应用性和学术性城市社会调查报告的导言、摘要在内容上有比较大的差异：应用性城市社会调查报告仅有导言，而学术性城市社会调查报告在结构上则有一个相对独立的摘要部分，一般置于标题与报告正文之间，其后可以继续在正文的第一段撰写导言。本教材以应用性城市社会调查报告和学术性城市社会调查报告为例，说明导言和摘要部分撰写的主要内容和撰写时分别需要注意的事项。

（1）应用性和学术性城市社会调查报告中导言、摘要包含的内容

应用性城市社会调查报告的导言，也称前言、引言或绪论，需要交代调查的时间、地点、目的、对象、范围、调查方法等。具体的写作方法有主旨陈述法、结论前置法、提问设悬法等[7]。主旨陈述法，需要在导言中说明调查的主要目的、对象、思路和方法，有利于读者总体把握调查报告的宗旨，相对常见；结论前置法，即在导言中先行说明调查的基本结论，这种写法开门见山，直奔主题，使得读者在阅读调查报告时对作者的观点一目了然；提问设悬法，即在导言中对所调查对象的产生原因和影响提出疑问，设置悬念而不作正面回答[7]。

在学术性城市社会调查报告中，读者首先可以通过阅读摘要，决定是否要继续阅读整个报告的具体内容。因此，学术性调查报告摘要的撰写，需要对报告正文中的导言、方法、结果、讨论等各环节进行简要概括，进而让读者对整个调查研究有

一个大致的了解。而在导言部分,学术性报告在内容上要多于应用性报告,主要包括:介绍调查研究的问题及背景、对有关文献进行评论、介绍自己调查研究的设计等[1]。首先需要说明调查研究的主题、缘起、背景,从广阔背景逐步聚焦到自己所调查研究的问题,要求层次清晰;其次是对有关文献进行的综述和评论,需要介绍已有相关文献的基本内容和存在的缺陷、自身调查的主要视角、本次调查的学术定位等;最后需要说明调查研究的设计,主要包括研究框架设计、研究方法设计、抽样方式、资料收集的过程、样本状况等,在介绍过程中,要突出说明自己的调查研究与其他调查研究的差异,进而说明自己调查研究的独特意义。

(2)撰写注意事项

需要注意,在学术性城市社会调查中研究设计是非常重要的部分,而这部分的内容都会在学术性调查报告的导言中写出,这是应用性调查报告所没有的。这是因为学术性调查报告的读者往往是各个领域的专业人士和专家,他们不仅仅关注研究结果和结论,还关注调查研究的过程和方法。在报告开篇就快速了解到研究方法及执行的状况,可以让读者从专业的角度预判研究的价值。此外,有时也可以将研究设计这部分内容单独以"方法"作为学术性调查报告的一个章节进行撰写。

(3)摘要撰写实例

实例4:小行动,大健康,乐生活
——可持续城市理念下北京社区主动型健康管理模式调研(节选)

摘要:新型冠状病毒肺炎疫情是全球范围内的一次重大突发公共卫生事件,深入调查研究社区健康管理模式及其对疫情发展的影响,对可持续城市建设具有重要意义。北京是我国受新冠肺炎疫情影响较为严重的城市之一,本调研以北京市四个不同类型的社区作为调研区域,分析社区居民针对疫情防控的健康管理意识、行为及社区引导机制,探讨以主动型日常健康管理取代被动型疫情感染或大病就医的可能性,并提出应对策略。调研结果显示,样本社区的居民在疫情前后对主动型健康管理态度发生转变,开始逐渐重视日常健康;社区区位、辐射社区的医院密度、就医质量、年龄结构、家庭情况、教育宣传等都对主动型健康管理行为产生影响;社区对主动型健康管理在引导、宣传、管控等层面的工作有待提升。本调研有利于在未来的突发性公共安全危机中加强社区韧性,抵抗疫情感染风险,规避群体冲击,提升居民健康程度,从而助力构建可持续的人居环境。

本实例属于学术性城市社会调查报告的摘要。整篇摘要思路清晰,基本包含了摘要需要满足的内容要求,即简要概括了调查的背景与目的、调查方法、调查结果、讨论四个部分，起到了让读者通过阅读摘要就对调查研究有一个大致了解的目的。该摘要首先说明了缘起背景——"新冠疫情"、价值意义——"可持续城市建设"，并对报告所研究的"社区健康管理模式及其对疫情发展的影响"问题进行了描述；其次说明了调查所选取的样本对象、分析的具体项目内容，但这部分缺少了对相关调查研究方法的说明；最后阐述了调查所得的结果，对于调查的前景及影响意义也进行了讨论。该篇摘要的缺点是篇幅稍显长。

7.3.3 主体

城市社会调查报告的主体部分是报告的中心和重点，一般会占到整个篇幅的70%~80%，容纳了大量材料及结果。调查报告类型的不同决定了调查报告主体结构、内容形式的不同。例如，调查目的不同的应用性调查报告和学术性调查报告，在进行主体部分的撰写时就存在一定的差异性，本教材就应用性和学术性城市社会调查报告行文特点及撰写要求分别进行说明。

（1）主体的常见结构形式

首先需要了解主体部分的常见结构形式，主要分为三种：纵向结构式，即按照城市社会现象本身所具有的时间性而建立的结构形式，该形式有利于读者从动态上把握事物发展的前因后果；横向结构式，即从静态上把调查材料及相应观点按照不同标准进行分类[1]，从不同的侧面来逐一分析、比较而建立的结构形式，以突出某一城市社会现象或问题的多方面内容或特点；纵横结合式，是上述两种结构形式的有机结合，在一般情况下会以其中一种形式作为侧重，该形式多用于较大规模调查的调查报告中，以便于反映出比较复杂的内容[12]。应用性和学术性城市社会调查报告均有可能运用到这三种结构形式。需要注意的是，在撰写城市社会调查报告时，为了揭示主题，并最终提出能够有效应对城市社会实际问题的观点，要勇于创新，按照写作需要选择最佳的主体结构形式，使结构能够为主题服务。

（2）主体需要包含的内容

无论是哪种类型的调查报告，主体部分都需要先客观地叙述对象，分析研究对象的基本情况；随后，利用调查所得的具体数据和典型事实，说明社会调查的环节及结果；接着，根据这些基础资料深入分析对象，描述城市社会现象，解释各影响因素间的关系，进一步说明这种城市社会现象或城市社会问题产生的原因；最后，如果是应用性的调查报告，需要提出必要的对策性建议或方案，如果是学术性的调查报告，需要给出必要的学术性推论和评价，阐明研究的主要特点、贡献以及可能存在的局限[9]。

除去以上共同的主体内容部分以外，在学术性调查报告中，需要用比较大的篇幅阐述调查所采用的方式、方法、工具或调查程序等，即在说明"是什么"之前先告知"如何做"。如前文所述，有时则会将"方法"部分单独拎出，作为一个单独的章节进行阐述，这是学术性调查报告区别于应用性调查报告的一个突出标志。

一般来说，学术性调查报告单独拎出的"方法"，需要涵盖以下五方面：研究设计、调查对象、主要变量、资料收集过程、资料分析方法[1]。研究设计，即需向读者介绍该项调查的基本设计，阐述实际调查工作是通过何种方式开展的，说明调查的时间与任务安排、调查地点的选择、调查相关工具的准备等[6]。调查对象，需要阐明研究的总体情况和抽取的样本情况，包含介绍调查样本的构成、抽样方法及程序等几个方面，进而对研究成果的推论范围及适用性作出评估[1]。主要变量，需要对研究的具体指标进行详细的介绍，使读者明白每个变量是用哪些对应的指标来测量的，计算方法是什么。资料收集过程，具体而言，即如果实地调查是派调查员进行入户访谈，那么最好能够对调查员的构成、人员的挑选与培训作一定的说明；如果资料是通过自填问卷来收集的，那么就需要说明问卷是如何发到调查对象手中的，如何回收的，回收率、有效回收率分别是多少，并说明实地调查的组织与监控情况；还需要对资料收集工具进行介绍，包括具体工具是什么，例如是自填问卷、访问问卷，还是访谈提纲等，而工具中包含多少个问题，工具是否经过检验等也需要进行说明[1]。资料分析方法，可能会因为调查研究目的和内容的不同而有不同选择，包括定性分析、定量分析、一般性的描述分析、深入的相关分析等[10]。因此，若是定性研究，需要在报告中说明研究者的设想、研究问题的背景、与定性分析相关的数据收集方法等；若是定量研究，需要注意研究假设是否合理、调查方法是否正确，这与研究结论的科学性密切相关，也是衡量一项研究的质量高低，评价其研究价值、社会意义的重要指标。

（3）材料选择与框架设计的实例

如何将经过整理的结果进行条理清晰的安排和讨论，是调查报告能否实现"用事实说话"的关键。因此，本教材选取了一则调查报告的大纲部分来进行评析，以了解报告主体部分撰写的具体要求与方法。该则案例的研究课题，主要是聚焦在目前由于我国医疗资源分配不均，导致大量病患涌至北上广等地区的三甲医院，弱势群体病患及其家属在医院周边暂居，因此而带来的相关社会问题、环境问题等。调查报告从暂居地的主体使用者切入，说明了异地就医弱势群体的社会学特征、求医指向以及暂居载体选择等，聚焦暂居环境的内部与外部空间现状，详细解析了"暂居环境中使用主体的满意度"等评价结果，是比较典型的现象描述性的城市社会调查报告，也同时属于学术性的城市社会调查报告。

实例 5：医途千里，陋室难栖
——北京市三甲医院异地就医弱势群体暂居环境调查（节选）

1　调研综述
　　1.1　调研背景
　　1.2　调研目的与意义
　　1.3　调研对象与范围
　　1.4　调研方法与框架
2　异地就医弱势群体求医指向与暂居载体调查
　　2.1　异地就医弱势群体的社会学特征
　　2.2　异地就医弱势群体的求医指向
　　　　2.2.1　医院选择主导因素
　　　　2.2.2　求医主体患病特征
　　2.3　异地就医弱势群体的暂居载体选择
3　异地就医弱势群体暂居环境调查与解析
　　3.1　内部居住环境调查
　　　　3.1.1　内部居住环境的空间与功能特点
　　　　3.1.2　内部居住环境与康养需求的适配性
　　3.2　外部空间环境调查
　　　　3.2.1　外部空间环境特点
　　　　3.2.2　外部空间环境与康养需求的适配性
　　　　3.2.3　外部空间环境使用与原住居民的矛盾
　　3.3　异地就医弱势群体暂居环境使用主体满意度评价
　　　　3.3.1　评价目的
　　　　3.3.2　评价方法
　　　　3.3.3　评价结果
　　3.4　暂居环境问题解析
　　　　3.4.1　内部居住环境问题
　　　　3.4.2　外部空间环境问题
4　建议与展望
　　4.1　建议
　　4.2　展望

整篇调查报告从暂居地的使用主体及其社会学特征出发，进行了调查研究。用求医指向、对于暂居载体的选择等，来补充说明暂居环境与使用主体之间的联系。

将暂居环境的情况分为内部环境与外部环境分别进行解析，利用"适配性"以及"满意度"评价中的各项指标关系，说明目前暂居环境中存在哪些问题、哪些问题最为突出。为了紧扣目标主题，并进一步揭示主题、深化主题，报告的总体结构采用的是横向结构式。首章首先说明了调查背景及"怎么做"，前三个章节集中剖析了现象产生的主体及产生的原因，最后提出了相应的建议及展望，回答了"怎么办"的问题。整篇报告表达条理清晰、分析全面、主题突出、层次分明。

通过这则案例，有一点值得重视：城市社会调查报告的撰写强调对于调查对象、社会现象等的抽丝剥茧，每项材料安排的先后，将直接影响结论的可靠性。在写作前构思好写作框架，就是为了可以思路清晰地安排材料。关于对暂居环境所存在问题的分析，需要先说明暂居环境使用主体的属性特征，以及弱势群体对暂居环境的选择倾向等，这样针对暂居环境所得出的评价结论将更加可靠，也更有说服力。说明暂居环境存在的问题，则需要依照从"环境的客观特征"或"弱势群体的客观需求"，到"空间环境与弱势群体康养需求的适配性"及"弱势群体使用者的使用评价"的逻辑展开，即从"使用主体"到"环境"，再从"环境"回归"使用主体"。调查"异地就医弱势群体暂居环境"情况的最终目的是能够更深入地解决目前的问题或困境，因此，这篇调查报告始终密切围绕主题，凸显了调查报告的社会价值和指导意义。

7.3.4 结尾

调查报告的结尾部分是针对整篇报告的分析结果，进行精炼又准确的总结性陈述或议论，需要分类或分层列出调查研究的主要结果，或在此基础上进行对策研究，或对结果进行议论和展望，以进一步深化主题[12]。以下将针对应用性调查报告和学术性调查报告在结尾部分的撰写特点进行对比说明。

（1）结尾的常见写法

不同类型调查报告结尾的撰写方法不尽相同。因此，根据主题的需要，结尾篇幅可长可短，有的调查报告也可能没有结尾。

结尾多有以下几种写法：概括式、总结式、问题式、补充式。概括式结尾，是概括地说明整篇调查报告的主要观点，起到深化主题的效果，增强报告的说服力和感染力，在应用性和学术性调查报告中均会用到这种结尾形式；总结式结尾，是根据调查的实际情况，总结出实践的基本经验，形成调查的基本结论，这种结尾多会出现在应用性调查报告中；问题式结尾，即根据问题提出建议，针对调查所得的材料、引出的观点等，为相关部门提供可参考的方案或建议，应用性和学术性调查报告均会用到这种结尾形式[6]；补充式结尾，一般是调查后发现了一些与调查主题不完全相关、正文也因此没有提及，但又有一定价值的问题，这类内容可以被补充在结尾处。

（2）结尾需要包含的内容

应用性调查报告和学术性调查报告的结尾部分，都包括结论部分，一般撰写原则是"先总体再个别，先一般后具体"，也就是先陈述调查的基本结果，再分别陈述调查过程各个方面的结果，或者是先描述整个调查的一般情况，再描述每一个方面的具体情况。但两种调查报告的结尾撰写还是有一定的差异性：应用性城市社会调查报告的结尾核心是在于陈述调查的过程，总结调查的结果，提出有关对策或研究建议，篇幅短小；学术性城市社会调查报告的结尾，除结论部分外，则还会有进一步讨论和深入的环节。

应用性城市社会调查报告在结尾部分撰写时，一般是先将调查结果与调查研究的假设进行对照，从而对城市社会调查对象或问题作出进一步的判定结论。如果假设得到证实，就可以建议在更大范围或其他范围进行更广泛的验证；如果假设被部分推翻或结果与假设完全背离，应该酌情考虑是本次城市社会调查对象选取代表性弱、调查方式不佳造成，还是假设本身确有问题[1]。由于应用性调查报告是一种对策性的研究，需针对所提出问题给出主要对策和策略，因此，对于结果的总结部分更要简明扼要、不可累赘重复主体中已阐述过的分析结果。

学术性城市社会调查报告在结尾处，对每一个结论进行陈述时，先需要说明基本结果，再进一步陈述更深入、细致的结论。在呈现时，一般是先给出答案，再详细列出证据，而在每个结论陈述完之后，还需要再进行简单的小结[2]。结论的措辞力求精练和富有表现力。此外，除了作出对城市社会调查的结果、结论的阐述外，还需要在所得结论的基础上，挖掘一些更深层次的内涵，这个部分称为"讨论"。"结论"将会讲明结果的各个分支环节，"讨论"则一般陈述的是研究的整体结果，以便于引出深层内涵。因此在"讨论"部分，可以对以下研究问题进行进一步的思考：对自己的研究进行评价，说明所得结论适用的条件或受到的限制；对自己的研究仍然没能回答的问题进行进一步讨论；对那些在研究过程中出现的新问题进行讨论，包括操作层面和理论层面，并可以针对新的研究问题提出建议[2]。需要注意的是，结论和讨论一般可以放在一起写，但当报告内容多而复杂，结论和讨论需要作为两个单独的部分分开写时，"讨论"部分不宜写得太长，否则有可能冲淡研究的主题。

（3）撰写结尾的其他注意事项

注意调查结论与调查结果的差异。"结果"不含主观的议论或推论，只需要得出客观的数据处理分析结果即可；或者与同类研究的相应结果进行比较，通过和前人研究工作、研究结果的对比，进一步说明本研究的创新性及其研究价值。而"结论"则涉及"为什么""说明了什么""应该怎么办""还需要做什么"等。所以，得到了"事实结果"，并不意味着就得到了结论，也不可认为结论只是把自己的观点再次简要列出,而是需要由表及里地引出一系列结论。同一个调查结果可能会由于考察的方面不同、归纳的角度不同、总结的深度不同而得出不同的结论,且结论未必是肯定的,也可以是否定的[14]。此外,在结论部分中有必要回顾整个研究过程并进行自我评价,总结调查遇到的困难或研究中的不足,引出在此研究结果的基础上还可继续开展研究的问题,或对研究不足之处可以进一步优化的方向,还可针对某些现有结果进行预测性的分析等。从进行城市社会调查的目的和撰写城市社会调查报告的意义来说,调查报告的结论部分将承担城市社会调查重要的价值推广和启发读者进行思考的任务。

注意避免在"结尾"部分对数据、材料和图表的无序堆砌:第一,结尾需要包含比较系统全面的内容,对于大量的数据、图表和统计结果,应懂得取舍、抓主次;第二,有经验的研究者往往会在图表的设计和表达上注入大量心思,将一些表达片面、总结性弱的图表进行舍弃,以求用最少量的有效图表来清晰表述结果;第三,解读图表时不仅需要客观叙述数据统计结果,还需要揭示现象背后的内涵,不能仅仅将统计数字逐项用文字复述一遍[2]。

(4)撰写结尾的实例

实例6:告别彷徨——待业大学生就业与生存状况调查(节选)

总结:待业大学生是社会上一种特殊的样体,同时也是一个新"崛起"的贫穷群体。随着社会经济的不断发展以及教育的改革,大学生的数量也越来越多,这也导致了人才市场需求与大学生数量的不匹配,从而催生了待业大学生这种新型群体的出现。我们首先对待业大学生这一群体产生的原因以及现状情况、他们所面临的困境(就业方面、生活和精神方面)进行资料的收集。随后,我们在网络上发放调研问卷共180份。通过调研问卷的分析,我们深入挖掘了大学生就业难的原因、大学生生活现状以及大学生对于国家与高校层面调控就业的需求。最后,我们就国家、高校以及待业大学生自身层面针对此次调研发现的问题提出了对策与建议。

该篇报告属于应用性调查报告,在结尾撰写时,总结了整个调查的过程,对于调查的主要结果、提出的相关对策或研究建议则未进行具体展示,因此并不能算是一个有效的结尾。应当注意,结尾的撰写不应只是对调查结果的简单堆砌,也不宜只是对整个调查过程进行简单总结,这样的结尾内容并不能够达到深化主题的目的。当然,如果调查过程本身有比较强的推广性,则可以在结尾处将调查过程中存在的科学性经验或创新性方法作为撰写重点。

7.3.5 注释、参考文献、后记、附录

（1）注释

在撰写城市社会调查报告时，有时需要引用别人的论述、结果、数据、材料等来支持或证明自己的观点或结论，注释是出现在当需要引用他人的资料、解释不易理解的概念时，一般有三种标注方式：第一种是夹注，一般需要注明外文的人名、地名，或者在少数情况下进行专业名词的解释时，会在所引资料之后用括号进行说明、注释或提示；第二种是脚注，即在加注词的右上方加上一个注释号，在该页页脚需要注明其相关的出处、时间等；第三种是章节附注或尾注，与脚注类似，不过是在章节末尾或全文末尾处按注释号顺序列出所有注释号，分别说明加注词的意义、出处、时间等[1]。

（2）参考文献

调查报告通常需要在报告的末尾列出参考文献。研究者阅读、参考、评论、引证过的相关文献都有必要列出，强调调查报告自身科学性的同时，将为其他同领域研究者提供文献索引[13]。此外，参考文献的书写需要符合相关学术规范要求。

（3）后记

后记一般写在结尾之后，一般需要说明：城市社会调查中尚未说明的问题，调查参与人员、报告撰写者认为有必要解释的内容，例如关于调查报告的发表、出版等相关问题。另外需要注意的是，如果正文中已经说明了以上问题，或者有些城市社会调查规模比较小，调查报告本身篇幅也不长时，就不再需要撰写后记了[7]。

（4）附录

附录附加在城市社会调查报告的最后，包括调查问卷、访谈记录、调查指标的解释或说明、原始统计数据图表等[7]。需要注意的是，附录并不是对所有调查报告而言都是必要的，当主体中有内容未能被详尽说明，且放入主体会破坏整体行文结构，但又与主题密切相关时，才需要添加附录。附录的资料可以帮助感兴趣的读者深入理解过程中的各种细节[7]，但由于详尽罗列会占用很大篇幅，因此调查报告被发表在学术刊物上时往往会省去附录部分[13]。

7.4 调查报告撰写时的其他常见问题及撰写要求

7.4.1 撰写城市社会调查报告的行文要求

（1）文体结构特点

1）撰写调查报告要有针对性

调查报告的撰写，最大的目的是引起读者的反应，以此将调查的潜在价值转化为现实的意义和效果。不同的读者有不同的阅读兴趣、学科背景、分析能力，读者

的不同将很大程度上决定作者的行文风格,甚至影响调查报告的类型。只有更好地考虑读者受众,撰写完成的调查报告才有可能更好地被读者所接受,以实现研究目的。

2)写作重心是清晰交代研究方法和研究结论

无论是学术性调查报告还是应用性调查报告,介绍研究方法和研究结果都是报告撰写的重点。因为只有研究方法科学,研究结论才可靠,而研究结论是城市社会调查报告中承担价值推广作用的重要部分,所以在撰写调查报告时应当将主要精力放在如何清晰地交代方法和结论上。

3)应当注意控制调查报告的篇幅,保证篇幅适中

各章节篇幅应尽量相当,篇幅过长时,可以把冗长的描述换成表格或图表,与主题无关或对论证意义不大的段落应当删去,多个句子可以整合成一句话。当篇幅过短时,则需要进行必要的扩充,例如在报告中加入更多解释性的材料,查找与写作的主题或问题有关的更多参考材料和引文,用更多的篇幅来讨论调查设计的原理及其运用的成效等。

4)注意图表的使用时机

在调查报告中使用一些图表或其他说明形式,可以用来阐明、分解、丰富和加强报告的影响力和可读性,不过图表的使用时机也非常重要。很多情况下,一张图表可以代替大段文字,那就可以仅用图表而不必保留文本;最好将图表与对应的文本在相对靠近的位置呈现,如果图表全都集中在章节结尾或文章附录中,读者不一定会再去翻阅,图表便失去了实效性;所用图表必须是清晰、无歧义且精心制作的。此外,需强调文本通常还是研究报告的主要部分,不适合让图表来主宰整个文本[14]。

实例7:"狗不理"背后
——小黄狗智能垃圾分类回收机使用情况与运营现状调查(节选)

3.3 市场占有率较低

即使在小黄狗较普及的地区,也面临着来自其他回收模式竞争对手的冲击。再生利用产生价值,回收端口带来利润,中间环节必然会产生市场。与小黄狗回收机共同瞄准这片市场的还有废品回收流动个体户(俗称"收破烂儿的")、废品回收站、线上下单上门回收等模式,它们各有特点,各具优劣(图7-1)。

与其他模式相比,回收机可以说是无人看守、自动计费的"微缩型废品回收站",它的分布密度比废品回收站大得多,但是容量较低,开口设计上也不适合较大宗废品的投放,回收更倾向于"零敲碎打",而非习惯的"厚积薄发",而且对很多中老年人来说,下载APP、注册账号、扫码投放的流程太过麻烦,有操作不便之嫌。

从桑基图中我们可以看到,进行废品回收的居民的年龄构成与他们所选择的回

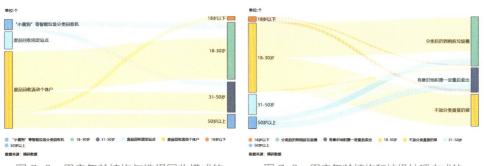

	流动个体户	废品回收站	在线下单上门回收	小黄狗智能回收机
优势	传统模式，认可度高 直达家门，无需位移	固定点位 任意时间	随叫随到，无需位移	固定点位 任意时间
劣势	流动性大，时间地点不固定	分布少，所需平均位移大	普及率低 用户利润较低	容量低 操作不便

图7-1　各类回收模式优缺点对比分析图

图 7-2　用户年龄结构与选择回收模式的交叉分析图

图 7-3　用户年龄结构和垃圾处理方式的交叉分析图

收模式占比（图 7-2、图 7-3）。因此，从市场人群和用户习惯的分析来看，小黄狗智能垃圾分类回收机并不占优势，模式的固有缺陷限制了回收量的发展，也就限制了利润的增长。

这篇实例中对于图表的运用比较恰当，三张图表很好地起到了辅助论证的作用，与文字部分相得益彰。可以注意到的是，在上文中的两张交叉分析图的背后，应该还包含了如年龄结构统计图、垃圾处理方式选择概率图等一系列统计图表，而作者在进一步处理后合成为如图所示的交叉分析图的形式。因此，在撰写调查报告时，精选及处理材料的环节极为重要，应当选用能够深刻说明问题本质的材料，而不是简单图解表象的材料；对于多余的材料也要敢于舍弃或进行加工，这样才能凸显主题，突出论证结果。

（2）语言细节要求

撰写调查报告需要十分注意调查报告的语言措辞、细节等，以最大限度地实现可读性，并呈现研究价值，具体包括三方面的要求：

1）语言要简洁

语言要简洁，开门见山。用最少的句子表达尽可能多的内容，引用材料、表达事实、得出结论、阐释观点，调查报告撰写的各个环节需要环环相扣、突出主题，不可作过多的引申或描绘，导致语言的烦琐复杂。

2）语言要平实

语言要平实，避免使用华丽的辞藻，且避免出现强烈的情绪或情感。控制整个结论的导出过程不应该是作者个人看法的主观推论，而应该是依据研究资料及客观事实符合逻辑的推导[15]。无论是学术性还是应用性的调查报告，均是面向读者，要针对城市生活中的实际现象提出问题、提供解决思路，不可华而不实，更不可借题发挥。撰写调查报告非常注重用事实说话，用调查资料论证观点，因此，尽量使用平实的语言写作，可以通过突出论述的科学严谨性，来更加清晰明确地表达调查研究成果。

3）语言要准确

调查报告的遣词造句要准确严肃，不可口语化。对关键词需要进行界定与说明，在引用时间、数据等准确性的材料时，要少用"大约""可能"等模糊词。同时，陈述事实要始终注意保持客观和中立，使用第三人称或非人称代词，如"笔者认为""该结果表明"等，而不用第一人称的"我认为""我们发现"等。此外，使用的概念、名称、术语、变量等，要保证前后统一，而不要任意变更，与近义词混用[7]。

7.4.2　学术道德和学术规范要求

（1）学术道德要求

社会调查报告的撰写必须遵守学术道德与诚信的要求，保证一个良好的写作态度。在写作中，必须摒弃学术失范现象和学术不端等行为，如学术成果的粗制滥造、弄虚作假，学术研究中的急功近利、脱离实际，占有、侵犯他人研究成果等[16]。在撰写时，还需要在写作技法上满足学术道德要求，对于获得的学术结论，在阐述时不可夸大也不可缩小，不要受到权威或舆论的左右，应该实事求是，敢于坚持真理。只有保证学术道德上的诚信和严谨，才能让学术结论更具可靠性。

（2）学术规范要求

国家新闻出版署于1999年1月起相继颁发与学术规范相关的规定，对各类学术刊物、稿件的规范提出了详细的要求，主要是字体要求、文字格式等[14]。以下将对重点部分进行摘录。

题目应能概括文章主题，限20字以内，在题目中不建议使用缩略语。作者署名时，若多名作者不属同一单位，须在姓名右上角加注数字序号，按作者署名顺序依次标注单位全称、所在省市名、邮政编码[14]。

摘要需以第三人称进行全文概述，包括研究内容、方法、结果、结论等，限300字。摘要撰写时应避免"本文介绍了""笔者认为""我们"等用语，可以使用类似于"通过某种研究方法，某个研究对象反映出了怎样的现象或结果"这样的句式，这样可以有效避免上述字眼的出现。摘要中若出现缩略语，则需要在括号内说明缩略语全称[14]。

关键词一般2~8个,应选择能够反映文章主要内容的词或词组[14]。

正文部分,首先用字应符合现代汉语规范,缩略语和首字母缩写应少用。图与表都需要按顺序标号,且不宜过多,需要合理安排是进行文字叙述还是使用图表;表格需要制成三线表形式;表名和图名分别置于表的上方和图的下方,并注明资料来源。字母符号应使用法定计量单位、符号,以及标准化、规范化的名词与术语。列举在城市社会调查及其报告的撰写中比较常用的统计学符号:样本总数为 N,样本数为 n,平均数为 M,标准差为 SD,卡方检验为 x^2,相关系数为 r 等。外文人名、地名原则上按有关译名手册译成中文,并且在首次出现时要用括号注明原文。正文内小标题层次一般不宜超过5级,建议一级标题用一、二、三,二级标题用(一)(二)(三),三级标题用1、2、3,四级标题用(1)(2)(3)[14]。

注释根据不同的标注方式,将注释内容、序号排在文稿的不同位置(详见7.3.5)。脚注和附注或尾注的序号用数字序号加圆圈标注,如①②③;夹注则将注释内容放在需要注释的词语后,用圆括号括起来[14]。

参考文献采用"顺序编码制",即按照在文中出现的先后顺序编号,并用方括号标注在文中引用处的右上角,如[1][2][3]。一种文献在同一文中被反复引用的,用同一序号标出;需要用单字母方式标示所引用文献的类型(专著M,论文集C,报纸文章N,期刊文章J,学位论文D,研究报告R,标准S,专利P,其他未说明的文献类型Z),未公开发表的资料请勿引用。

7.5 城市社会调查报告示例

医途千里,陋室难栖

——北京市三甲医院异地就医弱势群体暂居环境调查

摘要:由于我国医疗资源稀缺且分布不均,大量病患拥至北京、上海、广州等地三甲医院异地求医,这不仅为当地医院带来繁重的医诊压力,而且病患特别是弱势群体病患及其家属在医院周边租住所带来的社会和环境问题也日益严重。本调查旨在运用问卷调查法、文献研究法等方法,深入研究北京市三甲医院周边弱势群体的暂居环境。通过信息收集掌握异地就医弱势群体的社会学特征、求医指向以及暂居载体选择,进而聚焦其暂居环境中的内部居住环境和外部空间环境两个主要方面进行调查,并利用模糊评价方法开展弱势群体暂居环境使用主体满意度评价,深度认知暂居环境问题,最终据此提出改善建议。

关键词:三甲医院;异地就医弱势群体;内部居住环境;外部空间环境

1 调研综述

1.1 调研背景

根据中国医学科学院信息研究所公布的2016年《中国医院科技影响力排行榜》，在前100家医院中，北京就有24家医院，成为拥有优质医疗资源最多的地区。据原国家卫生和计划生育委员会研究统计和抽样测算，2013年北京市内三级医院外来就诊患者达3036万人次，外来就医流动人口日均70万左右[①]。

通过上网检索"北京三甲医院""短租房""群租"等关键词，近5年来医院周边廉价短租房相关新闻报道呈逐年增多趋势，这也反映出医院周边的短租需求日益增长，其中的矛盾日益突显，改善北京三甲医院异地就医弱势群体（后简称弱势群体）暂居环境刻不容缓。

1.2 调研目的与意义

（1）通过对暂居环境中弱势群体的调查及访谈，了解其社会学特征、求医指向及暂居载体选择。

（2）通过对弱势群体暂居环境的调查及对原住居民的访谈，了解暂居地内部居住环境和外部空间环境现状，以及弱势群体与原住居民在空间环境使用上的矛盾。

（3）通过对暂居环境中弱势群体和原住居民的调查及访谈，根据模糊评价方法获知空间主体环境使用满意度。

（4）综合分析现存问题，结合相关政策及需求，对弱势群体暂居环境提出改善建议并作出展望。

1.3 调研对象与范围

1.3.1 调研对象

本调查的主要调研对象为北京市三甲医院异地就医弱势群体（家庭年收入不超过8万元）[②]及周边社区的原住居民。通过对调研对象的现场访谈与问卷发放等方式了解患者及家属对于短租房的需求及其与现实的差异，以及租户与原住居民的生活环境所存在的矛盾。

1.3.2 调研范围

北京市综合三甲医院共57家。其中五环内有47家，占北京综合三甲医院总数的82%（例图1-1）。北京市综合三甲医院的分布特点为：主要集中于五环内；二环内部三甲医院密度最大；中心城区西部和北部分布较为集中，东部和南部分布相对较少。

根据2017年《北京医疗资源及热度报告》显示（后简称《报告》）[③]，北京市医院年人流量最多的十家医院，除北京电力医院外均为三甲医院。其中中国人民解放军总医院（后简称三〇一医院）年人流量达490万人次，位居第一。

如例图1-2及例图1-3所示，北京市医院年人流量最多的十家医院和接待异地就医人员最多的十家医院并不完全匹配。这主要是由于某些综合三甲医院设有

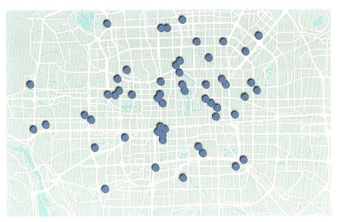

例图1-1　北京市三甲医院分布

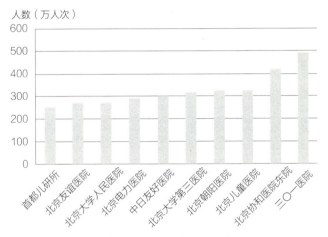

例图1-2　2017年北京医院年人流量TOP10

（数据来源：《北京医疗资源分布及热度报告》统计，2017年）

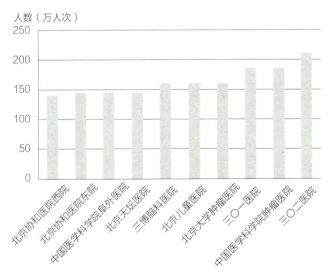

例图1-3　2017年北京医院接待异地就医人员数量TOP10

（数据来源：《北京医疗资源分布及热度报告》统计，2017年）

重点学科（如三〇一医院、协和医院等），众多异地就医病人通过网络查询及亲友介绍而来。此外，三〇一及三〇二医院都为解放军医院，对于军人家属有政策上的照顾。

由于北京市三甲医院数量众多，本调查从由年人流量和接待异地就医人员数量最高的各10家医院，叠加所得的17家医院中选出3家典型样本作为重点调研医院，分别是三〇一医院、北京协和医院（东院）及北京儿童医院（例表1-1）。

选取结果信息　　　　　　　　　　　　　　　　　　　　　　　例表 1-1

医院名称	地理位置	年门诊量	擅长科室
三〇一医院	北京市海淀区	490万人次	8个国家重点学科：老年医学、耳鼻咽喉科学、呼吸内科、烧伤外科、骨外科、肾病内科、普外科等
北京协和医院（东院）	北京市东城区	420万人次	20个国家重点学科：风湿免疫科、肿瘤科、皮肤科、普通内科、肾病内科、心内科、血液内科等
北京儿童医院	北京市西城区	300万人次	5个国家临床重点专科：儿科重症、小儿呼吸、中西医结合儿科、小儿外科和护理专科

1.4 调研方法与框架

调研框架与方法如例图1-4所示。

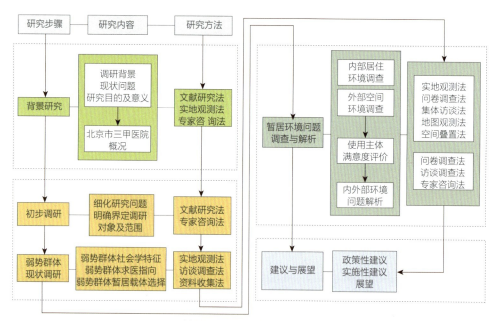

例图1-4　调研框架与方法

2 异地就医弱势群体求医指向与暂居载体调查

2.1 地就医弱势群体的社会学特征

通过对异地就医弱势群体开展问卷调查与访谈调查,可获知该群体的社会学特征。本次调查共回收问卷308份,有效问卷286份,有效率为92.85%,问卷数量充足,其所反馈信息特征趋于稳定。

(1)年龄构成

经调查,该群体年龄较为分散,其中30~50岁年龄层总人数最多,其次为50~75岁中老人和18岁以下少年儿童(例图2-1)。

(2)陪护人员构成

经调查,只有12%患者为独自来京求医,其余患者至少有一名及以上家属陪同,其中42%为子女陪同,17%为配偶陪同,25%为父母陪同(例图2-2)。

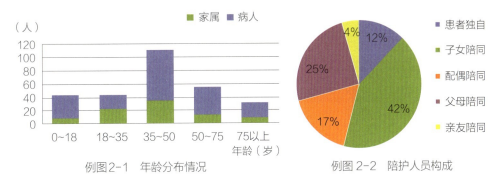

例图2-1 年龄分布情况　　例图2-2 陪护人员构成

(3)原居住地分布

弱势群体大量来自国内北部和西部地区,少量来自南部地区。根据《报告》,在京异地就医病人中,来自河北省的最多,其次是来自山东省和内蒙古自治区的(例图2-3)。在京异地就医病人主要为长江以北各省市为主,因为距离较近,交通较为便利。

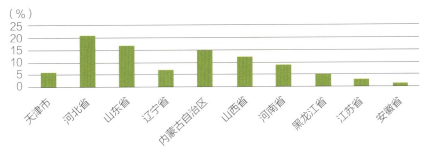

例图2-3 异地就医人员来源地分布情况
(数据来源:《北京医疗资源分布及热度报告》统计)

(4)家庭年收入

异地就医患者年收入集中在3万至8万元,属于贫困家庭,整体收入水平低于全国平均收入水平。

2.2 异地就医弱势群体的求医指向

通过对异地就医弱势群体的问卷调查、访谈调查等方式，了解到该群体的求医指向及所患疾病占总群体比重。本调查共涉及276位患者。

2.2.1 医院选择主导因素

经调查，异地就医弱势群体在京选择医院时，有近半数人优先考虑的是科室的知名度，这类患者多为提前了解医院是否设有该疾病的重点学科科室再去求医；有近三成人优先考虑的是医院的知名度，这类患者多为提前了解医院的综合实力后再去求医；而考虑专家知名度和挂号便利度的患者相对较少，各占约一成（例图2-4）。还有部分患者在求医过程中，会同时挂多家医院的号，在后期再根据看病、住院便利程度以及主治医生的好坏选择最终主要就诊的医院。

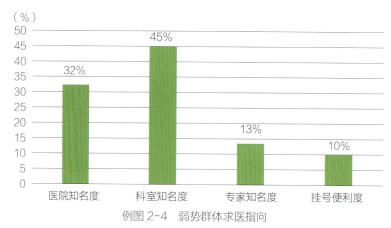

例图2-4　弱势群体求医指向

2.2.2 求医主体患病特征

由例图2-5可知，异地就医弱势群体所患疾病最多的五类分别为心胸外科（22%）、血液内科（17%）、泌尿外科（14%）、肿瘤科（8%）及骨外科（6%）。这些病症普遍较难医治且治疗周期较长，很多患者表示他们是在当地医院久治不愈才选择来京求医。

由例图2-6可知，在京停留时长最长的五类疾病依次为肿瘤科、血液内科、泌尿外科、骨外科及心胸外科。患这些病的异地就医弱势群体普遍在等待医院确诊和后期康复期间为了往返医院方便、节省交通费用而多选择在医院周边租住。

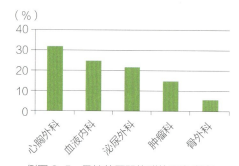

例图2-5　异地就医弱势群体所患疾病

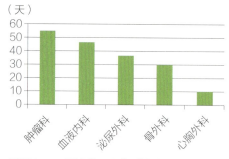

例图2-6　异地就医弱势群体在京停留时长

2.3 异地就医弱势群体的暂居载体选择

通过对弱势群体的实地访谈及借助百度地图观测，了解到所选三家三甲医院周边租住方式主要有三种类型——群租房、宾馆、家庭旅馆。因此，以医院周边 2 公里为半径分析这些租住地点的数量及分布，由例表 2-1 可知三家三甲医院周边房屋三种租住类型齐全，但由于弱势群体自身的经济能力所限，多数将价格低廉的群租房和家庭旅馆作为暂居选择。

医院周边暂居载体形式及选择　　　　　　例表 2-1

医院	暂居载体分布	暂居载体选择
北京儿童医院		群租房 49%、家庭旅馆 34%、宾馆 17%
三〇一医院		群租房 58%、家庭旅馆 28%、宾馆 14%
北京协和医院		群租房 55%、家庭旅馆 13%、宾馆 32%
图例	●群租房　●家庭旅馆　●宾馆	■群租房　■家庭旅馆　■宾馆

经调查，弱势群体居住在北京时长多数为 15 天以内，其中以 7 天内最多，这类患者多为在北京检查和复查。

由例图 2-7 可知，选择宾馆居住的异地就医弱势群体家庭大多停留时间在 7 天以内，之后选择数量会随居住天数增加而减少。而选择群租房和家庭旅馆的家庭随着租住天数增加，数量呈上升趋势，说明停留半个月以上的异地就医弱势群体家庭会因为生活成本的上升等因素影响而选择租住家庭旅馆和群租房。另外随着在京停留时间的延长，少数患者会选择价格更为低廉的远郊房屋进行租住。

影响异地就医弱势群体租住选择的因素主要有价格因素、距医院远近、居住环境、康养需求等。

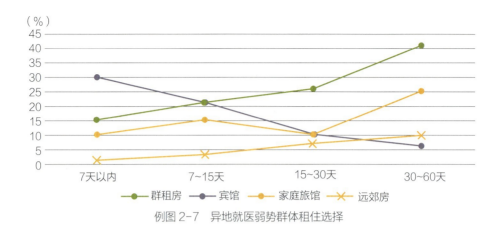

例图 2-7 异地就医弱势群体租住选择

经调查，异地就医弱势群体的租房信息获取途径主要为三种：一种是通过医院周边中介和二房东沿街揽客，这类短租房多为民居改造而成的群租房或家庭旅馆，居住质量较差，居住人口较多，价格也相对较低；一种是通过网上和中介发布的信息得知的短租房屋，这类短租房多为单间，户型多样，价格浮动也较大；还有一种是通过亲友和病友介绍的短租房，通过这类途径获取租房信息的人相对较少，且租住选择多为宾馆（例图 2-8）。

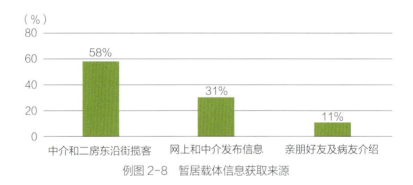

例图 2-8 暂居载体信息获取来源

3 异地就医弱势群体暂居环境解析

3.1 内部居住环境解析

3.1.1 内部居住环境的空间与功能特点

（1）空间特点

通过对所选三家医院周边异地就医弱势群体暂居环境（后简称暂居社区）实际情况的调研了解，在三家医院周边选取问题较为集中、具有代表性的三个暂居社区中找到相应的住房户型信息，见例表3-1。

由例表3-1可知，群租房的人均面积最小，私搭隔断使得居住空间极为拥挤，租住家庭的隐私及安全无法得到有效保证，且拥挤嘈杂的环境不利于病人养病康复。

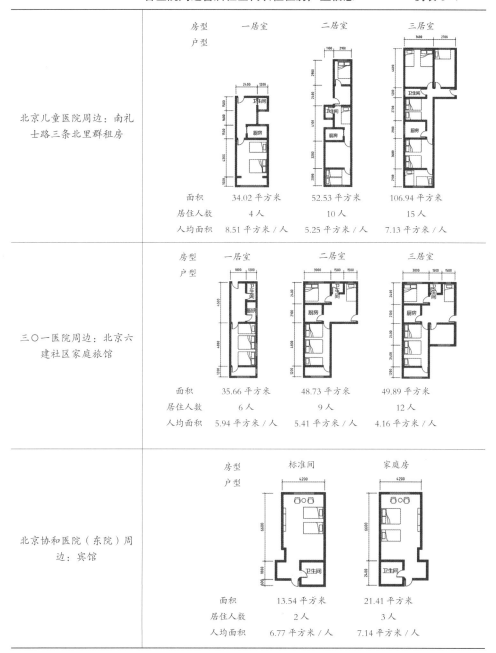

各医院周边暂居社区代表性住房户型信息　　　　例表 3-1

（2）功能特点

1）群租房

北京儿童医院周边的群租房位于南礼士路三条北里社区的负一～六层，由于部分出租屋在地下，不良的通风和光照条件对患者疾病的康复造成威胁。房间普遍较小，往往与合租人共同使用厨卫，但部分房间由于人数过多导致厨卫使用不便，有自接电磁炉的现象。

三〇一医院周边的群租房位于六建家属社区的一~四层。人均居住面积小,有公共卫生间但部分缺少厨房。由于住房面积小而无法建立轻质隔墙,大量布帘充当隔断,无法隔声且存在消防隐患。整体室内较为阴暗且卫生条件差。

北京协和医院(东院)周边的群租房位于大方家社区的大杂院和大方家小区的楼房内。大杂院内的群租房条件较差,内无厨卫,杂院外有公厕。由于房间狭小且居住人数过多,所以没有多余可供停留的活动空间,因此白天无事的病患及陪护家属会在杂院的入口处聚集闲坐。楼房内的群租房虽有公用的厨卫,但私搭隔断增加了安全隐患。

2)家庭旅馆

家庭旅馆房间普遍包含与合租人共用的厨卫、电视和书桌柜等配套设施。光照和通风均满足设计要求。居住条件优于群租房但差于宾馆,比正规宾馆的规格更小,装修更随性。

3)宾馆

宾馆房间普遍包含独立的卫浴、电视和书桌柜等配套设施。光照和通风均满足设计要求。居住条件最好。

3.1.2 内部居住环境与康养需求的适配性

(1)使用人群功能需求分析

1)患者

①生活需求。为了能够满足患者生活上最基本的需求,要求暂居环境能够为患者提供相应的生活功能空间,如休息、厨卫、洗浴、存储等空间。

②心理需求。对于患者来说,心理健康与生理健康同等重要,生理健康问题以及活动范围的限制会导致患者存在紧张与消极的心态。

③社交需求。社交需求是患者在满足了前两种基本需求后,逐渐突显出来的需求。人具有社会属性,离开群体时会感到不安、痛苦或者遗憾。对于患者来说交流尤为重要,可以缓解康复过程中的焦虑、烦躁情绪。

2)家属

患者大多存在自理能力较差或是行动不便的状况,所以在异地就医时大多会有一名或多名家属陪同,当患者在暂居社区等候就诊或康养期间,应为陪同家属提供基本的生活功能空间和休闲空间(例图3-1)。

(2)内部居住环境与康养需求的适配性分析

暂居社区内部居住环境与康养需求的适配性主要从楼道设施、家居设施、噪声隔离、内部卫生、通风采光、私密性和休闲性7个方面进行测量,主要采用李克特五分量表进行量化。对楼道设施按通畅性和配套设施的有无分为4档;家居设施也细分为4档;私密性分为无私密性、长时间受影响、短时间受影响、生活无影响4

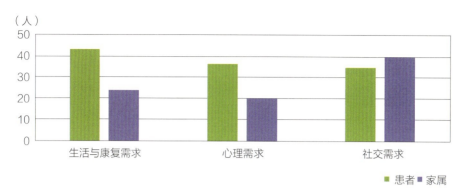

例图3-1　使用人群功能需求统计

个等级；对噪声隔离、内部卫生、通风采光和休闲性4个指标均使用李克特五分量表法进行量化，各指标具体的量化方式见附录2。

在确定了量化方式后，通过将调研所得数据进行整理，对应各项评价指标计算得出与康养需求的适配度，最终得出三家医院周边暂居社区三种形式的住房内部居住环境与康养需求的适配性比较结果（例表3-2）。

暂居社区内部居住环境与康养需求的适配性量化统计　　例表3-2

指标类别	北京儿童医院			三〇一医院			北京协和医院		
房屋类型	群租房	家庭旅馆	宾馆	群租房	家庭旅馆	宾馆	群租房	家庭旅馆	宾馆
楼道设施	4	4	6	3	5	6	4	5	7
家居设施	8	8	10	7	9	10	7	8	10
噪声隔离	3	3	4	3	3	4	3	1	4
内部卫生	2	4	4	1	3	3	2	2	5
通风采光	2	3	3	2	2	3	2	2	4
私密性	3	4	6	1	3	5	1	1	6
休闲性	2	1	3	1	2	3	1	1	3
适配性得分	24	27	36	18	27	35	20	20	39
适配度	48%	54%	72%	36%	54%	70%	40%	40%	78%

由例图3-2可知，大多数异地就医弱势群体选择暂居的群租房，内部居住环境与康养需求适配度最低。

3.2　外部空间环境解析

为了解暂居社区的外部空间环境存在的问题，选取北京儿童医院周边社区南礼士路三条北里、北京协和医院周边外交部街平房区以及三〇一医院周边今日家园社区，通过问卷调查法、观察计数法进行调查，得到302份有效问卷数据。

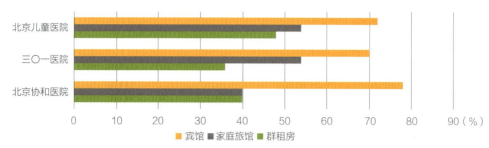

例图 3-2　暂居社区内部居住环境与康养需求的适配度

3.2.1　外部空间环境特点

通过对社区的实地调研，总结出社区外部空间的特点。

（1）公共资源

①公共绿地与活动空间较少：社区内绿地多围绕建筑设置，没有集中的大面积公园。活动空间多设置于建筑北部，多数空间被车辆占据。

②楼梯间部分空间被占据，影响通畅度。

③活动器材较少。

（2）环境卫生

①垃圾桶排布较为分散，社区内多为三个单元合用一个垃圾桶。

②楼道环境较为整洁。

③公共空间内有杂物堆积的现象。

（3）社区安全

①社区不封闭，没有门禁，安保力度弱，使社区对街道敞开，可随意进入、穿行。

②单元门禁损坏，非本社区人士可随意进入单元。

③社区内消防设备老旧。

3.2.2　外部空间环境与康养需求的适配性

针对患者及其家属的问卷调查显示，部分患者由于病症需要特殊的护理和设施。

由例图 3-3 与例图 3-4 可知，超过 70% 的患者对于康养设施有所需求。其中骨受损和脑部受损等待康复的行动不便患者，对于无障碍设施有较大的依赖性，并且需要专业设施进行康复；而患有肾病、癌症等病症的患者由于精神负担过重，需要

例图 3-3　患者对康养设施的需求　　　例图 3-4　需要康养设施群体所患病症比例

能够达到舒缓精神作用的外部空间。而观察三个社区的外部空间，都没有足够的无障碍设施以及专业康养设施，同时环境绿化景观方面也没有特殊的设计。因此，社区环境无法满足异地就医弱势群体暂居的康养需求。

3.2.3 外部空间环境使用与原住居民的矛盾

（1）社区居民意愿

对于大量异地就医弱势群体在社区内进行短租的现象，原住居民对于租户们持有不同的意见，在问卷调查中存在三种不同的接受度（例图3-5）。

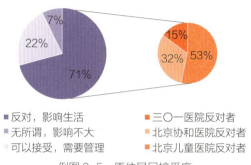

例图3-5 原住居民接受度

反对人群中，北京儿童医院周边社区居民反映最为强烈。经过实地探访，从居民和商家处了解到，南礼士路三条北里社区内群租和家庭旅馆最为密集，且短租人数最多，而在经过相关部门整改后却并无成效。同时社区内原住居民表示，只是用强制手段将群租驱赶出社区是没有效果的，合理的管理和规划是必需的。

（2）矛盾因素解析

通过问卷调查和访谈，异地就医弱势群体和原住居民之间的矛盾因素有八类（例图3-6）。其中占用公共设施的现象最为严重，很大程度上影响了原住居民的生活。异地就医弱势群体所聚集的社区由于开放空间、道路空间等被大量人流、堆积的杂物等挤压，导致了社区内部绿地的活力度和普通居民区有着显著差异。

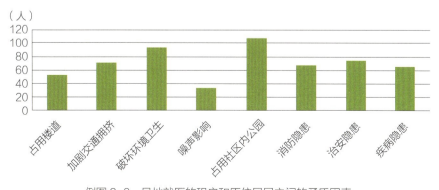

例图3-6 异地就医的租户和原住居民之间的矛盾因素

为了解弱势群体对暂居社区的绿地活力度的影响，选取相同区位、相同绿地率的社区进行对比，并选取一个月内的周末9：00～10：00（该时间段内原住居民不工作，医院停诊，因此大量弱势群体和原住居民在周边公园内休息停留），采用观察计数法和空间叠置法对社区内绿地进行活动种类以及人数统计的调查（例表3-3）。

社区活力度分析　　　　　　　　　　　　例表3-3

	社区名称	社区活力度示意图	社区活力度分析
北京协和医院周边	大方家社区		作为对比的两个社区的绿地率均约为20%，异地就医群体聚集的社区部分绿地被杂物占据，其中晾晒衣物和带孩子的人群数量比普通社区要多，其他活动种类及参加其他活动的人群数量相较于普通社区都明显减少
	芳嘉园社区		
301医院周边	六建家属院		
	今日家园		
北京儿童医院周边	南礼士路三条北里		
	铁二区东区		

遛狗　　下棋　　聊天　　遛弯　　健身　　带孩子　　晾晒衣物

3.3 异地就医弱势群体暂居环境使用主体的满意度评价

3.3.1 评价目的

为了解暂居社区中原住居民和弱势群体（后统称居住者）的生活品质，本调查通过建立衡量居住者对暂居社区满意度的量化模型，探讨居住者在日常生活等各方面的感受与评价，分析社区环境中居住者最关注并且最为突出的问题，为提出针对性改进建议提供数据支持。

3.3.2 评价方法

满意度的各项评价指标是被测者自己评价的结果,具有主观体验性,并带有一定程度的模糊性,因此采用模糊综合评价法对北京儿童医院、北京协和医院、三〇一医院周边暂居社区的满意度进行综合评价(例图 3-7),使用层次分析法进行评价体系构建及权重确定,数据采集过程使用李克特量表进行打分(见附录 3)。

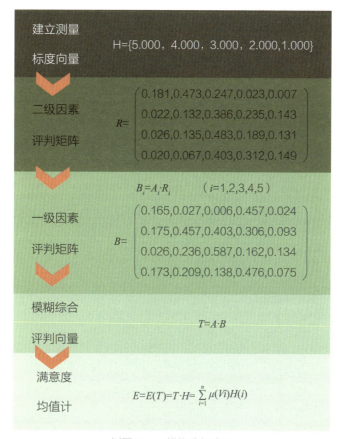

例图 3-7　模糊分析流程

通过征询暂居社区居民意见的开放式预调查,确定满意度评价指标包含居住感受、出行感受、娱乐感受、交往感受 4 个指标,共 13 个评价因子。邀请暂居社区原住居民和异地就医弱势群体代表给各因素在对应因素集中的重要性打分,利用德尔菲法可得到权重系数(例表 3-4)。

3.3.3 评价结果

数据结果表明,居住者对暂居社区满意度评价分数为 2.473(例表 3-5),表明居住者对暂居环境的满意度较差,85% 的指标得分都在 3 分以下,居民关注度较高的问题得分均较低(例图 3-8)。

满意度评价指标权重 例表 3-4

评价指标	权重	评价因子	权重
居住感受	0.43	社区治安	0.13
		通风采光	0.05
		环境卫生	0.09
		绿化条件	0.04
		疾病卫生安全	0.12
出行感受	0.23	就医便利程度	0.13
		出行舒适度	0.04
		周边公园质量	0.06
活动感受	0.21	公共活动空间	0.12
		休闲锻炼设施	0.06
		休闲活动种类	0.03
交往感受	0.13	邻里友善程度	0.07
		相互交流频次	0.06

模糊评价结果 例表 3-5

评价因子	权重	满意度	评价分数（满意度均值）
社区治安	0.13	0.181, 0.473, 0.247, 0.023, 0.007	2.187
通风采光	0.05	0.022, 0.132, 0.386, 0.235, 0.143	2.306
环境卫生	0.09	0.026, 0.135, 0.483, 0.189, 0.131	2.453
绿化条件	0.04	0.020, 0.067, 0.403, 0.312, 0.149	2.426
疾病卫生安全	0.12	0.166, 0.353, 0.235, 0.018, 0.011	2.083
就医便利程度	0.13	0.182, 0.457, 0.338, 0.027, 0.006	3.015
出行舒适度	0.04	0.175, 0.463, 0.321, 0.018, 0.101	2.794
周边公园质量	0.06	0.025, 0.236, 0.532, 0.142, 0.086	3.103
公共活动空间	0.12	0.012, 0.065, 0.433, 0.306, 0.125	2.208
休闲锻炼设施	0.06	0.018, 0.133, 0.451, 0.286, 0.102	2.317
休闲活动种类	0.03	0.016, 0.145, 0.337, 0.265, 0.134	2.241
邻里友善程度	0.07	0.020, 0.165, 0.587, 0.162, 0.093	2.258
相互交流频次	0.06	0.036, 0.297, 0.396, 0.012, 0.162	2.669
模糊综合评判向量		0.132, 0.358, 0.429, 0.031, 0.024	2.473
归一化转换		0.019, 0.065, 0.307, 0.436, 0.173	
评价结果		很不满意：17.3%，不满意：43.6%，一般满意：30.7%，满意：6.5%，很满意：1.9%	

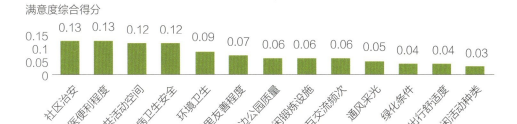

例图 3-8　评价因子中的居住者关注度

综合评价结果显示，居住者对居住感受和活动感受方面的满意度偏低，两方面各项指标均低于 2.5 分。其中居住者关注度最高的是社区治安问题，评价分数为 2.183，意味着大部分居住者对目前暂居社区缺少门禁、安保力度弱等持不满意的态度；结果中关注度高而评价分数较低的还有疾病卫生安全问题，仅为 2.083，是所有结果中的最低分；公共活动空间的缺乏也是居住者关注的较为严重的问题，评分仅为 2.208，社区内存在着活动空间被挤占、公共空间拥挤等现象亟待处理。

3.4　暂居环境问题解析

3.4.1　内部居住环境问题

根据前期对暂居社区内部居住环境及具体户型信息的调查，得出目前最为突出的问题主要有三大方面：①群租现象突出，人均居住面积狭小，房间通风采光差，且无独立厨卫；②由于流动人口增加，房屋私接电线等引发的治安与消防方面的安全隐患问题；③房屋内部缺少扶手等无障碍设施，居住条件难以满足病患的康养需求（例图 3-9a）。

3.4.2　外部空间环境问题

根据前期对暂居社区绿地活力度及模糊评价结果的分析，得出目前外部空间环境存在的最为突出的问题主要有四大方面：①由于人员流动大，租客身份无法确定，以及社区门卫形同虚设等所带来的治安隐患问题；由于杂物堆积阻碍消防通道，社区消防设施老旧等所带来的消防隐患问题；患者及其家属与原住居民共用社区公共设施，社区消毒标准不严格增加了潜在的疾病传染的可能性所带来的疾病卫生隐患问题。②患者及其家属占用公共活动空间晾晒衣物及占用社区公共停车位等公共资源所产生的侵占问题。③患者及其家属在社区内乱扔垃圾、随地吐痰等造成的环境卫生问题。④外部环境中缺少坡道、扶手等无障碍设施，社区内色彩过于单调难以满足患者康养需要等问题（例图 3-9b）。

(a)

(b)

例图 3-9 现状问题解析
（a）内部居住环境问题解析；（b）外部空间问题解析

4 设计与展望

4.1 建议

针对综合分析得出的各类问题，本调查提出宏观和中观层面的政策性建议和微观层面的实施性建议，期望为改善异地就医弱势群体暂居环境提供有效建议。

4.1.1 政策性建议

提升区域医疗水平，增强地方医院对疾病的诊治能力。建立区域医疗中心，加强地方医院联系，缓解异地就医患者因频繁复查而滞留北京的情况。

缩小城乡医疗差距。健全以县级医院为主导、乡镇卫生院和村卫生室为基础的农村医疗卫生服务网络。建立完善的挂号机制，增加医院在网络上挂号的全面性和普及性，减少现场排队挂号及滞留在京的现象。

建立分级医疗制度，提高社区医疗水平。提供疾病预防控制等公共卫生服务、一般常见病及多发病的初级诊疗服务、慢性病管理和康复服务，减少北京本地人因小病和常规取药而增加三甲医院的人流量。

构建合理的价格机制。通过建立房屋租赁市场的价格指导机制，运用市场经济的杠杆作用，阻止哄抬租金问题的出现。

医院与政府协同建立新的暂居形式。医院为病人及家属提供住宿需求登记及相关服务，与周边宾馆、中介及郊区巴士等合作，多途径分流住宿人群；在医院周边建立附属招待所并形成医养社区，提供安全廉价的住房并匹配康养设施；医院与周边社区合作，在尽量不影响社区非病患居民的前提下，为异地就医群体提供安全舒适、价格实惠的暂居场所。

4.1.2 实施性建议

（1）内部空间改善建议

改善居住条件。给予病人及家属 20 平方米左右的独立房间，包括良好的通风采光和独立的厨卫。

降低安全隐患。建立符合患者和家属需求的水、电、气设施，严禁私接电线等现象的产生；为每栋建筑设置高标准的单元门禁，保证每户的安全；定期进入室内杀菌，减少居住环境中细菌的滋生，避免交叉感染。

完善康养设施。增加辅助设施，合理安排设施的位置与功能。

（2）外部空间改善建议

利用社区的周边公园。积极引导原住居民及异地就医弱势群体在周边公园活动，在公园内增设饮用热水机、医疗箱、护士站等爱心设施。

营造安全的社区环境。在入口设置保安亭，建立健全的门禁系统；清理杂物，畅通消防通道，合理安排消防栓及灭火器安放位置；定期联合周边医院进行卫生防疫，对社区电梯等公共空间进行全面消毒，推进传染病登记制度。

健全卫生制度与设施。建立社区环境卫生的奖惩制度，加强卫生宣传教育，完善社区内的环卫基础设施。

完善相关的康养设施。建立完备的无障碍设施；设置专业医疗设施，以备患者出现紧急情况；基于约翰·罗斯金所提出的柔和视觉疗法，为病人提供舒适的康养环境。

4.2 展望

医疗问题是我国民生问题之一，异地就医弱势群体作为其中较薄弱的一部分，目前正面临着看病难、居住环境差等一系列问题，而北京作为极具包容力的我国首都，外来人口众多而且医疗资源高度集中，应当推动医疗制度改革，整合医疗资源，并承担起改善弱势群体暂居环境的责任，缓和弱势群体和原住居民之间的矛盾，切实改善弱势群体就医暂居的条件，并保证原住居民的生活品质，形成和谐有序的社会环境，促进北京建设成为兼收并蓄、多元共存、体贴亲民的城市。

注释

①参考消息网.北京成"全国看病中心"，外来就医人口日均 70 万 [EB/OL].（2014-05-20）[2020-2-10].https://china.cankaoxiaoxi.com/2014/0520/390813.shtml

②贾双跃.中国现代化进程中的社会分化现象研究 [D].中共中央党校，2019.

③腾讯科技.北京医疗资源分布及热度报告：就医难，难在哪？[EB/OL].（2017-03-14）[2020-2-10].https://tech.qq.com/a/20170314/013730.htm#p=5

参考文献

[1] 舒宝刚, 杨俊保, 许惠娟, 顾杏元. 目前缓解住院难的重要途径——缩短住院时间[J]. 中国医院管理, 1988（04）: 25-27.

[2] 周蒋锋. 医院周边短租房的法律风险[N]. 上海法治报, 2016-10-31（B05）.

[3] 曾庆洁. X省Y市Z医院"公立医院改革试点"前后医患满意度对比研究[D]. 北京: 北京中医药大学, 2012.

[4] 王淑荣. 出租房屋"群租"现象治理的思考[J]. 中国人民公安大学学报（社会科学版）, 2013, 29（06）: 146-150.

[5] 王根根. 关于大型住宅区"群租"综合治理的对策思考[J]. 上海公安高等专科学校学报, 2007（06）: 59-63, 68.

[6] 袁素维, 高星, 刘雯薇, 杨小舟, 陶婧婧, 李志建, 曹剑涛, 张哲, 陆琳, 马进. 北京市改革试点公立医院住院患者满意度调查[J]. 上海交通大学学报（医学版）, 2013, 33（06）: 729-734.

[7] 傅三莎. 自有住宅与租赁住宅居住质量差异化研究[D]. 杭州: 浙江工业大学, 2009.

[8] 刘俊. 城市核心地区大型公共设施周边交通改善措施研究——以上海市三甲医院为例[J]. 交通与运输, 2014, 30（03）: 6-7.

[9] 王崇. 利用城市医院资源的医养结合住区设计研究[D]. 重庆: 重庆大学, 2016.

[10] 翟珺. 医院周边"临时旅馆"隐患多多[N]. 工人日报, 2013-09-07（006）.

[11] 沈婉婉, 鲍勇. 上海市养老机构"医养结合"优化模式及对策研究[J]. 中华全科医学, 2015, 13（06）: 863-865, 871.

[12] 佘瑞芳, 谢宇, 刘泽文, 杨顺心. 我国医养结合服务发展现状分析与政策建议[J]. 中国医院管理, 2016, 36（07）: 7-9, 66.

[13] 王恺, 吕晓婧. 创造21世纪以人为本的医疗环境[J]. 城市建筑, 2008（07）: 14-16.

附录1

问卷A: 医院周边社区居民问卷

您好，我们是某大学的学生，正在进行一项针对异地就医群体在医院附近短租问题的社会调研。我们希望通过这份问卷了解一些情况。此次调研仅作为课题调研之用，不涉及任何个人信息和商业价值。请您以真实情况填写，感谢您的配合与参与。

年龄_____ 性别_____ 居住社区_____ 周边医院_____

1. 您居住的是楼房还是平房？

□楼房　□平房　□其他_____

2. 您的住房是

□已购商品房　□租房　□公房　□其他

3. 您在该社区居住时长？

□少于1年　□1～5年　□5～10年　□10～30年　□30年以上

4. 您居住的社区是否有大量病患及家属租房现象？

□有　□没有

5. 病患及家属租房的具体形式为？

□短期租房　□长期租房　□群租房　□其他_____

6. 外来病患租房对您的生活有何不良影响？

□破坏社区环境卫生　□占用公共活动空间　□噪声影响　□其他_____

7. 外来病患租房给您的居住环境带来哪些安全隐患？

□消防隐患　□治安隐患　□疾病隐患　□其他_____

8. 您是如何看待病患及家属在医院附近社区租房的现象？

□反对，认为影响生活　□无所谓　□可以接受，但需要规范

9. 您与外来病患及家属在日常生活上有无交流？

□有_____　□无

10. 您与外来病患及家属是否存在矛盾冲突？

□有_____　□无　□无接触

11. 针对医院周边租房现象，您有什么改善建议？

_____

再次感谢您的配合，祝您身体健康、家庭幸福！

问卷B：异地就医患者及其家属问卷

您好，我们是某大学的学生，正在进行一项针对异地就医群体在医院附近短租问题的社会调研。我们希望通过这份问卷了解一些情况。此次调研仅作为课题调研之用，不涉及任何个人信息和商业价值。请您以真实情况填写，感谢您的配合与参与。

年龄_____　性别_____　原住地_____　就医医院_____　现住地_____

1. 您的病因？_____

2. 您通过何种方式挂号？

□提前网上挂号　□提前电话挂号　□现场挂号　□其他方式

3. 您在就医时最看重哪个因素？

□医院知名度　□科室知名度　□专家知名度　□挂号便利度

4. 您是哪种类型的病人

☐需要手术 ☐不需要手术

5. 来京就医原因

☐本地医疗设施不完善 ☐有亲朋好友在医院工作 ☐其他_____

6. 您家庭的年收入状况？

☐3万元以下 ☐3万~8万元 ☐8万~15万元 ☐15万元以上

7. 您和谁一起来到北京？

☐配偶 ☐子女 ☐父母 ☐亲友 ☐自己

8. 您为什么会在北京短租？

☐在医院挂号，距离就医时间较长 ☐最近需要频繁复查

☐在等检查结果，不知道什么时间出结果 ☐其他_____

9. 您是通过什么渠道知道现在的租住地的？

☐网络 ☐亲友介绍 ☐病友介绍 ☐中介咨询 ☐号贩子等二房东

10. 您打算在北京租住多久？

☐7天内 ☐7~15天 ☐15~30天 ☐1~3个月 ☐3个月以上 ☐不确定

11. 您和多少户人家一起合租？

☐非合租 ☐1户 ☐2户 ☐3户 ☐3户以上

12. 您一般如何去医院？

☐步行 ☐共享单车 ☐公交 ☐地铁 ☐出租车

13. 您一般日常出行的目的地包括哪些地方？（除医院外）

☐公园 ☐市场超市 ☐其他娱乐设施_____

14. 您会主动与周围住户主动聊天吗？

☐是 ☐否

15. 您是否和周围住户存在矛盾？

☐是，存在一些矛盾_____ ☐否，相处很好 ☐跟邻居没有接触

16. 您在选择住宿方式上首先考虑的条件是？

☐价格 ☐卫生状况 ☐地理位置 ☐安全系数 ☐有无自助厨房 ☐其他

17. 您对租住房屋居住方面满意度如何？

☐不大满意_____ ☐一般 ☐比较满意 ☐满意 ☐无所谓

18. 你不满意的主要问题有

☐卫生差 ☐没有窗户通风差 ☐有噪声 ☐无自助厨房

19. 由于您的疾病类型，您的居住空间最大的问题是什么？

再次感谢您的配合，祝您身体健康、家庭幸福！

附录2　暂居社区内部居住环境与康养需求的适配性各项指标量化方式

变量名	变量变化				
楼道设施	通行不便，设施缺失（3分）；通行不便，设施齐全（4分）；通行无阻，设施缺失（5分）；通行无阻，设施齐全（6分及以上）				
家居设施	居住环境较差，基本设施缺失（7分）；居住环境一般，基本设施缺失（8分）；居住环境良好，设施基本满意（9分）；居住环境良好，设施齐全合理（10分）				
私密性	无私密性（1分）；长时间受影响（3分）；短时间受影响（4分）；偶尔受影响（5分）；生活无影响（6分及以上）				
噪声隔离	极差（1）	差（2分）	一般（3分）	好（4分）	很好（5分）
内部卫生	极差（1）	差（2分）	一般（3分）	好（4分）	很好（5分）
通风采光	极差（1）	差（2分）	一般（3分）	好（4分）	很好（5分）
休闲性	极差（1）	差（2分）	一般（3分）	好（4分）	很好（5分）

附录3　暂居环境使用主体满意度统计表

评价因子	很不满意（1分）	不满意（2分）	一般满意（3分）	满意（4分）	很满意（5分）
社区治安					
通风采光					
环境卫生					
绿化条件					
疾病卫生安全					
就医便利程度					
出行舒适度					
周边公园质量					
公共活动空间					
休闲锻炼设施					
休闲活动种类					
邻里友善程度					
相互交流频次					

参考文献

[1] 范伟达，范冰. 社会调查方法 [M]. 上海：复旦大学出版社，2017.

[2] 风笑天. 社会调查方法 [M]. 3 版. 北京：中国人民大学出版社，2019.

[3] 苏永明，张首芳，白日荣. 简明社会调查方法 [M]. 北京：科学出版社，2017.

[4] 罗清萍，余芳.实用社会调查方法与技能训练：从选题到实施的工作过程[M].北京：经济管理出版社，2013.
[5] 郝大海.社会调查研究方法[M].4版.北京：中国人民大学出版社，2019.
[6] 吴增基，吴鹏森，苏振芳.现代社会调查方法[M].5版.上海：上海人民出版社，2018.
[7] 江立华，水延凯.社会调查教程[M].7版.北京：中国人民大学出版社，2018.
[8] 周孝正，王朝中.社会调查研究[M].2版.北京：国家开放大学出版社，2018.
[9] 江立华，水延凯.社会调查教程精编本[M].2版.北京：中国人民大学出版社，2020.
[10] 赵淑兰.社会调查方法[M].2版.北京：机械工业出版社，2019.
[11] 周洪林.站在巨人的肩膀上——名家论创新[M].上海：复旦大学出版社，2001.
[12] 风笑天.社会调查原理与方法[M].4版.北京：首都经济贸易大学出版社，2019.
[13] 谭祖雪，周炎炎.社会调查研究方法[M].2版.北京：清华出版社，2020.
[14] 侯典牧.社会调查研究方法[M].北京：北京大学出版社，2019.
[15] 张蓉.社会调查研究方法[M].北京：知识产权出版社，2016.
[16] 杜鹏，杨燕萍，关晓斌.高校人文社会科学科研工作者学术道德与诚信状况[J].中国人民大学学报，2012，26（04）：144-153.

图表来源

图 1-1　城市社会调查研究方法体系

资料来源：根据"侯典牧. 社会调查研究方法 [M]. 北京：北京大学出版社，2019."改绘

图 2-1　新冠肺炎疫情暴发期间武汉体育中心方舱医院人满为患

资料来源：新华网. 风雨无阻向前进——写在全国疫情防控阻击战取得重大战略成果之际 [EB/OL].（2020-05-17）[2020-10-30]. http：//www.xinhuanet.com/photo/2020-05/17/c_1125997251_4.htm.

图 2-2　上海市静安区彭浦新村街道社区卫生服务中心互联网医院

资料来源：同济大学. 同济大学医学院附属社区卫生服务中心战"疫"纪实 [EB/OL].（2020-04-30）[2020-06-30]. http：//photo.tongji.edu.cn/content.jsp?urltype=tree.TreeTempUrl&wbtreeid=1013&iid=432203.

图 2-3　我国 2010~2019 年 65 岁以上老年人口占总人口的比例变化

资料来源：国家统计局. 中国统计年鉴 2020[M]. 北京：中国统计出版社，2020.

图 2-4　我国 2010~2019 年老年抚养比变化

资料来源：国家统计局. 中国统计年鉴 2020[M]. 北京：中国统计出版社，2020.

图 2-5　北京市老龄人口空间分布特征示意

资料来源：周婕. 城市老龄人口空间分布特征及演变趋势 [J]. 城市规划，2014，38（03）：18-25.

图 2-6　我国 2010~2018 年人均收入在人均 GDP 中的占比

资料来源：国家统计局. 中国统计年鉴 2020 [M]. 北京：中国统计出版社，2020.

图 2-7　"回天地区"早高峰人流涌入地铁站现状

资料来源：界面.拯救"睡城"：回龙观天通苑交通大改造[EB/OL].（2019-06-30）[2020-04-30]. https：//www.huxiu.com/article/306397.html.

图 4-1　城市社会调查问卷设计步骤

资料来源：根据"苏永明，张首芳，白日荣.简明社会调查方法[M].北京：科学出版社，2017."改绘

图 4-3　问卷星

资料来源："问卷星"网站首页操作截屏

图 5-1　SPSS 数据输入窗口

资料来源：SPSS 统计分析软件操作截屏

图 5-2　"变量视图"窗口

资料来源：SPSS 统计分析软件操作截屏

图 5-3　"数据视图"窗口

资料来源：SPSS 统计分析软件操作截屏

图 5-7　小黄狗智能垃圾箱覆盖范围图

资料来源：宁泽坤，罗子博，王旭颖."狗不理"的背后——小黄狗智能垃圾分类回收机使用情况与运营现状调查[R].世界规划教育组织，2020.

图 5-22　北京市规模以上工业总产值随时间变化趋势图

资料来源：北京市统计局.北京统计年鉴 2020 [M].北京：中国统计出版社，2020.

图 5-23　北京市规模以上工业总产值随时间变化折线图

资料来源：北京市统计局.北京统计年鉴 2020 [M].北京：中国统计出版社，2020.

图 6-1~图 6-64

资料来源：均为 SPSS 统计分析软件操作截屏

第 7 章实例 7 图 7-1~图 7-3

资料来源：宁泽坤，罗子博，王旭颖."狗不理"的背后——小黄狗智能垃圾分类回收机使用情况与运营现状调查[R].世界规划教育组织，2020.

表 2-1　2010~2019 年我国的城镇化水平

资料来源：国家统计局.中国统计年鉴 2020[M].北京：中国统计出版社，2020.

表 2-2　2019 年全国城市社会消费品零售总额排行榜

资料来源：各地统计局

表 2-3　2013~2017 年北京市普通高校毕业生保障房面积配比

资料来源：刘帅，孔明，任欢. 我国新市民住房保障现状、问题及对策[J]. 现代商业，2020（05）：83-84.

表 5-7　不同情况下四种插补方法比较

资料来源：根据"冯丽红. 调查数据缺失值常用插补方法比较的实证分析[D]. 河北经贸大学，2014."改绘

表 5-8　格拉布斯表——临界值 G（a，n）

资料来源：王小凯，朱小文. 计量检定中 3 种判别和剔除异常值的统计方法[J]. 中国测试，2018，44（S1）：41-44.

7.5 城市社会调查报告示例图表

资料来源：郑衍镱，张钰曈，赵安晨，等. 医途千里，陋室难栖——北京市三甲医院异地就医弱势群体暂居环境调查[R]. 全国高等学校城乡规划学科专业指导委员会，2018.

* 除以上图表外，本书其他图表均为自绘。